Educational Psychology

教育心理学

金菊 王京京 范璐璐 编著

中国财经出版传媒集团

经济科学出版社
Economic Science Press
·北京·

前　言

　　本书是教育心理学课程的教材，遵循教学并重的思想，从理论框架的构建到具体内容的组织都强调将培养目标、教学要求和学生需求相结合，旨在使学生系统了解教育心理学的学科性质、理论体系、发展趋势，全面掌握教育心理研究的理论和方法。在结构上，本书包括基本理论、学习心理、教学心理等部分，强调教育目标与学生特点相结合，着力构建具有中国特色的教育心理研究的理论体系。本书可供高等院校心理学、教育学专业的学生使用，也可作为各级教师培训和研修班的教材或广大教育工作者的学习与参考资料。

　　本书由哈尔滨商业大学金菊教授组织编写，金菊教授负责全书的结构和章节设定，并对全书进行修改审定。全书共十章，第二章至第四章由金菊撰写；第一章、第五章、第六章、第七章由王京京撰写；第八章至第十章由范璐璐撰写。在写作过程中，研究生潘迪、包智杰、王天琪、贾兴民、杜正辉、栗雪陆参加了资料查阅、资料收集和整理工作。

　　由于作者水平及资料限制，书中不足之处敬请读者批评指正。

作　者

2023 年 10 月

目 录

第一章

绪　论

【内容摘要】

目前，教育心理学已经形成了比较完整的学科体系。本章从三个方面对教育心理学进行总体性介绍。第一节着重介绍了教育心理学的内涵、研究对象及其与邻近学科之间的关系，使读者能够对教育心理学这门学科形成概要认识。第二节详细阐述了教育心理学的产生、发展和现状，使读者能够更清楚地把握教育心理学的整体发展脉络。第三节深入探讨了教育心理研究必须遵循的基本原则、常用的研究方法和教育心理学问题的研究程序等内容。

【学习目标】

本章旨在帮助读者建立对教育心理学的整体印象，了解教育心理学的主要脉络，促进读者深入思考如何做好教育心理研究。

【关键词】

广义教育心理学　狭义教育心理学　大教育观　大学习观　客观性原则　系统性原则
理论联系实际原则　教育性原则　描述性研究方法　观察法　调查法　问卷法　访谈法
个案法　教育经验总结法　实验性研究方法　实验室实验法　自然实验法　演绎推理
归纳推理　类别推理

➡ 第一节　教育心理学的内涵与研究对象

一、教育心理学的内涵

对于教育心理学的内涵，学术界有不同的见解。综合各种观点，可以将教育心理学概括为广义教育心理学和狭义教育心理学。

(一) 广义教育心理学

广义教育心理学是指研究教育实践与学习实践中各种心理与行为规律的科学,它包括学校教育心理学、家庭教育心理学和社会教育心理学。换句话说,凡是在教育领域与学习领域发生的心理与行为,都是教育心理学的研究范畴。广义教育心理学的研究在中国主要以潘菽、朱智贤等为代表,如朱智贤主编的《心理学大词典》认为,教育心理学是心理科学与教育科学的一个分支,是研究教育过程和学习过程中的心理现象及其变化规律的学科。[①]

(二) 狭义教育心理学

狭义教育心理学专指研究学校情境中的各种心理与行为的科学。狭义教育心理学在中国的研究以邵瑞珍为代表。邵瑞珍在其主编的《教育心理学》一书中将教育心理学定义为研究学校情境中学与教的基本心理学规律的科学。美国 1970 年出版的教育百科全书认为,教育心理学是对教育过程中行为的科学研究,实际上教育心理学通常被定义为主要涉及学校情境中学生的学与教的科学。[②]

(三) 广义教育心理学和狭义教育心理学的比较

广义教育心理学蕴含着大教育观与大学习观的理念。大教育观是指将教育看作宇宙大系统中的一个亚系统,然后多学科、全方位地综合考察教育本质和规律的教育理念。大学习观是指将学习看作宇宙大系统中的一个亚系统,然后从多学科、全方位的角度综合考察学习的本质和规律的理念。[③]

狭义教育心理学的内涵虽然较集中,但是这种"非宽泛"也只是相对于广义教育心理学而言的,"学校情境中"也是一个非常宽泛的概念。

从现代教育发展趋势看,大教育观与大学习观已经成为锐不可当的时代潮流,教育问题、教育心理问题和学习问题绝不仅仅是学校教育和学校学习能够解决的,教育活动和学习活动均已经成为全社会的活动。人们越来越认识到,教育与学习是人类生命本身的需要,而不仅仅是学校的事情。

---

① 朱智贤. 心理学大词典 [M]. 北京:北京师范大学出版社,1989:326.
② 邵瑞珍. 教育心理学 [M]. 上海:上海教育出版社,1997:11 – 12.
③ 杨鑫辉. 现代大教育观论 [J]. 江西师范大学学报(哲学社会科学学报),1990(3)9 – 15.

二、教育心理学的研究对象

教育心理学的研究对象应当包含"学"与"教"两个方面的内容。在"学"的方面，教育心理学主要研究学生心理和学习心理；在"教"的方面，教育心理学主要研究教师心理和教学心理。因此，学生心理、学习心理、教师心理、教学心理构成了教育心理学的主要研究对象。

（一）关于"学"的研究

1. 学生心理

学生心理主要涉及学生心理的共性方面（如认知与语言发展、社会性与情绪发展等）和个体差异方面（如能力、人格等），学生心理的研究有助于教育者更好地了解学习者。

2. 学习心理

（1）学习理论，如行为主义学习理论、认知主义学习理论、人本主义学习理论、建构主义学习理论等；

（2）复杂认知过程，如知识的学习、学习策略、问题解决、学习动机等；

（3）分类学习心理，如品德学习等；

（4）学科学习心理，如数学、科学等。

（二）关于"教"的研究

1. 教师心理

教师心理是教育心理学的重要组成部分。教师的心理品质和专业素质直接影响着教师与学生的互动和教学效果，因此教师心理越来越受到教育心理研究者的重视。教师心理的研究涉及教师职业角色、教师职业心理素质、教师的成长、教师的威信等。

2. 教学心理

如果从课堂教学的阶段入手，可以将教学心理分为教学设计和课堂管理的教学行为规律的研究。作为教师，课堂前应有意识地进行教学设计，包括确定并陈述教学目标、分析教学内容、选择教学策略与方法等。同时，进行良好的课堂管理也是有效教学不可或缺的。课堂管理包括对学生课堂学习的管理、课堂环境的管理和课堂纪律的管理。

三、教育心理学与邻近学科的关系

（一）教育心理学与教育学的关系

教育心理学与教育学的研究既有互相重叠的地方，也互有区别。教育心理学与教育学共同关心的课题包括教学的要素、教育与认知的关系、教育与发展的关系、师生在教学中的作用与地位，以及教学方法、教学评估等方面。但两者的研究内容和研究目的不同，教育学研究的是以教育事实为基础的教育中的一般问题，目的在于探索和揭示教育活动的规律，服务于教育实践。教育心理学则主要研究教育过程中的心理学问题，并利用这些研究所得到的心理学规律来指导教育。

（二）教育心理学与普通心理学的关系

从它们各自的研究对象及其方法论的角度来看，可以认为是个性与共性的关系，普通心理学是教育心理学的基础，教育心理学是普通心理学原理在教育领域的体现。

普通心理学研究一般人在日常生活中的心理现象，包括认知、情感、意志等心理过程的表现和发展规律。教育心理学则对教育工作更具针对性，与教育实践的联系更为密切，它研究的是学生的心理现象在教育过程中的表现和发展规律，并用以指导教育和教学，从而提高教学工作的效率。同时，教育心理学也以教育领域中特有的心理规律等知识来补充和丰富普通心理学的内容。[①]

（三）教育心理学与发展心理学的关系

这两门学科之间无论在理论上还是在实证研究上都可以相互补充。发展心理学研究人在各个年龄阶段的各个侧面的心理特点及其发展规律，需要考虑教育因素对学生心理发展的影响。同样，教育心理学关于认知、动作和品德学习的研究需要考虑特定年龄阶段的学生的心理发展水平。

但是，发展心理学是从发展的角度来研究心理规律，它所揭示的心理发展规律不限于学校生活的范围，它与社会实践的其他领域也是密切相关的。教育心理学既要参照这些发展规律，又要着重研究学生在已有心理发展水平的基础上所进行的各种学习活动的具体心理规律。

---

① 莫雷. 教育心理学 [M]. 北京：教育科学出版社，2007：9.

（四）教育心理学与教育技术学的关系

教育技术学是教育科学中的一门新兴学科，它综合地应用教育学、心理学和信息科学等相关学科的知识，通过创造、使用、管理适当的技术过程和资源，研究实现教育目标的最优手段和方法。教育心理学和教育技术学都研究学习过程及其促进问题，但教育心理学更关注学习的基本规律及其教学应用，而教育技术学则侧重于具体说明学习和教学的操作性模式、方法以及资源工具。

教育心理学是教育技术学的重要理论基础，而现代化教学手段的采用又为教育心理学的研究提供了新的研究课题。教育心理学家需要面对新的信息技术环境重新审视人类的认知学习过程，探究在传统学习环境中所不存在或不突出的问题。

第二节　教育心理学的起源与发展

一、教育心理学的产生

（一）教育心理学的催产士

1. 詹姆斯的教育心理学观点

詹姆斯（James）是一位实用主义哲学家和实用主义心理学家。他在1899年出版的《给教师的谈话》一书中阐述了一些与教育心理学有关的心理学原理，并且告诫教师应该把教学同心理学的规律联系起来，用心理学的原理改善教学方法。他强调教师应采用能促进学生积极性与主动性的教学方法，从而提高学生的活动能力；他还将心理学引入教育实践，使实验和课堂教学融为一体，强调教师应重视学生的观念、兴趣、价值等。詹姆斯的思想对心理学原理转化为教学原理起到了推动作用，这为教育心理学的创立提供了良好的氛围。

2. 杜威的教育心理学观点

杜威（Dewey）是美国著名的实用主义哲学家。杜威的主要影响在教育理论方面，其中包含丰富的教育心理学内容。杜威一生致力于心理学和教育学的结合，始终把学校看作应用心理学的实验室。他提倡教育心理化，是儿童研究运动的主要倡导者和领导者。杜威的教育心理学内容主要包括生长论、"从做中学"的教学原则、课程和教材心理化、学习心理、道德教育心理等。杜威的教育心理学思想几乎涉及教学的每个方面，而且也在教育实践中大力宣传和推广教育心理学。

（二）教育心理学的创立

桑代克（Thorndike）是一位伟大的学习理论家、教育心理学家，是科学教育心理学的鼻祖。他撰写的《教育心理学》于 1903 年出版，标志着教育心理学的诞生。1913—1914 年，该书扩展成三卷本，分别是《人的本性》《学习心理学》《个别差异及其原因》。该书被誉为教育心理学发展史上的一座里程碑，备受教育心理学家的推崇。

二、教育心理学的发展

（一）美国教育心理学的发展

1. 四个时期

教育心理学在美国诞生后，主要在以美国为代表的西方发达国家中发展起来。自桑代克后，在美国逐渐形成不同派别和取向的教育心理学。概括地说，从流派上看，主要有行为主义教育心理学、认知主义教育心理学和人本主义教育心理学三大流派。从研究取向看，美国的教育心理学主要经历了四个时期：

（1）20 世纪 20 年代以前，实验心理学取向的教育心理学处于主导；

（2）20 世纪 20 年代至 50 年代，行为主义取向的教育心理学处于主导；

（3）20 世纪 60 年代至 80 年代，认知取向的教育心理学处于主导；

（4）20 世纪 90 年代以来，建构主义取向的教育心理学处于主导。

2. 八个主题

当代美国教育心理学颇为关注的八个主题，也是当前教育心理学发展的八个最新动向。

（1）学习的脑机制。事件相关电位与功能性磁共振成像等技术的日趋成熟，为人们打开大脑这个"黑箱子"提供了技术支持，在此背景下，近年来一批认知神经学科领域的专家一直致力于探索大脑的学习机制。

（2）学习的主动性。即探索如何提高学习的动力。

（3）反思性。即研究从内部理解所学内容的意义，重视个体对知识的主动理解、建构和反思。

（4）合作学习。即如何引导学习者共享教育资源，如何培养学习者的合作意识与合作技巧等。

（5）社会文化对学习的影响。因为任何学习的发生都不是在白板上进行的，而是在个体所处文化背景下建构的，所以要研究不同文化对个体学习的影响。[①] 在此理念的影响下，逐渐盛行教育心理学的本土化运动。

（6）从关注智力与智力开发到逐渐重视研究智慧与智慧教育。

（7）机器学习。

（8）从小培养学生解决问题的能力。

（二）苏联教育心理学的发展

苏联教育心理学可以分为三个阶段。

1. 十月革命前

乌申斯基（1868）总结当时的心理学成果，将心理学作为教育学的三个基础之一。乌申斯基被视作"俄罗斯教育心理学的奠基人"。卡普捷列夫（1877）于1877年撰写了世界上第一本教育心理学著作，但对教育心理学乃至整个心理科学影响最大、最负盛名的是拉祖尔斯基。拉祖尔斯基是一位实验心理学家，他有两个主张：一是主张心理学应当像自然科学一样对对象进行客观研究，使它的结论建立在具体研究的事实上；二是力主心理学应接近实际，成为对实践有益的科学，为此制定出能在自然状态下研究个体的"临床观察法"和"自然实验法"。他本人被誉为"俄罗斯心理学的伟大代表"。鲁宾斯坦（Rubinstein）在教育心理学的对象、任务与方法的探索中，主张教育心理学应以在校内外的具体生动的条件下发生的心理为研究对象。这一时期教育心理学的明显特点就是比较重视教育心理学的特殊性以及在教育条件下的特殊研究。与西方教育心理学发展一样，他们也反对以普通心理学研究中获得的资料，用纯粹演绎的方法去解释学校生活实际。

2. 十月革命后至20世纪50年代末

这一时期的基本特点是尝试以马克思主义的基本观点来改建心理学及教育心理学，代表人物是维果斯基（Vygotsky）、布隆斯基（Blonski）和鲁宾斯坦（Rubinstein）。维果斯基是苏联文化历史学派即维列鲁学派的创始人。文化历史学派对下述三个问题的探讨深刻地影响了苏联和其他国家的教育心理学的发展。

（1）深入探讨了"发展"的实质。他们认为儿童心理机能从低级向高级的发展有四个指标：心理活动的随意机能；心理活动的抽象——概括机能；各种心理机能之间不

---

① 陈琦，刘儒德. 当代教育心理学：2版［M］. 北京：北京师范大学出版社，2007：11-12.

断变化、组合，形成间接的以符号为中介的心理结构；心理活动的个性化。

（2）关于教学与儿童智力发展的关系的思想。

（3）分析了智力的形成过程，提出了内化学说。

1925 年，布隆斯基出版了《记忆和思维》一书，被苏联心理学界认为是从心理的整体性出发，对记忆与思维进行综合研究的尝试。自 20 世纪 40 年代起到 50 年代末，苏联教育心理学的显著特点是重视结合教学与教育实际的研究，广泛采用自然实验法，综合性研究占主导地位。这些都是在 20 世纪 30 年代确立的理论观点的指导下进行的。这一时期涌现出一大批教育心理学家和教育心理学专著，但也存在两个方面的严重问题：一是忽视教育心理学的探索，对待巴甫洛夫的学说有严重的教条主义倾向；二是对西方的教育心理学理论存在简单粗暴的全盘否定倾向，对马克思主义往往生搬硬套，缺乏创造性应用。

3. 20 世纪 50 年代末至苏联解体

20 世纪 50 年代末以后，苏联教育心理学有六个特点。

（1）重视理论探索。在学习理论方面，列昂节夫（1957）于 1957 年发表了《论学习作为心理学的一个问题》一文，对学习的实质、学习活动的结构、学习类型、学习动机与学习迁移等问题发表了自己独特的见解。此后不断有人探索，并形成了以列昂节夫为代表的活动派和以梅钦斯卡娅（1987）为代表的联想—反射理论派的争论。在智力活动与教学方面出现了一系列新学说、新理论，加里培林（1983）的"智力动作按阶段形成理论"便是其一。

（2）进一步与学校的实验教学结合。最为突出的代表人物是赞科夫（1977）等的教学改革实验。

（3）把年龄与教育心理学融为一体，出版了一系列具有特色的年龄与教育心理学相融合的著作。其中具有代表性的有，1972 年出版的彼得罗夫斯基主编的《年龄与教育心理学》，1984 年出版的加梅佐等主编的《年龄和教育心理学》。

（4）重视人际关系在儿童心理发展过程中的作用。用人际关系层次测定的观点，从理论和实验两方面对个体获得系统的个性特征的规律性、人格化过程的规律性进行深入的综合研究。其中以运用艾里康宁（1978）的"年龄—主导活动类型"理论和包若维奇的"活动—动机系统"理论指导下的研究最卓有成效。

（5）重视教学心理中的方法论和具体研究方法的探讨。例如，马尔科娃（1988）强调要在组织学习过程中和现实社会关系中进行研究，要进行长期研究而不只是研究发展中的个别阶段。

（6）重视具体方法的探讨。比较突出的是应用教学心理诊断，即以心理测验为主，包括观察、谈话、作品分析、调查等综合研究方法，为教学提供依据。

（三）中国教育心理学的发展

教育心理学思想在中国起源很早，中国历代学者的著述中有关教育心理学的观点是极其丰富的，但由于历史的原因未能形成一门系统的科学。教育心理学在中国作为一门独立的学科是在清朝末年随着师范教育的兴起而出现的。中国出现的第一本教育心理学著作是 1908 年房东岳翻译的日本小原又一所著的《教育实用心理学》。

1920 年以后，中国一些教育心理学家开始编撰教育心理学著作。1924 年，廖世承编著并出版的《教育心理学》一书是中国最早出版且影响较大的一部教育心理学教科书。艾伟一生主要致力于教育心理学的研究，他的研究最大的特色在于：一切都以实验为前提和基础。艾伟一贯主张不能完全照搬"舶来品"，而应以研究中国国内问题为主体。[①] 当时的学者之所以注重教育心理学的编著和翻译，原因主要有二：一是为了满足当时教学的实际需要；二是心理学的工具性特点，即对教育学科的辅助作用。

中华人民共和国成立后教育心理学的发展可以概括为四个阶段。

1. 学习改造阶段（1950～1956 年）

学习苏联用辩证唯物主义观点改造心理学，为教育心理学的发展奠定了一定的基础。

2. 初步繁荣阶段（1957～1965 年）

1958 年以后，开始纠正批判运动的错误，教育心理学工作也得到了相应的开展。1962 年 2 月，中国心理学会召开教育心理学专业会议，并成立教育心理专业委员会。此时，中国教育心理研究的范围已经延伸到学习心理、德育心理、智育心理、学科心理、个别差异、入学年龄、学习阶段划分以及教学方法改革等方面。1963 年，潘菽在借鉴国内外教育心理学最新研究成果的基础上，主编了新中国成立以来第一本供高等院校学生使用的教材《教育心理学》，这对当时中国高等师范院校里"教育心理学"课程的教学质量和科研水平的提高起到了一定的推动作用，该教材后来经过几番修订，至今仍是"教育心理学"课程所使用的重要参考教材之一。[②]

3. 遭遇重创阶段（1966～1976 年）

由于"文化大革命"的冲击，我国的心理学包括教育心理学的研究工作被迫停止长

---

① 汪凤炎. 中国心理学思想史 [M]. 上海：上海教育出版社，2008：656－657.
② 汪凤炎. 中国心理学思想史 [M]. 上海：上海教育出版社，2008：677－679.

达十年之久。

4. 持续发展阶段（1977 年至今）

"文化大革命"结束后，教育心理学得到重新恢复。1977 年 8 月 16 日至 24 日，全国心理学学科规划座谈会在北京平谷召开，会上拟订了《全国心理学学科规划》草案。这是一个较详细与全面的心理学学科发展规划，成为中国心理学发展史上的一个重要转折点，促进了中国心理学事业的恢复与发展，并被后人视作 20 世纪影响中国心理学发展的十件大事之一。[①] 1978 年 12 月，中国心理学会第二届学术年会在河北保定召开。在此次会议期间，中国心理学会理事会决定重建发展心理和教育心理专业委员会。2000年，心理学被国务院学位委员会确定为国家一级学科，促进了心理学（包括教育心理学）的迅猛发展。目前我国教育心理学的工作者们正在不断吸收国外先进的科研理论，结合我国教育教学实际，开展理论和应用研究，逐步形成具有中国特色的教育心理学体系。

三、教育心理学的现状

（一）教育心理学的主要成就

从 1903 年算起，教育心理学至今虽只有一百多年的历史，却取得了巨大的学术成就，这些成就可以概括为以下四个方面。

1. 使教育心理学获得了独立

毫无疑问，科学主义的教育心理学为教育心理学成为一门独立的心理学分支学科起到了重要作用，正由于此，当今心理学界一般将现代教育心理学诞生的时间定在 1903年。自此之后，凝聚出了一个相对独立的学术共同体——教育心理学研究者与学习者。

2. 使教育心理学获得了实验法这一"新"的研究方法

实验法本是自然科学研究中的常用方法，威廉·冯特（Wilhelm Wundt）当年正是从自然科学里"引进"实验法来研究人的心理，才促成现代心理学的诞生。与此类似，由于桑代克第一个运用实验法来研究学习并取得了巨大成就，从而为随后教育心理学的研究提供了一个虽需不断完善但十分高效且颇具科学性的研究方法，进而促进了教育心理研究范式的改变：从过去主要运用经验总结与思辨的方法来研究教育与学习问题，转而主要用实验法来研究教育与学习问题。

---

① 陈永明，等. 二十世纪影响中国心理学发展的十件大事 [J]. 心理科学，2001（6）718 – 721.

3. 在学习理论、知识学习、道德学习和问题解决与创造等诸多领域取得巨大成就

坚持科学主义取向的教育心理研究者将实验法应用于教育心理学研究中，在一百多年的时间内，就在学习理论、知识的学习、道德学习和问题解决与创造等诸多领域均取得了巨大成就。

4. 更新了人们的学习观念，提高了人们的学习效率

科学主义取向的教育心理学凭借取得的巨大成就，在改变人们的学习态度和观念、提高人类的学习效率等方面均产生了积极而深远的影响。

（二）教育心理学的未来发展趋势

教育心理学在改进教育实践、完善心理学理论等方面具有极大的潜力，并呈现出以下发展趋势。

1. 研究学习者的主体性

研究学习者的主体性包括探讨学生是如何进行知识建构的；探讨如何为学生创设最近发展区以促进其自身的认知发展；探索如何为学生建构学习支架以帮助其自主学习；探索如何营造出以学习者为中心的学习环境；研究学生在多元智力、学习风格等方面存在的个体差异。

2. 研究学习者的能动性

研究学习者的能动性包括探讨学生如何在学习过程中进行反思、自我监控、调节和管理；探讨学生如何进行自我激励。

3. 研究学习的内在过程和机制

研究学习的内在过程和机制包括研究知识获得的深层加工过程、高级知识的获得过程、先前经验的构成以及概念转变过程等。认知与学习机制的研究和脑科学研究的结合成为基础研究的新方向。

4. 研究社会环境的影响

研究社会环境的影响包括研究社会合作、师生之间或同伴之间的互动对认知与情感的影响等。

5. 研究实际情境的影响

研究实际情境的影响包括探讨情境性和真实性任务对学习的作用、知识的情境化性质、基于问题的学习、结构不良领域的问题解决等。

6. 研究文化背景的影响

研究文化背景的影响包括研究不同文化背景对学习的影响、多元文化的交会对教学的影响。

7. 研究学习环境设计和有效教学模式

研究学习环境设计和有效教学模式包括研究发现和探索学习、合作学习、建模、支架式教学以及跨学科项目研究的制作等。

8. 研究信息技术的利用

研究信息技术的利用包括研究信息技术环境下学习过程与教学模式；研究网络环境下的学习与远距离教学等。

第三节　教育心理学研究原则与方法

一、教育心理学的研究原则

（一）客观性原则

客观性原则是指教育心理学研究要贯彻实事求是的精神，即根据教育心理现象的本来面貌研究其本质、规律与机制，采取实事求是的态度。[①] 教育心理学的研究工作必须遵循客观性原则。

贯彻客观性原则，研究者应注意以下几点。第一，在实验设计、材料收集上要注意尊重客观事实，坚持实事求是的科学态度，如实地记录外部刺激以及被试的肌体反应、行为表现和口语报告等，从心理现象所依存的客观条件和外部活动表现去揭示规律。第二，从客观事实到研究结论的推导也要建立在逻辑规则上，要注意全面分析，不可任意取舍，凭一时一事来下结论。

（二）系统性原则

系统性原则，就是要坚持整体系统的观点，多层次、多侧面进行研究，不能孤立、片面、割裂地看问题。[②] 系统性原则是教育心理学研究应遵循的重要原则之一，它要求研究者不仅要将研究对象放在有组织的系统中进行考察，而且要运用系统的方法，从系统的不同层次、不同侧面来分析研究对象与各系统、要素的关系，对各种心理现象及其形成的因素之间相互作用的关系进行整合研究。另外，把事物分解为要素和把事物间相

---

① 李红. 教育心理学 [M]. 武汉：武汉大学出版社，2007：21.
② 莫雷. 教育心理学 [M]. 北京：教育科学出版社，2007：20.

互关联的要素组成系统的统一整体，是任何科学深入认识事物本质的有力手段。在教育心理学研究中坚持系统性原则，也必须注意做到分析与综合相结合，从而准确地揭示研究对象的本质与规律。

（三）理论联系实际的原则

在教育心理学的研究中，理论与实践是辩证统一关系。实践是理论的源泉，也是检验理论正确与否的唯一标准；而理论指导实践，服务于实践，并在实践中不断发展。这种理论来源于实践，又在实践中得到发展的原则对教育心理学尤其有重要意义。为提高教育教学质量提供心理学依据，研究课题要从教育实践中来，研究成果要服务于教育实践。教育心理学的理论只有在实践应用中才能得到检验、修正和发展。因此，教育心理学研究必须和教育实践密切结合，保证研究工作的实际效用。

（四）教育性原则

教育心理学的研究应注意贯彻教育性原则。研究者进行研究要符合学生身心发展规律，一切不利于学生身心健康的研究都是不允许的，这是进行教育心理学研究不容违背的原则。

二、教育心理学的主要研究方法

研究方法是对研究中设定的各个变量加以操纵或变化，并对额外变量加以控制的方法。教育心理研究模式可分为两大类：一类是描述性研究方法，另一类是实验性研究方法。

（一）描述性研究方法

描述性研究是对教育教学活动中发生的特定情境的事实与关系进行详细的描述。[1]常见的描述性研究方法主要有以下几种。

1. 观察法

观察法，是指人们在自然条件下对表现心理现象的外部活动进行有目的、有计划、有系统的观察，作出详细记录，然后进行分析处理，从中发现被试心理与行为的规律。[2]观察法是教育心理学研究中最普遍、最基本的方法之一。观察法记录的材料比较真实，

---

① 张大均. 教育心理学：第3版 [M]. 北京：人民教育出版社，2015：15.
② 董奇，申继亮. 心理与教育研究法 [M]. 杭州：浙江教育出版社，2005：355.

但是不够精密，它不但需要观察者具有敏锐的观察力，善于从纷繁复杂的情境中捕捉所需的行为表现，同时还要进行及时的记录。观察法只能了解学生心理活动的某些自然的外部表现，而不能对心理活动施加影响，了解其因果关系。

为了取得良好的系统观察效果，在观察中应注意：

（1）选择特定的观察内容，观察面不宜太广，最好只观察少数或一种行为；

（2）所观察的行为需事先进行界定；

（3）观察时应随时记录，有条件时可以利用一定的录音、录像器材；

（4）观察时间不宜过长，对同一类行为可采用重复观察的方法，即采用时间取样的方式；

（5）最好不让被试知道研究人员的观察行为，以免影响被试的正常行为。

2. 调查法

调查法是通过各种途径收集调查对象心理与行为的相关资料的方法。[①] 调查法的途径与方法很多，最常用的调查方法主要有问卷法、访谈法、个案法与教育经验总结法等。

（1）问卷法，是指研究者采用预先拟定好的问题表，由被试自行填写答案来收集资料，以此来分析、推测群体心理或行为规律的一种研究方法。[②] 问卷法也有许多种类，根据被试的数量，可以分为集体问卷法和个别问卷法；根据问卷内容是否有统一的设计和一定的结构，可以分为结构问卷法和非结构问卷法；根据问题的回答方式，可以分为开放式问卷法和封闭式问卷法；根据问卷的回收形式，可以分为当面问卷法和通信问卷法；等等。

（2）访谈法，是指通过与受访者交谈来收集资料的一种研究方法。访谈法分结构性访谈和非结构性访谈两种：前者用高度结构化或标准化的调查提纲进行访谈；后者不使用或用简单的调查提纲，只提出一些笼统的、开放性的问题。

（3）个案法，是指对单个人、家庭、团体等社会单元或某件典型事件进行深入、系统的观察与研究，以便发现某种心理或行为规律的研究方法。它是由医疗实践中的问诊法发展而来的。[③] 个案法的优点是能够加深对特定个人的了解。缺点是所收集的资料往往缺乏可靠性。此外，由于个案法限于使用少数案例，研究的结果可能只适合于个别情况。

（4）教育经验总结法，是指教育工作者从心理学的角度对自己或他人的工作经验进行总结。通过心理学工作者与教育工作者对教育经验的共同总结，并在教育实践中加以

---

① 张大均. 教育心理学：第3版［M］. 北京：人民教育出版社，2015：16.

② 夏征农，陈至立. 辞海：第六版彩图本［M］. 上海：上海辞书出版社，2009：2388.

③ 彭聃龄. 普通心理学：修订版［M］. 北京：北京师范大学出版社，2004：20.

推广，常常能产生良好的教学效果。

（二）实验性研究方法

实验性研究方法，是指根据一定目的，运用必要的手段，在人工控制的条件下，观察、研究自然现象及其规律性的社会实践形式。[①] 主要包括实验室实验法和自然实验法。

1. 实验室实验法

实验室实验法是在专门的实验室内利用一定的仪器进行心理实验，通过实验获得人的心理现象的某些科学依据。实验室实验法的主要优点在于它的控制比较严格，数据比较可靠，结论能经受考验。但也有一定的局限性，它把教育情境中的很多心理现象都进行了简化，人为性较明显，研究结果的实际推广应用价值有限。

2. 自然实验法

自然实验法是指在教育实践中按照研究目的控制某些条件，以引起某种心理活动而进行研究的方法。[②] 自然实验法兼具观察法和实验室实验法的长处，既能较好地反映教育实践的情况，又可对变量进行一定的控制，使研究达到一定的精确程度。教育心理学的自然实验法的基本形式有三种。

（1）单组实验，是指同一组被试先后两次接受不同实验因素的影响，在实验过程中，保持其他条件的恒定，然后对实验因素产生的结果进行观察和比较。这种方式的优点是比较简便，实验因素容易控制，但是由于先后两次接受实验的影响，而两种实验因素可能产生交互作用，使得两种实验条件下的被试不同质，从而影响实验结果的精度。

（2）等组实验，是指根据实验条件，将被试随机分成条件相同的多组作为实验对象进行研究。在教育心理学研究中，经常采用实验组和控制组相对照的方法，即将被试分成实验组和控制组，实验组接受实验影响，控制组则不接受实验影响，在实验过程中两组被试其他条件保持相同，最后将实验因素所产生的结果加以观测和比较，考察差异的显著性，从而判断实验因素的作用。等组实验的要点在于保证各实验组的起点同质。

（3）循环组实验，它是单组和等组相结合的一种形式，各实验因素在各组中轮流施行。由于采用循环的形式，各组条件可不必完全相同，同一时间内各组分别接受不同实验因素的影响，比较实验结果，再进行下一轮的循环实验，再比较结果。这种形式兼具前两种形式的优点，但组织运用的难度较大，实验操作较为复杂。

---

① 夏征农，陈至立. 辞海：第六版彩图本 [M]. 上海：上海辞书出版社，2009：1236，2061.
② 张大均. 教育心理学：第3版 [M]. 北京：人民教育出版社，2015：17.

　　教育心理学的研究方法还有许多，但以上方法是较常用的。目前，注重提高教育心理学研究成果的应用性和普及性，进行跨学科、多分支和跨文化研究，综合应用多种研究方法，采用多变量设计，引进现代化科学技术手段，扩展科学研究的领域，是国际上教育心理学研究方法的重要发展趋势。

三、教育心理学问题的研究程序

（一）确定研究课题

　　确定研究课题是研究程序的第一步。课题题目可以是理论问题也可以是实践问题，对于教育心理学的研究选题来说，最好是二者兼顾。课题题目选定后，要尽量使其具体、清楚、内容明确，且有科学价值。对教育实践中遇到的问题进行分析和经验总结，进而形成一定的理论假设，对于这种问题也可作为教育心理学的研究课题。

（二）查阅文献

　　对所确定的课题进行一定的文献研究，可使我们掌握目前这方面研究的状况、存在的问题，这样可使课题更加明确，还可从别人的研究中获得一定的借鉴和启发。文献资料的收集一般采用倒推法，先从最新的权威专业杂志或索引中找到相关内容，然后在其后所引的参考资料中寻找所需材料。

（三）提出假设

　　在科学研究中，了解到问题之后，研究者便会根据已知的科学事实和原理作出尝试性的或假设性的推测，形成科学假设。科学假设，是指依据已有的科学事实和原理以及新的科学事实，对所研究的问题作出的猜测性说明或尝试性解答。科学假设的基本特征是科学性、非确定性、可检验性。建立科学假设的原则是解释性、对应性、合理性、可检验性。[①]

　　提出明确的科学假设有助于将经验事实与科学理论联系起来，并且能够帮助研究者理清自己的研究思路，因为假设的提出往往是研究者思路清晰的表现。同时，明确的科学假设使科学研究带有自觉的性质。研究者要根据自己的假设，自觉地确定自己的研究

---

　　① 夏征农，陈至立. 辞海：第六版彩图本［M］. 上海：上海辞书出版社，2009：1235.

方向，自觉地、有计划地进行新的观察、新的实验，发现新的事实。[1]

根据推理所表现的思维进程的方向，提出假设的方法可以分为演绎推理法、归纳推理法与类比推理法三种。演绎推理，是指由一般性知识的前提推出个别性或特殊性知识的结论的推理。演绎推理的前提和结论间具有蕴含关系，因而演绎推理是必然性推理。[2] 归纳推理，是指从个别性知识的前提推出一般性知识的结论的推理。归纳推理的结论一般超出了前提陈述的范围，故当前提为真时，结论并不必然真。[3] 类比推理，即根据两个或两类对象的某些属性的相同，推出它们的其他属性也可能相同的推理。[4]

（四）设计与实施研究方案

确定研究课题后，就要考虑采用什么方法、通过什么途径进行研究，这就需要设计和实施研究方案。切实可行的研究方案包括以下步骤。

1. 确定各个变量

问题形成后，就要找出研究变量，变量是在性质和（或）质量上可以在不同条件下变化的个人或环境的某种特征，这种特征及其变化可以通过数字来计量和反映。在研究过程中，心理学家需要直接变化某些因素而保持其他所有因素恒定，然后观察或测量系统变化产生的结果。在实验者控制之下的因素称为自变量，保持恒定的因素称为额外变量，得到测量的行为或心理对象称为因变量。

在设计研究方案时应考虑如何用自变量和因变量的函数关系来表示。

通常的研究方案是：

（1）$R = f(S)$。这里，刺激是自变量，反应是因变量。它表示反应变量是刺激变量的函数，或机体反应因刺激的改变而改变。

（2）$R = f(O)$。这里，机体变量是自变量，反应变量是因变量。它表示反应变量是机体变量的函数。

2. 选定被试

被试，是指心理学研究中其心理活动指标受到测量的人。[5] 在决定选择怎样的被试作为研究对象时，要考虑被试的相关特点是否符合要求，对于有特殊要求的研究，则必

———————————

[1] 黄一宁. 实验心理学：原理、设计与数据处理 [M]. 西安：陕西人民教育出版社，1998：42 – 52.
[2] 夏征农，陈至立. 辞海：第六版缩印本 [M]. 上海：上海辞书出版社，2010：2198.
[3] 夏征农，陈至立. 辞海：第六版缩印本 [M]. 上海：上海辞书出版社，2010：649.
[4] 夏征农，陈至立. 辞海：第六版缩印本 [M]. 上海：上海辞书出版社，2010：1097.
[5] 李红. 教育心理学 [M]. 武汉：武汉大学出版社，2007：27.

须利用一定的工具来选取。被试数量要根据研究课题、研究方法的特点及教育者的现有条件决定。对参加研究的每个被试的详细资料要加以记录，以备统计分析时所需。

3. 选择研究方法

在选择方法时，必须考虑下面几个问题：第一，该项研究要解决的是什么问题；第二，该项研究的条件能否控制和操纵；第三，该项研究结果的概括程度有多大。

（五）整理与分析研究结果

科学研究的下一步是采用适当的方法将研究结果加以整理与分析，使之系统化和简约化。在教育心理学研究中，对于研究结果的分析通常是使用各种统计方法。统计分析的主要作用有二：一是更好地梳理研究结果，以便进行分析和总结；二是检验研究结果的可信度。所以，在分析研究结果时必须借助统计方法和理论思维。

（六）撰写总结报告等

撰写总结报告是研究过程的最后一个阶段，也是整个研究工作的总结。研究报告一般由以下几个部分组成：出示研究报告的题目；提出研究课题的目的、意义；交代研究方法；揭示研究结果并作出分析；针对重要问题从理论上进行分析与讨论；作出简短结论；列出参考资料。研究报告的重点应当放在介绍研究方法和研究结果方面。

总之，心理学研究的六个步骤是相互联系的。我们可以把这六个步骤看成螺旋式的循环过程。每完成一个循环，人们对心理现象的认识就更进了一步。需要注意的是，研究报告的发表并不表明研究工作已经结束，研究的最终目的是更好地应用于实际，在实践中推广。

思考题

1. 如何理解教育心理学的内涵与研究对象？教育心理学与邻近学科之间有什么关系？

2. 简述教育心理学的产生与发展。

3. 教育心理学的主要成就有哪些？

4. 教育心理学的未来发展趋势是什么？

5. 教育心理学研究应该遵循什么原则？

6. 研究教育心理学问题可以采用哪些研究方法？

7. 教育心理学问题研究的程序是什么？

本章荐读

1. 张大均：《教育心理学》，人民教育出版社 2004 年版，第一章。

2. 莫雷：《教育心理学》，教育科学出版社 2007 年版，第一章。

3. 陈琦等：《教育心理学》，北京师范大学出版社 2007 年版，第一章。

4. 高觉敷、叶浩生：《西方教育心理学发展史》，福建教育出版社 1996 年版。

第二章

学习理论

【内容摘要】

学习理论是教育心理研究的重要理论之一。本章首先对学习进行了概述，然后分别介绍了行为主义、认知主义、人本主义、建构主义等主要学派的学习理论。

【学习目标】

本章旨在帮助读者理解学习以及学习理论的整体脉络和未来发展方向，促进读者对学习实质的思考与感悟。

【关键词】

学习　效果率　准备率　练习率　强化　惩罚　消退　观察学习　顿悟　发现学习

有意义学习　接受学习　图式　同化　顺应　平衡　最近发展区

第一节　学习概述

学习是指学习者因经验或练习而产生的行为或行为潜能的比较持久的变化。[①] 学习不是本能活动，而是后天习得的活动，是由经验或实践引起的。任何水平的学习都将引起适应性的行为变化，不仅有外显行为的变化，也有潜在的个体内部经验的改组和重建，而且这些变化是通过反复练习、训练才形成的。

---

① 卢盛华，马一波，吕莉. 教育心理学［M］. 武汉：华中科技大学出版社，2015：28.

一、学习的意义与作用

（一）学习是个体适应环境，与环境保持动态平衡的重要手段

从生物进化的观点看，学习是有机体适应环境以更好地生存的手段。人和动物为了适应和改造环境，需要学习，只有不断学习与适应，个体才能更好地生存。

（二）学习可以促进个体的成熟

学习可以影响大脑的重量结构和化学成分，从而影响智慧的发展。同样，个体一生的心理发展更是在不断地学习过程中实现的，从一个近乎无能的生物个体发展到一个具有多种能力和健康个性的社会适应性良好的社会成员，这一切都是通过不断学习实现的。

（三）学习可以提高人的素质

学习可以优化人的素质，包括身体素质、心理素质、文化素质、专业素质等，这些都可以通过学习来达到。

（四）学习是人类文明延续和发展的桥梁

以前的人通过劳动和生活获得维持生存和发展的经验，不断总结和积累，形成知识和技能传给后人。后人通过学习，进一步丰富和提高以适应时代与环境的变迁，如此代代相传，便形成了一部人类文明延续发展的历史。

二、学习的分类

（一）学习水平与结果分类

1. 根据繁简水平分类

根据学习的繁简水平，加涅提出了以下分类：

（1）信号学习：即经典条件作用；

（2）刺激—反应学习：即操作条件作用；

（3）连锁学习：是一系列刺激—反应的联合；

（4）言语联想学习：也是一系列刺激—反应的联合；

（5）辨别学习：识别多种刺激并作出不同反应；

（6）概念学习：学会对同一类刺激作出反应；

（7）规则的学习：了解两个或两个以上概念之间的关系；

（8）问题解决的学习：使用所学规则解决问题。①

2. 根据学习结果分类

加涅根据学习结果对学习进行了分类：

（1）言语信息的学习：运用语言文字表述的能力的学习；

（2）智慧技能的学习：运用符号、概念与环境相互作用的能力的学习；

（3）认知策略的学习：运用符号对内调控的能力的学习，即学会如何学习；

（4）动作技能的学习：习得的、协调自身肌肉活动的能力的学习；

（5）态度的学习：习得的、决定个人行为选择的内部状态的学习。②

（二）学习的性质与形式分类

1. 根据学习方式分类

奥苏贝尔根据学习方式进行分类：

（1）接受学习：将别人的经验变成自己的经验，所学习的内容是以某种确定的形式通过传授者传授的，无须自己去独立发现；

（2）发现学习：在缺乏经验传授的条件下，个体自己去独立发现、创造经验的过程。③

2. 根据学习关系分类

奥苏贝尔根据学习材料与学习者原有知识的关系进行分类：

（1）有意义学习：学习者利用原有经验来进行新的学习，理解新信息；

（2）机械学习：在缺乏某种先前经验的情况下，靠死记硬背来进行的学习。④

（三）按学习的意识水平和内容分类

1. 根据意识水平分类

（1）内隐学习：个体在与环境接触的过程中不知不觉地获得了一些经验，并因之改变其事后某些行为的学习；

（2）外显学习：有意识的、清晰的、需要付出努力并需要按照规则作出反应的学习。

---

① ② R. M. 加涅. 学习的条件与教学论 [M]. 皮连生，等，译. 上海：华东师范大学出版社，1999：11 - 55.
③ ④ 奥苏贝尔. 教育心理学：认知观点 [M]. 佘星南，宋钧，译. 北京：人民教育出版社，1994：24 - 45.

2. 根据学习内容分类

我国心理学家冯忠良（1981）从教育工作的实际需要提出学习按学习内容的不同可以分为：

（1）知识的学习：即知识的掌握是通过领会、巩固和应用三个环节完成的，解决的是知与不知、知之深浅的问题；

（2）技能的学习：是通过学习或练习建立合乎法则的活动方式的过程，有心智技能学习和操作技能学习两种，解决的是会不会做的问题；

（3）社会规范的学习：是把外在的行为要求转化为主体内在的行为需要的内化过程，既包含规范的认知，又包含执行及情绪体验，因此比知识、技能的学习更为复杂。

三、学习的过程与条件

（一）学习的过程

加涅分析了学生学习的实际过程，认为一个学习活动的阶段就是构成单个学习的内部和外部事件的系列，每一阶段都有它各自的内部过程和外部事件。[①]

1. 动机阶段

动机反映了学习者要控制、支配和掌握他的环境来达到既定目标的自然倾向。在学习的动机阶段，教学设计的任务就是识别学习者的各种动机并将他们引到学习目的上去。当动机不存在时，可以通过引起学习者内部的期望来建立。

2. 领会阶段

学习的领会阶段包括学习者对刺激的注意和知觉。在这一阶段要引导注意和指导知觉选择，对提供给学习者的刺激加以安排，以便强调刺激呈现的区别性特征。

3. 获得阶段

在这一阶段，学习者把他的知识编码存储在大脑中。在此阶段的教学要对编码提供学习指导。

4. 保持阶段

这一阶段强调对经过编码存储的知识加以巩固、增强和保持。

5. 回忆阶段

这一阶段要求对存储的信息加以恢复和提取。这一过程依赖提示线索，在教学中就

---

① R. M. 加涅. 学习的条件与教学论［M］. 皮连生，等，译. 上海：华东师范大学出版社，1999：69 – 86.

要设计可供学习者用来提取的线索。

6. 概括阶段

这一阶段是将所学会的能力迁移到新情境中去，可以采取横向迁移和纵向迁移两种形式。在教学中应设计出尽可能多样的新情境，让学生更好地运用所学的东西。

7. 操作阶段

操作是可以观察到的行为，从操作的变化可以判断学习是否已经发生。在学习过程圆满地完成时，教师要指导学习者、观察其即时操作。

8. 反馈阶段

反馈是学习的最后阶段，它是通过强化过程发生的。学习活动需要一种自动的或设计的反馈，教师的作用是以信息反馈的形式向学习者提供人为的强化物。

加涅认为，一个完整的学习活动是由上述八个阶段组成的。在每一个学习阶段，学习者的大脑里发生一次或更多的内部加工，教学程序必须按照经过研究建立起来的基本原理去系统地进行，根据学生的内部学习条件，创设或安排适当的外部条件，促进学生有效地学习，以实现预期的教学目标。[1]

（二）学习的条件

1. 影响学习的外部条件

影响学习的外部条件有很多，主要包括文化因素和家庭环境因素。

（1）文化因素。文化通过影响人的思维方式、学习策略和行为方式，进而影响人的学习。[2]

（2）家庭因素。家庭经济水平的高低、家庭文化氛围、家庭教育方式以及亲子关系等家庭因素会通过影响学生的心理与行为进而影响学生的学习。[3]

2. 影响学习的内部条件

（1）个体生理的成熟和心理发展的准备，主要指学生从事新的学习所必须具备的生理成熟度和心理发展水平，它们主要是由成熟程度和认知能力决定的。[4]

（2）知识经验准备，是影响新的学习的重要内部条件。在给学生呈现新知识之前，

① R. M. 加涅. 学习的条件与教学论 [M]. 皮连生，等，译. 上海：华东师范大学出版社，1999：69 - 86.

② 汪凤炎，郑红. 中国文化心理学：第 5 版 [M]. 广州：暨南大学出版社，2015：69.

③ 迈克·彭，等. 中国人的心理 [M]. 邹海燕，等，译. 北京：新华出版社，1990：18 - 19.

④ 汪凤炎，燕良轼，郑红. 教育心理学新编：第 5 版 [M]. 广州：暨南大学出版社，2019：108.

先采取有效措施激活学生原有的知识经验，将有效提高教学效率与学习效率。

（3）学习者的主动加工过程。进行主动有效的心智加工，学生需要学习动机和学习策略。学习的强烈动机有助于学生选择高效的学习和记忆策略，高效的学习和记忆策略的运用有助于提高学习效率，学生由此增强学习的自信心并继续努力学习。①

第二节　行为主义学习理论

行为主义学习理论的核心观点认为，学习过程是有机体在一定条件下形成刺激与反应的联系，从而获得新的经验的过程。

一、桑代克的联结—试误说

桑代克（Thorndike）被誉为现代教育心理学的奠基人，他依据动物学习实验所得的材料，创立了联结—试误说，其中最著名的实验就是饿猫打开迷箱的实验。

（一）"饿猫"实验

在桑代克的经典实验中，一只饿猫被关在箱子里。箱门紧闭，箱子附近放着一条鱼，箱内有一个开门的旋钮，碰到这个旋钮，门便会打开。开始饿猫无法走出箱子，只是在里面乱碰乱撞，偶然一次碰到旋钮打开门，便得以逃出吃到鱼。经多次尝试错误，猫学会了碰旋钮去开箱门的行为，自动形成了迷箱刺激情境与触及开门旋钮反应之间的联结。

（二）联结—试误说的基本观点

1. 学习的实质

桑代克认为："学习就是联结，心即人的联结系统"；"所谓联结，即指某情境仅能唤起某种反应的倾向而言"。② 所以，学习的实质就是刺激与反应的联结。每个刺激—反应联结都先是错误反应多于正确反应，而后逐渐变为正确反应多于错误反应，最后达到全部正确而无错误反应。学习过程就是尝试与错误的渐进过程。因此，桑代克的学说又被称为试误说。

---

① 邵瑞珍 . 教育心理学：修订本 ［M］. 上海：上海教育出版社，1997：47 - 48.
② 张奇 . 学习理论 ［M］. 武汉：湖北教育出版社，1999：78 - 79.

2. 学习的法则

在试误学习中，刺激—反应联结能否建立，主要遵循三大法则。

（1）效果律，指在试误学习过程中，如果其他条件相等，在学习者对刺激情境作出特定的反应后，如果得到满意的结果则其联结就会增强，如果得到烦恼的结果则其联结就会削弱。

（2）准备律，指在试误学习过程中，当刺激与反应之间的联结事前处于某种准备状态时，实现则感到满意，不实现则感到烦恼，当此联结不准备实现时，实现则感到烦恼。

（3）练习律，指在试误学习过程中，任何刺激与反应的联结，如果经常练习和运用则联结的力量就会逐渐增大，如果不练习和运用则联结的力量会逐渐减少，直至消退。①

二、斯金纳的操作性条件作用说

斯金纳（1938）是美国著名的新行为主义心理学家，他在桑代克的联结主义学习理论的基础上，用自己发明的一种学习装置"斯金纳箱"进行实验，并提出了操作性条件作用说。

（一）"斯金纳箱"实验

斯金纳箱内装有一个杠杆，杠杆和另一个提供食丸的装置相连接。实验时将饥饿的白鼠置于箱内自由活动，当它偶然碰触到杠杆时，供丸装置里就会自动落下一颗食丸。经过几次尝试，它会不断地按压杠杆，直到吃饱为止。在这一实验中，白鼠学会了按压杠杆以获取食物的反应，刺激情境和压杆反应之间形成固定的联系，形成了操作性条件作用。

（二）操作性条件作用的主要原理

1. 赞赏环境决定论

斯金纳将重点放在探讨外部环境刺激是怎样和有机体的反应能力联系在一起的。斯金纳箱的一个特点是，动物可以反复作出斯金纳称为"自由操作的反应"。所谓"自由"，指动物的行为是不受限制的；所谓"操作"，指动物的反应是主动作用于环境的。② 斯金纳箱设计简单，但含义复杂：说明了个体的一切行为改变（学习）都取决于其本身对环境适应的结果，是受外在因素控制的，是没有自由的。因此，斯金纳的学习

---

① 张大均.教育心理学：第3版［M］.北京：人民教育出版社，2015：72.
② 施良方.学习论——学习心理学的理论与原理［M］.北京：人民教育出版社，1994：118.

理论也叫作环境决定论。①

2. 强化

斯金纳认为存在两种类型的行为：应答性行为和操作性行为。应答性行为是由已知的刺激引起的行为或反应；操作性行为不是由已知的刺激引起，而是由机体自身发出的行为或反应。斯金纳的操作条件作用研究的就是后者。斯金纳认为，人们日常生活中的大部分行为都是操作性行为，影响行为巩固或再次出现的关键因素是实施这种行为后所得到的结果，即强化。②

在条件作用中，凡能使个体操作性反应的频率增加或维持的一切刺激都是强化。产生强化作用的刺激，叫作强化物。强化物与强化分为以下四类。

（1）正强化物与正强化。正强化物指当个体反应后在情境中出现的任何刺激，其出现有助于该反应频率增加者。由正强化物所形成的强化作用叫作正强化。用正强化的方法可以塑造想建立的行为——当适当的行为出现时，立即给予一个好的刺激，促使这种行为重复出现，保持下来。

（2）负强化物与负强化。负强化物指当个体反应后在情境中已有刺激的消失，而其消失有助于该反应频率增加者。用负强化可以巩固一种适当的行为。当符合要求的行为出现时，立即取消原来给予的不愉快刺激，以增加该行为重复出现的频率。③

（3）一级强化物与一级强化。一级强化物指一般只直接满足人与动物的基本生理需要的刺激物，它包括所有在没有任何学习发生情况下也起强化作用的刺激物，如食物、水等。由于一级强化物的出现而对反应所起的强化作用称为一级强化。

（4）二级强化物与二级强化。二级强化物是指经学习而间接使有机体满足的刺激物。如果一个中性刺激物和一级强化物反复结合，它自身就能获得强化的功能，此时，此种中性刺激物就变成了二级强化物。由于二级强化物的出现而对反应所起的强化作用称为二级强化。

强化的基本原理是：一种行为假若得到奖励，那么这种行为重复出现的频率就会增加；反之，得不到奖励的行为重复出现的频率会降低。

强化程序，指采用强化原理从事操作条件作用学习实验时，在提供强化物的时间上做各种不同的安排，从而观察个体正确反应出现的概率与强化实施之间的关系。④

---

① 张春兴. 教育心理学 [M]. 杭州：浙江教育出版社，1998：187.
② 施良方. 学习论——学习心理学的理论与原理 [M]. 北京：人民教育出版社，1994：121 – 122.
③ 张春兴. 教育心理学 [M]. 杭州：浙江教育出版社，1998：185 – 186.
④ 张春兴. 教育心理学 [M]. 杭州：浙江教育出版社，1998：188.

3. 惩罚和消退

惩罚指当有机体作出某种反应以后，若及时使之承受一个厌恶刺激（惩罚），那么以后在类似情境或刺激下，该行为的发生概率就会降低甚至受到抑制。惩罚和负强化有所不同，负强化是通过厌恶刺激的排除来增加反应在将来发生的概率，而惩罚则是通过厌恶刺激的呈现来降低反应在将来发生的概率。例如，处分是一种惩罚，而撤销处分是一种负强化。

当有机体作出以前曾被强化过的反应之后不再有强化物相伴时，那么这一反应在今后发生的概率便会降低，这种现象称为消退。消退是减少不良行为、消除坏习惯的有效方法。①

三、班杜拉的观察学习理论

美国著名心理学家的班杜拉（Bandura）是社会学习理论、社会认知理论的奠基人。班杜拉以儿童社会行为的习得为研究对象，进行了一系列重要的实验研究，系统地形成了他关于学习的基本思路，即观察学习是人的学习的最重要形式。

（一）实验研究

在班杜拉的一项经典性的实验中，让儿童分别观察现实的、电影的与卡通片中成人对玩偶的攻击行为，然后给儿童提供类似的情境。结果表明，观察过这三类成人榜样的儿童都发生了类似的攻击性行为。接下来，班杜拉进行了另一项实验。在实验中将 4～6 岁的儿童分成两组，两组被试都观看成人攻击玩偶的电影，但其中一组被试所看的电影结局是这个发出攻击行为的成人受到别人的奖励；而另一组被试所看的电影结局是这个发出攻击行为的成人受到惩罚。然后将两组被试带到有类似情境的地方，结果表明，在自发的情况下，观察到成人攻击性行为受奖励的被试比观察到成人攻击性行为受惩罚的被试，更多地表现出攻击性行为。

班杜拉认为，在成人榜样受到惩罚的情况下，儿童也学会了这种行为反应，只不过没有同样地表现出来罢了。可见，成人攻击行为所得到的不同结果只影响了儿童对这种行为的表现，而对这种行为的学习没有影响。

（二）观察学习理论

1. 观察学习的概念

观察学习是指个体只以旁观者的身份观察他人的行为表现即可获得学习。② 观察学

---

① 张大均. 教育心理学：第 3 版 [M]. 北京：人民教育出版社，2015：76.
② 卢盛华，马一波，吕莉. 教育心理学 [M]. 武汉：华中科技大学出版社，2015：35.

习可以分为直接观察、综合观察和抽象观察。直接观察是学习者对示范行为的简单模仿；综合观察是学习者综合多次所见而形成自己的行为；抽象观察是学习者从示范行为中获得一定的行为规则与原理。

2. 观察学习过程

班杜拉对观察学习心理过程进行分析，认为观察学习的历程由四个相关联的子阶段构成：

（1）注意阶段，是指学习者对被观察的对象的特征进行有选择的观察；

（2）保持阶段，是指观察者记住从榜样情境了解的行为，以表象和言语形式将它们在记忆中进行表征、编码以及存储；

（3）产出阶段，是指观察者将头脑中有关榜样情境的表象和符号概念转为外显的行为，观察者需要选择和组织榜样情境中的反应要素，进行模仿和练习，并在信息反馈的基础上精练自己的反应；

（4）动机阶段，是指观察者因表现所观察到的行为而受到激励，个体习得的行为并不一定表现出来，学习者是否会表现出已习得的行为，会受到强化的影响。①

3. 观察学习的结果

观察学习会给个体带来影响，主要集中在以下几个方面：

（1）引导注意力：注意到活动中出现的物体；

（2）改变抑制：观察到他人尤其是受欢迎或地位较高的人违反纪律却没有受到任何惩罚时，将认为违纪不一定招致惩罚；

（3）引发情绪：对未经历过的情境产生情绪反应；

（4）获得新行为与新态度：习得新的思维技能、思考方式等；

（5）调整已有行为：了解行为应用的时机或场合。

4. 影响因素

对于观察学习主要有以下几个影响因素：

（1）观察者本人：长时间保持注意、记忆策略、自我强化等，可能会导致观察者注意力分散；

（2）被观察者：观察更权威或者技能更熟练的人会让观察者更加关注学习；

（3）观察者预期的行为后果：观察者认为合适且会带来奖赏的行为会使观察者更加关注学习；

（4）被观察行为的后果：结果是观察者预期的，观察者可能会更愿意观察学习；

---

① 莫雷. 教育心理学［M］. 北京：教育科学出版社，2007：43.

（5）预定目标：如果能帮助完成观察者的目的，可能会更积极一些；

（6）自我效能：在有较强的自我效能感，觉得自己能胜任时，会更加积极。

四、行为主义学习理论的应用

（一）联结—试误说学习理论的应用

桑代克的学习理论指导了大量的教育实践。效果律指导人们使用一些具体奖励，练习律指导人们对所有学生进行大量的重复练习。他对教师的建议是，对联结进行不断地重复和练习，并且总是提供奖励，就会形成刺激和反应的联结。但是他认为人和动物的基本学习方式一致，都是通过试误学习，只是复杂程度不同，这是达尔文生物进化论的延伸，抹杀了人的学习的主观能动性这一突出的特点。

（二）操作性条件作用学习理论的应用

程序教学，是指将各门学科的知识按其中的内在逻辑联系分解为一系列的知识项目，这些知识项目之间前后衔接，逐渐加深，然后让学生按照知识项目的顺序逐个学习每一项知识，并及时给予反馈和强化，使学生最终能够掌握所学的知识，达到预定的教学目的。可见，精心设置知识项目序列和强化程序是程序教学能否成功的关键所在。①

斯金纳的学习理论，对学校教育产生了极为深刻的影响，成为计算机辅助教学技术（computer aided instruction，CAI）的理论基础之一，为 CAI 技术的发展提供了基本的原则和思路。

（三）观察学习的教学应用

在观察学习过程中，观察所学习的对象称为示范，示范有多种多样的形式。班杜拉将示范分为以下几种基本类型：真实的示范、象征性示范、创造性示范。

示范过程包括以下三个子过程：在教学情境中确认适当的榜样；建立行为的机能价值；引导学习者的认知和动作再造过程。

班杜拉揭示了观察学习的基本规律及社会因素对个体行为形成的作用，对我们从整体上认识人的行为的学习过程具有重要的启示。

---

① 莫雷. 教育心理学 ［M］. 北京：教育科学出版社，2007：40.

→ 第三节 认知主义学习理论

认知主义学习理论的核心观点是，学习过程是有机体积极主动地形成新的完形或认知结构。个体在学习情境中运用其已有认知结构去认识、辨别和理解各个刺激之间的关系，增加自己的经验，从而扩大或提升自己的认知结构。因此，认知主义者认为，学习的产生是内发的、主动的和整体性的。

一、格式塔学派的完形—顿悟说

20世纪初格式塔心理学产生于德国，主要代表人物是韦特默（Wertheimer）、苛勒（Kohler）和考夫卡（Koffka）等。学习理论是格式塔心理学理论的重要组成部分，其关于学习实质的看法建立在对黑猩猩学习现象的观察基础上。

（一）黑猩猩实验

情境一：在黑猩猩的笼子外放有香蕉，笼子里面放有两根短竹棒，用其中的任何一根都够不到笼子外面的香蕉。然而，黑猩猩思考了一会儿，将两根竹棒连接起来，够到了香蕉。

情境二：在房间中央的天花板上吊一串香蕉，黑猩猩站在地板上无法够到香蕉，房间的四周放了一些箱子。面对这样一个情境，黑猩猩开始采取跳跃的方式获取香蕉，但是没有达到目的。黑猩猩站到箱子前面，过了一会儿，它把箱子挪到香蕉下面，爬上箱子，取到了香蕉。

对于黑猩猩的这些行为，苛勒（1929）认为，在遇到问题时，动物可能审视相关的条件，也许考虑一定行动成功的可能性，当突然看出两根竹棒接起来与远处香蕉的关系时，它便产生了顿悟，从而解决了这个问题。①

（二）完形—顿悟说的基本观点

在格式塔心理学家看来，学习是头脑里主动积极地对情境进行组织的过程。学习过程这种知觉的重新组织，是突然的顿悟。顿悟，是指个体突然觉察到问题的正确解决办法。之所以产生顿悟，一方面是由于分析当前问题情境而构成了完形；另一方面是由于大脑能利

---

① 沃尔夫冈·苛勒. 人猿的智慧［M］. 陈如懋，译. 杭州：浙江教育出版社，2003：8－19.

用过去的经验，具有组织力职能，能够填补缺口或缺陷，使有机体不断发生组织和再组织。

1. 基本观点

（1）学习并不是形成刺激—反应的联结，而是形成了新的完形；

（2）学习是通过顿悟过程实现的；

（3）刺激与反应之间的联系是以意识为中介的。

2. 显著优点

（1）有助于把学习所得迁移到新的问题情境中去顿悟。这意味着，某一类问题一旦获得顿悟式解决，被试从此再解决此类问题时便不易再犯错误。①

（2）使学习过程伴随兴奋感。顿悟学习具有奖励的性质，当学习者了解到有意义的关系，理解了一个完形的内在结构，弄清了事物的真相，会伴有一种令人愉快的体验。

（3）顿悟学习的结果不容易遗忘。现代信息加工心理学认为，个体通过顿悟获得的知识进入了其长时记忆，在正常情况下将永远保留在学习者的头脑中。

3. 评价

顿悟学习理论受到了美国教育家们的欢迎。在学习情境中，受试者构造和领会问题情境的方式非常重要，如果他们能利用过去的经验正确理解情境，他们就会产生顿悟。但是，格式塔的学习理论把学习完全归之于有机体自身的一种组织活动，从根本上否认对客观现实的反应过程，同时把试误学习与顿悟学习对立起来，完全否认试误学习，也是不符合人类学习的特点的。

二、布鲁纳的认知—发现说

布鲁纳（Bruner）是现代美国著名心理学家，他把研究的重心放在知识获得的内部认知过程，以及学习理论和教学理论在教学中的应用。他特别强调学生的主动探索，主张学习的目的在于采用发现学习的方式，使学科的基本结构转变为学生头脑中的认知结构。因此，他的理论被称为发现说。

（一）认知结构观

学习的实质是主动形成认知结构。布鲁纳十分强调学习的主动性和认知结构的重要性。他认为，学习的本质不是被动地形成刺激—反应的联结，而是主动地形成认知结构。学习者不是被动地接受知识，而是主动地获取知识，并通过把新获得的知识和已有

---

① 施良方.学习论——学习心理学的理论与原理 ［M］.北京：人民教育出版社，1994：151-152.

的认知结构联系起来，积极地建构其知识体系。

学习包括获得、转化和评价三个过程。学习活动首先是新知识的获得。获得了新知识以后，还要对它进行转化，我们可以超越给定的信息，运用各种方法将它们变成另外的形式，以适合新任务，并获得更多的知识。评价是对知识转化的一种检查，通过评价可以核对我们处理知识的方法是否适合新的任务，或者运用是否正确。因此，评价通常包含对知识的合理性进行判断。

（二）发现学习

发现学习是指以培养探究性思维方法为目标，学生利用教材或教师提供的条件自己独立思考，自行发现知识，掌握原理和规律的学习方式。[①]

1. 发现学习的要素

（1）运用自己的头脑；

（2）使知识成为自己的；

（3）自我奖励；

（4）通过假设进行问题解决。

2. 发现学习的步骤

（1）提出和明确使学生感兴趣的问题，通过这些问题激起学生的兴趣和好奇心；

（2）使学生感到这种问题具有某种程度的不确定性，以激起他们的探究欲望；

（3）提供解决问题的多种可能的假设，开阔学生的思路；

（4）协助学生收集与解决问题有关的资料，丰富学生的知识经验；

（5）组织学生审查有关资料，从中得出应有的结论；

（6）引导学生用分析思维去证实结论，使问题得以解决。

3. 发现学习的优点

（1）有助于学生养成发现、创造的欲望与精神，从而有助于激发其智慧潜能，培养学生的直觉；

（2）有助于培养学生的内在动机；

（3）有利于培养学生发现的技巧；

（4）有利于知识的记忆保持和提取；

（5）学生养成独立自主的学习习惯之后，有助于以后的独立求知和研究。[②]

---

① 汪凤炎，燕良轼，郑红. 教育心理学新编：第5版［M］. 广州：暨南大学出版社，2019：287.
② 莫雷. 教育心理学［M］. 广州：广东高等教育出版社，2002：110 - 111.

三、奥苏贝尔的有意义接受说

奥苏贝尔（Ausubel），美国当代著名的认知派教育心理学家。他认为布鲁纳的理论过分强调发现式、跳跃式学习，从而忽视系统知识的传授。他主张接受学习法，提倡循序渐进，使学生按照有意义接受的方式获得系统的知识，形成良好的认知结构。

（一）有意义学习

1. 有意义学习的实质

有意义学习是针对机械学习而言的，它是指在学习知识过程中，符号所代表的新知识与学习者认知结构中已有的适当观念建立实质性和非人为的联系的过程。该定义给出了划分机械学习与有意义学习的两条标准：一是学习者应避免获得字面意义、惰性知识；二是学习者应在知识之间建立合理的、有逻辑意义的联系。

2. 有意义学习的条件

（1）学习材料必须具有逻辑意义。这种逻辑意义是指材料本身与人类学习能力范围内的有关观念可以建立非人为的和实质性的联系。

（2）学习者必须具有有意义学习的心向。

（3）学习者认知结构中必须具有适当的知识，以便与新知识进行联系。

（4）学习者必须积极主动地使这种具有潜在意义的新知识与其认知结构中有关的旧知识发生相互作用。

3. 有意义学习的类型

（1）表征学习，是指学习单个符号或一组符号的意义，或者说学习它们代表什么。表征学习的主要内容是词汇学习，即学习单词代表什么。表征学习的心理机制，是符号和它们所代表的事物或观念在学习者认知结构中建立了相应的等值关系。

（2）概念学习，是指掌握同类事物的共同的本质属性和关键特征。

（3）命题学习，是指学习以命题的形式表达观念的新意义。①

（二）接受学习

1. 接受学习的实质

奥苏贝尔认为，接受学习是在教师指导下的学习者接受事物意义的学习。在接受学

---

① 莫雷. 教育心理学［M］. 北京：教育科学出版社，2007：53－54.

习中，所要学习的内容大多是现成的、已有定论的、科学的基础知识，通过教科书或教师的讲述，用定义的方式直接向学习者呈现，使学习者接受这些已有的知识，掌握它们的意义。接受学习绝非被动学习，学习者仍然是主动的，在学习一种新知识时，学生在教师的引导下，尝试运用其既有的知识，从不同的角度去吸收新知识，最后纳入他的认知结构中，成为他自己的知识。

2. 接受学习的心理过程

首先，在认知结构中找到能同化新知识的有关观念；其次，找到新知识与起固着点作用的观念的相同点；最后，找到新旧知识的不同点，使新概念与原有概念之间有清晰的区别，并在积极的思维活动中融会贯通，使知识不断系统化。

（三）评价

奥苏贝尔的有意义接受说突出了有意义学习在知识获得中的重要作用，澄清了长期以来对传统讲授教学和接受学习的偏见。但他偏重学生对知识的掌握，对学生创造能力的培养不够重视，且过于强调接受学习与讲授方法，没有给予发现学习应有的重视。实际上，在学生学习知识的活动中，有意义的接受学习和有意义的发现学习各有所长，都是重要的学习方式，两者是相辅相成、互相补充的。

四、加涅的信息加工学习理论

加涅（Gagné）是 20 世纪著名教育心理学家之一，他力图将行为主义的刺激—反应学习模式和认知心理学的学习分类模式融合起来，建立综合的学习理论。

（一）学习的信息加工模式

加涅根据现代信息加工理论提出了学习过程的基本模式（见图 2-1），这一模式展示了学习过程的信息流程，对于理解教学和教学过程、安排教学事件具有应用意义。

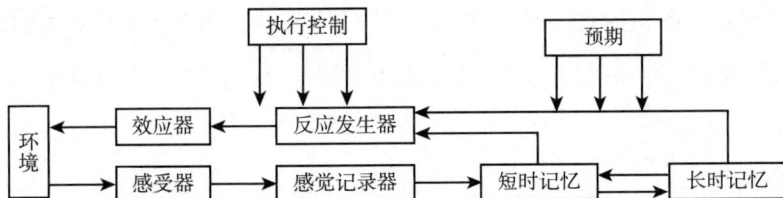

图 2-1 加涅的信息加工学习过程模式

资料来源：罗伯特·加涅. 学习的条件与教学论［M］. 上海：华东师范大学出版社，1999：80.

根据该模型，我们可以看到信息从一个假设的结构到另一个假设的结构中去的过程。首先，学生从环境中接受刺激，感受器将刺激的物理信息转换为神经信息，进入感觉记录器。这是非常短暂的记忆储存，信息的登记或消逝涉及注意或选择性知觉的问题。被感觉记录的信息很快进入短时记忆，在这里可以持续二三十秒。短时记忆的容量很有限，一般只能储存七个左右的信息项目，一旦超过了这个数目，新的信息进来，就会把部分原有的信息"赶走"。若想要保持对信息的记忆，则采取复述的策略，虽不能增加容量，但有利于保持信息以便进行编码。信息可通过编码进入长时记忆。一般认为，长时记忆是个永久性的信息存储库。当需要使用信息时，须经过检索提取信息。被提取出来的信息可以直接通向反应发生器，从而产生反应，也可以再回到短时记忆，对该信息的合适性作进一步的考虑，结果可能是进一步寻找信息，也可能是通过反应发生器作出反应。

在信息加工学习模式中，学生的预期事项和执行控制起着极为重要的作用，整个学习过程都是在这两个结构的作用下进行的。预期是指学生期望达到的目标，即学习的动机。执行控制即学生在信息加工过程中的认知策略，执行控制过程决定哪些信息从感觉记录器进入短时记忆，如何进行编码，采用何种提取策略等。

（二）学习的过程

依据学习的信息加工模式，加涅（1968）把学生的学习过程划分为八个阶段。

1. 动机阶段

有效的学习必须要有学习动机，这是整个学习的开始阶段。要促进学习者的学习，首先应激发他们的动机，将所要达到的目标与学习的实际活动联系起来，并引发学习者的兴趣。

2. 了解阶段

在这个阶段，学习者心理活动主要是注意和选择性知觉。学习动机较高的学习者容易接受外部刺激，使得信息进入加工系统并储存到记忆中，但并不是所有的刺激都会被学习者接受，学习者会根据他们的动机与预期去选择与他们学习目标有关的刺激进行知觉与注意。

3. 获得阶段

当学习者注意或知觉外部情境之后，学习者就可获得信息或知识。获得阶段是指对新获得的刺激进行知觉编码后储存在短时记忆中。

4. 保持阶段

已获得的信息经过重复、强化后进入长时记忆储存。这种储存可能是永久的，也可能会因长期不用逐渐消退，还可能会受干扰而记忆模糊。因此，如果能对学习条件作适当安排，避免同时呈现十分相似的刺激，可以减少干扰的可能性，从而提高信息保持的程度。

5. 回忆阶段

对所储存的信息进行检索。在这个阶段，线索很重要，会帮助人回忆起那些需要回忆的东西。因此，回忆阶段可以利用各种方式使学习者得到提取线索，这些线索可以增强学习者的信息回忆量。对于教学设计来说，外部线索激活提取过程固然重要，但更重要的是使学生掌握为自己提供线索的策略。

6. 概括阶段

学习者提取信息的过程并非始终是在与最初学习信息时相同的情境中进行的，而是需要在变化的场景中运用所学的知识。在教学中，教师总是希望学生能把学到的知识运用于各种类似的情境中去，以达到举一反三的目的，因此就需要了解学习的迁移规律。

7. 作业阶段

作业阶段即反应的发生阶段，就是将反应命题组织起来，让他们在操作活动中加以体现，通过作业才能反映学习者是否已习得所学的内容。作业结果可反映学习的效果，但不能用个别作业成绩来代表一般成绩。在这一阶段，教师需要设置几次作业才能对学生的学习状况作出判断。

8. 反馈阶段

通过操作活动来让学习者意识到自己的学习是否达到了预期。在教学中，当学生完成作业后，他意识到自己已经达到了预期的目标，这时，教师应给予反馈，让学生及时知道自己的作业结果是否正确，从而强化其学习动机。

（三）加涅的信息加工理论对教学的启示

首先，在教学中应该注重如何吸引学生的注意力，将学生的注意力保持在学习活动中，并带着问题进行学习。其次，老师应该突出教学重点，以便学生选择注意过程中的编码。同时，老师应该引导学生重复一些学习内容，增强记忆。最后，对于学习结果给予反馈，强化动机。

➡ 第四节 人本主义学习理论与建构主义

一、人本主义学习理论基本观点

人本主义心理学是 20 世纪 60 年代在美国兴起的一种心理学思潮。人本主义心理学家强调尊重人的价值和主观能动性，认为心理学应该研究人的价值、创造性和自我实现。人本主义学习理论注重研究人类与自我实现有关的一切问题，强调教育环境的创设要符合学生人性发展的实际需求。

（一）罗杰斯的学习理论

1. 知情统一的教学目标观

罗杰斯（Rogers）认为，情感和认知是人类精神世界中两个不可分割的有机组成部分，彼此是融为一体的。因此，罗杰斯的教育理想就是要培养"躯体、心智、情感、精神、心力融为一体"的人，也就是既用情感的方式也用认知的方式行事的知情合一的人。这种知情融为一体的人，他称为"完人"或"功能完善者"。人本主义重视的是教学的过程而不是教学的内容，重视的是教学的方法而不是教学的结果。

2. 有意义的自由学习

罗杰斯认为，学生学习主要有认知学习和经验学习两种类型，其学习方式也主要有无意义学习和有意义学习两种。所谓有意义学习，是指不仅是知识增长的学习，还是将其与经验融合的学习，会在个体的行为、态度、个性以及在未来选择行动方针时发生重大变化。

对于有意义学习，罗杰斯认为主要具有全神贯注、自动自发、全面发展和自我评估四个特征。罗杰斯提倡让学生自由学习，形成自己的风格，而不是呆板的一体化，这样才能更好地促进学生的学习。

3. 学生中心的教学观

罗杰斯提出有用的知识是学生自己发现的。教师的任务不是教学生学习知识（这是行为主义者所强调的），也不是教学生如何学习（这是认知主义者所重视的），而是为学生提供各种学习的资源和促进学习的气氛，让学生自己决定如何学习。

罗杰斯认为促进学习气氛的因素主要有以下三点：一是真实或真诚；二是尊重、关注和接纳；三是移情性理解。在这样一种心理气氛下进行的学习，是以学生为中心的，教师只是学习的促进者、协作者。

（二）库姆斯的学习理论

1. 知觉、信念与行为

库姆斯（Combs）认为，要想了解人的行为，必须先了解行为者如何从他的观点去觉知他所处的世界。因为，事实纵然客观存在，但每个人对其产生的知觉可能截然不同。知觉是构成信念的基础，信念是行为的基础。不同的知觉产生不同的信念，不同的信念产生不同的行为。因此，要想改变一个人的行为，不能只从行为表现上加以矫正，而必须从设法改变他的知觉或信念着手。这种观点被视为人本主义心理学的基本信条之一，在教育上具有深远的意义。教师要想了解学生在某种情境下表现的某种行为，必须先了解学生如何觉知该情境，了解学生的知觉和信念，从而对学生进行教育。

2. 全人教育思想

库姆斯主张，教育的目的绝不只限于教学生知识或谋生技能，更重要的是针对学生的情意需求，使他们能在知识、情感、意志或动机三方面均衡发展，从而培养其健全的人格。学生的情意需求，是指他们在情绪、情操、态度、道德以及价值判断等多方面的需求。此等行为关系到人与人的关系，是人在社会生活方面律己、待人、处世所需要的能力。基于此，库姆斯认为，人本主义教育要重视实现以下七项目标：

（1）针对学生各方面的需求，配合学生经验，设计学校教育，使学生所具有的各种潜力得以充分发展；

（2）要使每个学生均能在教育环境中，不但在智能方面得以自我表现，且在情意方面也能学到自立立人的观念与能力；

（3）针对目前及未来的生活需求，能使每个学生学习到必要的知识、技能以及处理人际关系和职业生活的能力，以适应多元化和多变化的社会；

（4）学校的一切措施，必须遵守因材施教的原则，务必能使教育效果对每个学生产生不同的意义；

（5）在所有的教育活动历程中，必须将知、情、意三者贯穿其中，以期发挥全人教育的功能；

（6）营造学校的教育气氛，务必使整个校园拥有一个虽有挑战却自由、活泼、兴奋，充满关怀、支持而没有威胁的学习情境；

（7）培养学生纯真而开放的气质和认识自我的能力，使他们既能学会在团体中尊重别人，也能学会在个人生活中解决自己心理上的问题。[①]

---

① 张春兴. 教育心理学——三化取向的理论与实践［M］. 杭州：浙江教育出版社，1998：265.

二、人本主义学习理论在教育上的应用

(一) 以题目为中心的课堂讨论模式

精神分析学家、群体心理治疗专家科恩（2002）在群体心理治疗的实践中发现，围绕一个题目进行群体讨论，病员之间相互作用，这对解决大量共同的个体冲突问题是十分有效的，进而科恩把这种促进人际沟通的个体或者群体技术用于帮助改善大型组织的人际沟通。这种模式运用到教育教学实践中，允许学生任何时候讨论，允许学生讨论时离题，允许学生表达可能一直在扰乱他们的强烈情感。

这种模式的原则包括以下内容：

（1）强调学生用情感与思想，全身心地投入到课堂的群体讨论中；

（2）强调学生在课堂群体讨论中的个别性与独特性；

（3）不要持续集中于某一个题目的讨论，以免产生超饱和的状态与疲劳。

(二) 开放课堂模式

这是由韦伯在 1971 年提出的适用于 5 ~ 7 岁儿童的一种人本主义教育心理学的理论模式。开放课堂的典型特点是无拘束、不拘形式的。在实施开放课堂的学校里，学生并不需要把自己限制在某个课堂或中心区域，他走进学校以后可以做他想做的事，学他想学的科目。教师的作用是鼓励和引导学生的活动，在适当的时间促进儿童与学习的真正材料发生接触。为了完成这个任务，教师必须进行精确的观察，建立每个儿童的档案，推荐有利于儿童的活动，给予儿童认知的输入。

(三) 自由学习的教学模式

这是一种较为自由的模式。罗杰斯（2015）认为该模式比较适合于大学的教学。其特点包括以下内容：

（1）学生与教师可以讨论授课的形式、安排部分的上课时间、授课的主题；

（2）学生可采用不同的方式和从不同的信息源来获取学习的内容；

（3）学生可与老师商议，完成学习目标所能够得到的分数；

（4）主张安排不同类型的课堂结构，以吸引不同兴趣的学生自由参与；

（5）学生参与学习的评定。

三、建构主义学习理论

建构主义是学习理论中行为主义发展到认知主义以后的进一步发展，其思想来源繁杂，流派纷呈。在教育心理学中，建构是指学习者通过新旧知识经验之间反复、双向的相互作用，形成和调整自己的经验结构的过程。①

（一）皮亚杰认知建构主义

皮亚杰是当代最著名的心理学家之一，发生认识论的创始人，被誉为心理学史上的一位"巨人"。皮亚杰（1970）认为，认知发展是一种建构的过程，是个体在与环境不断地相互作用中实现的。

1. 认知发展的基本过程

（1）图式，指经过组织而形成的思维以及行为的方式，它表征着行动和经验的某种固定的形式，以帮助我们适应外在的环境。② 人最初的图式来源于先天的遗传，表现为一些简单的反射。为了应对周围的世界，个体逐渐丰富和完善了自己的认知结构，形成了一系列的图式。

（2）同化与顺应。个体在运用已有图式去认识新事物时，其内部所发生的机理是一个同化的过程。同化，是指生物有机体将外部要素整合进自己的结构中去的过程。假若环境中的新事物所包含的知识与个体原有图式之间是异质性或矛盾性的关系，那么，个体在运用已有图式去认识此类新事物时，其内部所发生的机理就是一个顺应的过程。顺应，是指生物有机体的原有图式不能同化客体，必须建立新的图式或调整原有的图式，引起图式质的变化，使生物有机体适应环境。皮亚杰认为，同化主要是指个体对环境的作用；顺应主要是指环境对个体的作用。一切认识都离不开认知图式的同化与顺应。认识既是认知图式顺应于外物，又是外物同化于认知图式这两个对立统一过程的产物。③

（3）平衡与失衡。平衡是指个体通过自我调节机制使认知发展从一种平衡状态向另一种较高平衡状态过渡的过程。皮亚杰认为，个体的认知图式通过同化与顺应而不断发展，以适应新的环境。一般而言，每当个体遇到新的刺激，总是试图用原有图式去同化，若获得成功，便得到暂时的平衡；若不成功，便会处于暂时的失衡。一旦个体处于

① 吴庆麟. 教育心理学——献给教师的书 [M]. 上海：华东师范大学出版社，2003：195.
② 莫雷. 教育心理学 [M]. 北京：教育科学出版社，2007：57.
③ 施良方. 学习论——学习心理学的理论与原理 [M]. 北京：人民教育出版社，1994：181.

失衡状态,为了重新恢复平衡状态,他一般会作出顺应,以便调整原有图式或重建新图式,直至达到认识上的新的平衡。平衡是个体在连续不断地和环境交互作用与变化过程中保持相对稳定性的一个重要因素。[①]

2. 认知发展的阶段

根据认知图式的性质,可以把认知发展划分为几个不同的阶段。

(1)感知运动阶段(0~2岁)。这一阶段儿童认知发展的主要特征是,只能用一些原始的、遗传性的图式来对待外部客体,他们能逐步协调自己的感知觉和动作活动,但其感知运动还不具备运算的性质。这个阶段的儿童在认知发展上的第一个成就是发展客体永恒性,即当某一客体从儿童视野中消失时,儿童知道该客体并非不存在了。9~12个月的儿童获得客体永恒性,客体永恒性是以后认知活动的基础。目标定向行为是感知运动阶段的第二个成就。早期婴儿把一切食物的运动都看成是自己动作或欲望的延伸,即自己的动作是一切事物运动的唯一原因,后来他逐渐对动作和动作的结果进行区分,从而运用一系列协调的动作实现某一个目的。

(2)前运算阶段(2~7岁)。运算是指内部的智力或操作。儿童在感知运动阶段获得的感觉运动行为模式已经内化为表象或形象模式,开始运用语言或较为抽象的符号来代表他们经历过的事物。但是,处于这个阶段的儿童用表征形式认知客体的能力发展仍然在一定程度上受到单一方向思维的限制,即不可逆性。儿童在注意事物的某一方面时往往忽略其他的方面,即思维具有刻板性。与思维的不可逆性和刻板性等特点相联系,儿童尚未获得物体守恒的概念。守恒是指物体即使在排列和外观上发生了改变,其物质的量也保持相同。同时处于前运算阶段的儿童是自我中心主义的,他们趋向按照他们自己的观点了解世界和他人的经验。

(3)具体运算阶段(7~11岁)。具体运算是在前一阶段很多表象图式融化、协调的基础上形成的,这一阶段的儿童思维具有五个主要特征。一是思维的守恒性。二是思维的可逆性。三是具体逻辑思维。[②] 这一阶段的儿童认知结构中已有抽象概念,掌握了群集运算、空间关系、分类和排序等逻辑运算能力。不过,这个时期儿童的运算还离不开具体事实的支持,只能将逻辑运算应用于具体的或观察所及的事物,而不能把逻辑运算扩展到抽象概念之中。四是去自我中心。这一阶段的儿童逐渐学会从他人的观点看问题,逐渐认识到他人持有和自己不同的观点与想法,进而能接受他人的主张或者修正自

---

① 施良方. 学习论——学习心理学的理论与原理 [M]. 北京:人民教育出版社,1994:183–184.
② 皮亚杰. 发生认识论原理 [M]. 王宪钿,等,译. 北京:商务印书馆,1981:6–7.

己的想法。这是儿童和别人顺利交往以便完成个体社会化的重要条件之一。五是多角度思维。这一阶段的儿童逐渐学会从多角度思考问题。

（4）形式运算思维阶段（11岁至成年）。所谓形式运算，就是使形式从内容中解脱出来。[①] 此阶段个体的思维能力已能超出事物的具体内容或感知的事物，是一种抽象的逻辑思维。这种思维有三个特点。一是能进行假设演绎思维。他们可以通过假设演绎推理来解答问题。二是能进行命题运算思维。所谓命题运算思维，就是可以在头脑中将形式和内容分开，可以在思考问题时摆脱具体事物的束缚，无须具体事物作中介，能进行抽象的形式推理，或根据假设来进行逻辑推演的思维。在这个阶段，个体开始能应对潜在的或假设的情境。三是能进行系统思维。他们能把逻辑运算结合成各种系统，并根据可能的转换形式去解决脱离了当前具体事物的观察所提出的有关命题；或是根据掌握的资料作因素分析，进行科学实验，从而发现规律。按照皮亚杰的观点，这是认知发展的最后一个阶段，以后个体的发展不再需要建构新的认知结构，所需要的只是增加知识，形成更加复杂的图式。

3. 个体认知发展的影响因素

皮亚杰不仅探讨了个体认知发生发展的规律，从认识的起源一直跟踪到科学思维的发展，还深刻地阐明了影响儿童心理发展的四个基本因素：

（1）个体的成熟，是指机体的成长，特别是神经系统和内分泌系统的成熟，为儿童形成新的行为模式和思维方式提供了生理基础；

（2）练习和经验，是指个体对物体施加动作过程中的练习和习得的经验；

（3）社会性经验，是指社会环境中人与人之间的相互作用和社会文化的传递，主要表现为人们彼此间观念的交流；

（4）具有自我调节作用的平衡化过程。当个体已有图式或认知结构能够同化新的知识经验时，个体心理上处于暂时的平衡状态。反之就会在心理上感到失衡。心理失衡的结果促使个体产生一种自我调节的内驱力，引导个体改变调整已有图式或认知结构，容纳新的知识经验，经过调整、吸收新的知识经验，从而达到新的平衡。个体每经过一次由失衡到新的平衡，其认知结构就会产生一次新的改变。个体认知结构的改变使之能够吸收容纳更多的新的知识经验，促使智力水平得到发展和提高。

（二）维果斯基社会建构主义

维果斯基是苏联杰出的心理学家，被公认为当今学习理论中社会建构主义和情境学

---

① 莫雷. 教育心理学［M］. 北京：教育科学出版社，2007：60.

习理论的先驱。社会建构学习理论强调学习是个社会参与过程。知识的建构不仅涉及个体与物理环境的相互作用，还涉及社会文化的互动。

1. 两种心理机能与儿童心理发展

维果斯基（1931）区分了两种心理机能：一种是靠动物进化而获得的低级心理机能，它是个体早期以直接的方式与外界相互作用时表现出来的特征；另一种则是由历史发展而获得的高级心理机能，即以符号系统为中介的心理机能。高级心理机能，使人类心理在本质上区别于动物。人的心理与动物比较，不仅是量上的增加，而首先是结构的变化，形成了具有新质的意识系统。在个体心理发展的过程中，这两种机能是融合在一起的。高级心理机能受到社会历史发展规律的制约。因此，研究儿童心理发展，必须从社会环境中去考察儿童高级心理机能的发展过程，尤其是其中的结构的变化。

2. 思维与语言

语言是维果斯基认知发展理论的核心。他认为，语言能力高度发达的人，可以完成那些文盲所不能完成的复杂任务。因为人们在学习语言时，不仅是学习独立的词语，而且是在学习与这些语词相联系的思想。语言是发展的媒介，是思维的工具，语言使得人们可以向其他人学习，可以获得历史的、他人的经验，同时提供了分享观念、精练思想的机会。

语言还是社会交往和活动的工具，由于社会交往，文化得以分享并传递。所以维果斯基强调成年人对儿童的指导和交流，同时也强调儿童与同伴在游戏和课堂情境中，通过对话进行合作。

语言还是对自己的思维进行反思与调控的工具。维果斯基认为，自言自语其实是个体内部言语的开端，它将逐渐地被内化，进而成为复杂认知技能的基础，而这些技能包括保持注意、记忆新信息和问题解决。所以，应鼓励学生在解决问题时使用出声思维。

3. 最近发展区

关于教学和发展的关系，维果斯基提出了最近发展区的概念。他认为，教学要想取得效果，必须考虑儿童已有的水平，并要走在儿童发展的前面。所以，教师在教学时，必须考虑儿童的两种发展水平：一种是儿童现有的发展水平；另一种是在他人尤其是成人指导的情况下可以达到的较高的解决问题的水平。这两者之间的差距就叫作最近发展区。最近发展区为学生提供了发展的可能性，也为教师提供了教学的现实性，教和学的相互作用促进了发展。最近发展区存在个体差异和情境差异。不同的个体间、不同的情境中，会有不同的最近发展区。

为了让教学促进发展，在维果斯基看来，教师可以采用支架教学，即在儿童试图解决超出他们当前知识水平的问题时给予支持和指导，帮助学生顺利通过最近发展区，使之最终能够独立完成任务。教学过程主要分为以下几个环节。

（1）预热：教学开始阶段，将学生引入一定的情境，并提供可能获得的工具。

（2）探索：首先由老师为学生确定目标，来引发情境的各种可能性，让学生进行探索尝试，目标比较开放，但是老师会产生很大的影响。在此过程中，老师可以给予启发，做演示、提供原型和反馈等，但是需要让学生主动去逐步探索。

（3）独立探索：老师放手让学生自己决定探索的方向与问题，独立进行探索。

（三）当今建构主义学习理论的基本观点

1. 新知识观

（1）知识并不是对现实的准确表征，它只是一种解释或假设，它并不是问题的最终答案，相反，它会随着人类的进步而不断地被"革命"掉，并随之出现新的假设。

（2）知识并不能精确地概括世界的法则，在具体问题中，我们并不是拿来使用，一用就灵，而是需要针对具体情境进行再创造。

（3）知识不可能以实体的形式存在于具体个体之外，尽管我们通过语言符号赋予了知识一定的外在形式，甚至这些命题还得到了较普遍的认可，但这并不意味着学习者会对这些命题有同样的理解，因为这些理解只能由个体学习者基于自己的经验背景建构，这取决于特定情境下的学习历程。

2. 新学生观

建构主义者认为，学习者在日常生活和先前的学习中，已经形成了丰富的经验。而且，即使遇到没有接触过的问题，他们往往也可以基于相关经验，依靠他们的认知能力，形成对问题的某种解释。

教学不是知识的传递，而是知识的处理和转换。教师不是简单的知识呈现者，而应该重视学生对各种现象的理解，倾听他们现在的想法，洞察这些想法的由来，以此为根据，引导学生丰富或调整自己的理解。教师需要与学生共同针对问题进行探索，并在此过程中相互交流和质疑，彼此之间了解想法并作出调整。

由于经验背景的差异，学习者对问题的理解会有所不同。但是，这些差异本身构成了一种宝贵的学习资源，它充分揭示了看问题的各种角度。当然，在个体的自我发展和外部引导之间，尽管建构主义着力研究的是前者，但它并不否认后者，它并不是取消教师的影响，而是不能径直地教。

3. 新学习观

建构主义对传统的教学观提出了尖锐批评，对学习作出了新的解释，强调学习的主动建构性、社会互动性和情境性。

（1）学习的主动建构性。建构主义认为，学习是由个体学习者基于自己的经验背景建构知识的过程，不是由教师向学生传递知识的过程。因此，学生是主动的信息构建者，需要综合、重组、转换、改造头脑中已有的知识经验，来解释新信息、新事物、新现象以及解决新问题，并对自己的想法进行反思性的推敲和检验。

（2）学习的社会互动性。建构主义强调，学习是通过某种社会文化的参与内化相关的知识和技能、掌握有关的工具的过程，这一过程常常需要通过一个学习共同体的合作互动来完成。学习共同体是由学习者及助学者共同构成的团体，他们经常在学习过程中进行沟通交流，分享各种学习资源，共同完成一定的学习任务，因而在成员之间形成了相互影响、相互促进的人际联系，形成了一定的规范和文化。①

（3）学习的情境性。建构主义者提出了情境性认知的观点，强调学习、知识和智慧的情境性，认为知识是不可能脱离活动情境而抽象存在的，学习应该与情境化的社会实践活动结合起来。知识存在于具体的、情境性的、可感知的活动之中，不是一套独立于情境的知识符号，它只有通过实际应用活动才能真正被人所理解。个体的学习应该与情境化的社会实践活动联系在一起。学习者通过对某种社会实践活动的参与而逐步掌握有关的社会规则、工作、活动程序等，形成相应的知识。

4. 新教学观

建构主义的基本思想是，让学生通过解决问题来学习，即让学生具有对知识的好奇，然后再去探索、去寻找答案，消除自己认知上的冲突，通过这种活动来使学生建构对知识的理解。教师的任务是建立一个学生团体，为学生团体设置任务，即要探索的问题。问题的设计既要反映某学科的关键内容，又要考虑学生现有的知识经验，从而使学生看到新旧知识的联系。通过解决问题活动，不仅可以培养学生的求知欲和探索欲，极大地激发学生的思维活动，还有利于学生对知识结构形成深刻的理解，培养起具有广泛迁移价值的问题解决策略，并形成积极的态度。

建构主义提倡情境性学习。情境性学习以情境性认知理论为基础，主张学习应着眼于解决生活中的实际问题。因此，教学应该使学习在与现实相类似的情境中发生。在情境性学习中，教师提供解决问题的原型，并指导学生探索。情境性教学的测验是融合式

---

① 高文，徐斌艳，吴刚．建构主义教育研究［M］．北京：教育科学出版社，2008：15－18.

测验，即在学习具体问题的解决过程中便可了解学习的效果。情境性教学有利于激发学生的学习积极性和探索精神，也有利于培养学生解决问题的能力。

许多建构主义者注重教学中师生以及学生之间的社会性相互作用。合作学习、交互教学在建构主义的教学中广为采用。合作学习和交互教学可以使学生超越自己的认识，看到那些与自己不同的理解，从而形成更加丰富和全面的理解。因此，教学要增进学生之间的合作，使学生看到那些与他不同的观点。

思考题

1. 学习有什么意义？通常对学习的分类有哪几种？

2. 简述学习的过程和学习的条件。

3. 桑代克的联结—试误说的基本观点是什么？

4. 强化的定义是什么？

5. 简述观察学习的过程和影响因素。

6. 完形—顿悟说的基本观点是什么？如何评价？

7. 发现学习有哪些要素？发现学习的步骤是什么？有哪些优点？

8. 有意义学习的条件是什么？有哪些类型？

9. 加涅信息加工模式中，学习的过程是什么？

10. 简述人本主义学习理论的基本观点。

11. 人本主义学习理论在教育上有哪些应用？

12. 皮亚杰认知建构主义认为，认知发展包括哪些阶段？

13. 最近发展区对教育有什么启示？

14. 当今建构主义的基本观点是什么？

本章荐读

1. 林崇德：《发展心理学》，人民教育出版社 2009 年版，第二章。

2. 沈德立：《发展与教育心理学》，辽宁大学出版社 1999 年版，第三章。

3. 麻彦坤、叶浩生：《差异与互补：皮亚杰与维果茨基认知发展观比较的新思考》，载于《心理科学》2004 年第 6 期。

4. 施良方：《学习论——学习心理学的理论与原理》，人民教育出版社 1994 年版。

5. 陈琦、张建伟：《建构主义学习观要义评析》，载于《华东师范大学学报（教育科学版）》1998 年第 1 期。

6. 张大均:《教育心理学》,人民教育出版社 2004 年版,第四章。

7. 白倩、冯友梅、沈书、李艺:《重识与重估:皮亚杰发生建构论及其视野中的学习理论》,载于《华东师范大学学报(教育科学版)》2020 年第 3 期。

8. ERTMER P A, NEWBY T J, 盛群力:《行为主义、认知主义和建构主义——从教学设计的视角比较其关键特征》,载于《电化教育研究》2004 年第 3 期和第 4 期。

第三章

知识的学习

【内容摘要】

　　掌握知识是学生学习的主要任务，也是学校智育的核心内容之一。知识的学习与教学历来是教育心理研究的一个中心问题，也是本书的重点内容。本章第一节先着重介绍了知识的定义、分类。阐述了陈述性知识、程序性知识和策略性知识；本章第二、第三节对陈述性知识与程序性知识的学习进行了全面的介绍，进一步描述了其教与学的过程以及教学策略；第四节详细阐述了知识迁移的含义与种类，着重强调了陈述性知识与程序性知识的迁移以及其支持的理论，同时介绍了影响知识学习迁移的因素和知识学习迁移能力的增强方法。

【学习目标】

　　本章旨在帮助读者理解知识的含义与分类，掌握陈述性知识和程序性知识的学习过程以及教学策略，并熟悉学习迁移的概念、意义与教学方法。

【关键词】

　　知识的含义与分类　　陈述性知识　　程序性知识　　知识的迁移

➡ 第一节　知识的含义与分类

一、知识的含义

　　从心理学的观点看，知识是个体头脑中的一种内部状态，它有广义和狭义之分。狭义的知识一般仅指存在于语言文字符号或言语活动中的信息，如各门学科中的基本事实、概念、共识、原理等。广义的知识则是指主体通过与其环境相互作用而获得的信息及其组织。[①] 它既包括个体从自身生活实践和人类社会实践中获得的各种信息（狭义知识），也包括在获得和使用这些信息过程中所形成的各种技能和能力。这种知识既以语言文字、音像制品等媒体形式存在于个体之外，也以概念、命题、表象或图式等形式存在个体头脑内部。

二、知 识 的 分 类

由于对知识的概念有不同理解，人们对知识的分类角度也各不相同。

在学校教育中，一般把知识分为语文知识、数学知识等学科知识。心理学主要从知识学习过程的心理实质或特点等角度对知识进行分类。奥苏贝尔（1994）将知识分为表征、概念、命题、问题解决及创造五类。加涅（1999）将知识分为连锁、辨别、具体概念、抽象概念、规则及高级规则六类。这些心理学家力图根据知识获得过程的性质对知识进行分类，使知识的类型能反映出学习的不同心理过程。但他们对知识获得的信息加工过程缺乏深入研究，因此对知识类型的划分还带有较多的思辨色彩。

现代认知心理学一般依据知识的不同表征方式和作用，将知识划分为陈述性知识、程序性知识和策略性知识。

陈述性知识（declarative knowledge）也叫描述性知识，是关于事物及其关系的知识，主要用于区别和辨别事物。它是个人有意识地提取线索，因而能直接陈述的知识。这类知识主要用来回答世界是什么的问题，如"第二次世界大战的原因是什么?"它包括事实、规则、个人态度、信仰等。

程序性知识（procedural knowledge），即操作性知识，是关于怎样做的知识，是一种经过学习自动化了的关于行为步骤的知识，表现为在信息转换活动中进行具体操作。它是个人没有有意识地提取线索，只能借助某种作业形式间接推测其存在的知识，实际上是传统意义上的技能。它主要用来解决怎么办的问题，如"如何在图书馆中查找鲁迅的散文集《朝花夕拾》"。

策略性知识（strategic knowledge）是关于如何学习和如何思维的知识，即个体运用陈述性知识和程序性知识去学习、记忆、解决问题的一般方法和技巧。如知道如何写好作文。从本质上看，策略性知识也是程序性知识，但和一般的程序性知识有所不同。一般的程序性知识是完成某种具体任务的操作步骤，而策略性知识则是学习者用来调控学习和认识活动本身的，其目标是更有效地获取新知识和运用已有知识来解决问题。只有

---

① 皮连生. 教育心理学：第三版 [M]. 上海：上海教育出版社，2004：90.

在策略性知识的指导下，陈述性知识和一般程序性知识才能被有效地加以应用。

➡ 第二节　陈述性知识的学习

一、陈述性知识的学习过程

当代认知心理学认为，陈述性知识的掌握过程一般分为三个阶段：第一阶段，新信息进入短时记忆，与长时记忆中被激活的相关知识建立联系，从而出现新的意义构建；第二阶段，新构建的意义储存于长时记忆中，如果没有复习或新的学习，这些意义会随着时间的延长而出现遗忘；第三阶段，意义的提取和运用。陈述性知识的掌握过程，主要是个体新构建的意义能够长时间地储存在记忆中，而且在运用时能迅速提取。

皮连生根据奥苏贝尔的同化理论和安德森的激活理论，提出了陈述性知识的学与教的模型（见图3-1），把陈述性知识的掌握过程分为六个阶段。[①]

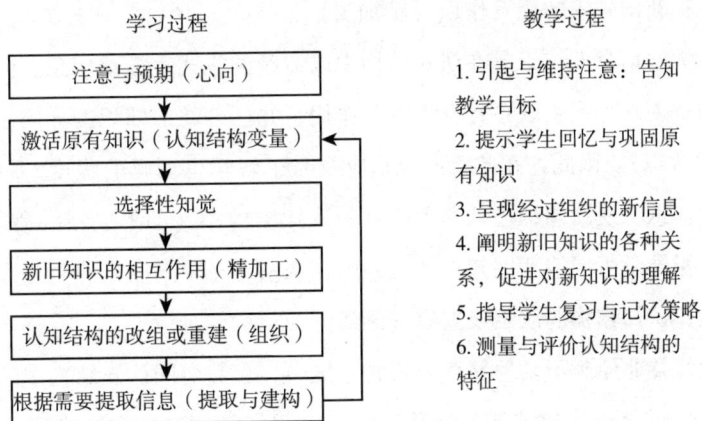

图3-1　陈述性知识的学与教的模型

第一阶段：注意与预期（心向）

任何有目的的学习都以学习者有意识地注意为先决条件。当学习者处于注意状态时，他的注意指向学习目标。在这一阶段，教师应灵活应用变化的或情绪性刺激特征来唤起和维持学生的无意注意，也可通过其他有趣实验或问题激发学生的兴趣而引发有意注意。教师也可以告知教学目标，以激起学生对学习任务的预期。学生对新知识的积极

---

① 皮连生. 智育心理学 [M]. 北京：人民教育出版社，1996：123.

关注常常来源于对知识本身的兴趣、良好的学习习惯和教师的有效提示。

第二阶段：激活原有知识（认知结构变量）

根据同化论和激活论的观点，为使新知识获得意义，并达到预期的学习结果，学生需要在原有认知结构中找到适当的原有知识，并使之处于激活状态。有的学生在学习新知识时，尽管在认知结构中存在一些可用来同化新知识的原有知识，但却不会合理利用，这时教师的外部提示和帮助很有必要。教师在讲授新知识前，可采取适当的教学策略，先让学生复习和巩固有关的原有知识，这样就能使学生的知识结构得到补充和完善。

第三阶段：选择性知觉

学生无论是通过阅读教科书还是听教师讲课，都是在适当的背景下有选择地进行的。如果缺乏适当的背景知识，学生即使听了、读了也不知所云。为了使教学内容成为学生选择性知觉的对象，教师提供的新信息必须以学生容易理解的方式呈现。如把语言文字的描述与直观形象材料的呈现相结合，理性思维与感性经验相结合。

第四阶段：新旧知识的相互作用（精加工）

选择性知觉新信息的结果是在认知结构中以命题的方式表征新信息。但这种信息如果不与原有的有关观念产生联系且发生相互作用，并区分新旧知识的异同，则新的信息会很快消失（遗忘）。因此，在此阶段教师应及时了解学生理解的程度，对学生进行指导，提供反馈信息，使新知识进入学生原有的认知结构中（即形成新的命题网络）。教师的作用在于指导学生厘清新旧知识之间的内在联系。

第五阶段：认知结构的改组或重建（组织）

新命题网络并非原封不动地储存于长时记忆中，它们会同认知结构中的其他部分继续相互作用，从而导致认知结构的变化。知识在保持期间，认知结构要经过改组和重建，以达到简约与减轻记忆负担的目的。在此阶段为了防止知识的混淆和有用观念的遗忘，教师应指导学生对所学知识进行归纳整理，掌握并合理运用复习和记忆的策略，促进学生良好认知结构的形成。

第六阶段：根据需要提取信息（提取与建构）

即在日常生活或新的学习中，当学生面临各种任务时，要学会利用不同线索提供的信息。此阶段教师的职责是测量和评价学生认知结构的特征，如认知结构是否形成；认知结构中是否有适当的观念可以利用；新习得的知识与原有知识系统的可辨别程度等。测量与评价的重点在于判断学生的知识网络结构是否形成，而不是过于强调机械记忆。

二、陈述性知识的教学策略

（一）动机激发策略

陈述性知识的学习首先是学习者从外界选择性地知觉新信息，然后进行主动地建构并生成意义。学习者的学习动机的激发直接影响其对原有知识激活的程度及新意义主动建构的水平。[①]

首先，充分利用学习目标的激励作用。弗洛姆（1964）提出过一个著名的行为激励公式：激励力量＝效价×期望。效价是指个体所认为的目标价值的大小，期望是指个体认为目标实现的可能性有多大。在教学过程中，教师在提示教学目标时首先要说明学习新知识的价值，运用各种手段去激发学生的学习动机，使他们真正认识到陈述性知识的学习同学习目标的关系，并将它内化为自身认知的需要，产生远景性的、积极的学习动机。

其次，要及时修正学生的动机归因。教师要努力使学生相信，在陈述性知识建构意义及其与记忆的关系方面下功夫的话，就能有效、充分地理解学习的知识，形成有意义的学习行为。

再其次，使新知识和预期同时呈现。在学习新知识前，教师最好告知学生所学知识技能的应用价值，以唤起学生的关注和重视。教师也可以在课堂教学中用组织学生注意的策略来调动他们的学习动机，如新颖变化的实物、模型、挂图、幻灯片等教具，教师生动形象的比喻和讲述，以及合适的手势等都是容易引起注意的刺激。

最后，教师还应给学生提供成功产生动机的机会，以适当的方式给学生呈现新信息。新信息要能引起学生的注意并难度适当，既要源于学生的知识背景，又要高于学生的知识背景，这样有利于激活原有知识，使学生及时获得积极的信息反馈，从而引导学生体验成功学习的自我效能感。

（二）注意策略

注意策略是指学习者在学习情境中激活与维持学习心理状态，将注意力集中于学习信息或重要信息，对学习材料保持高度的觉醒或警觉状态的学习策略。从某种意义上讲又可称为选择性知觉策略。

学生对陈述性知识的学习主要是通过视觉和听觉两个渠道，但无论采用何种渠道传

---

① 莫雷. 教育心理学［M］. 北京：教育科学出版社，2007：103.

输信息，要使信息便于学生接受就必须精心加以组织和设计，从视觉渠道来看，教师可以采用以下方法。（1）在教科书中采用符号标志技术，如把重要的概念用黑体字印出，把课文中要阐明的观点用小标题列出，把说明的逻辑层次用第一、第二等列出。这样，材料的概念结构和组织得到了强调，变得更为清晰，从而为读者选择适当的信息并将这些信息组成为一个彼此相关的整体提供了一个概念框架。（2）精心设计板书和直观材料的呈现方式，好的板书可以突出新授知识的组织结构，有利于弥补学生从听觉渠道获得信息的缺陷，如短时记忆容量的限制。直观材料的呈现要凸显新知识的关键特征。从听觉渠道看，主要是教师口头呈现的材料。教师的讲课策略应与板书、多媒体等直观材料的呈现相结合，这样能更好地促进学生的选择性知觉。

（三）精加工策略

精加工策略是指对要学习的材料作精细的加工活动，也就是说，通过对要记忆的材料补充细节、举出例子、作出推论或使之与其他观念形成联想等，为知识的提取提供新的途径，为知识的建构提供额外信息。精加工是有效掌握陈述性知识的必要条件，大多数有意义的陈述性知识都需要进行充分的精加工处理才能获得好的理解和掌握。对简单的陈述性知识来说，精加工策略是非常有效的。记忆术就是典型的利用精加工的技术。对复杂的陈述性知识来说，精加工策略包括释义、写概要、创造类比、用自己的话写出注释、解释、自问自答等具体技术。笔记技术是运用较多的一种精加工技术。它包括摘抄、评注、加标题、写概括语和结构提纲等活动。研究表明，笔记不但有助于学生控制自己的注意，而且有利于发现知识的内在联系，以帮助学生建立新旧知识之间的联系。

（四）组织者策略

组织者策略是将分散的、孤立的知识组织成一个整体并表示出它们之间的关系的方法。在学习新知识时，学生可能不会恰当利用认知结构中的某些可以用来同化新知识的原有知识，而导致意义理解的困难。这时可以利用"先行组织者"（advanced organizer）给学生补充一些过渡性的学习材料。根据奥苏贝尔的观点，先行组织者是新旧知识发生联系的桥梁，是先于学习材料呈现的一个概括与包容水平较高的引导性材料。

后来研究者还提出了两种具体的先行组织者类型，即说明性组织者和比较性组织者。前者是以概括性的语言对要学习的新知识进行介绍的组织者。它适用的情境是，学习者学习新材料时，其认知结构中缺乏适当的、包括范围较广的上位概念，设计一个组织者为其同化新的下位概念提供一个认知框架的说明。后者是指对新旧知识进行类比的组织者。它适用于学生原有认知结构中已有了同化新知识的某些概念，但原有概念不清晰或不巩固，学生难以应用，或学生对新旧知识的关系辨别不清。因此，在学习中，学生对新学习的内容产生一种既熟悉又陌生的感觉，这样就容易引起新旧知识的混淆。在这种情况下，教师便可运用比较性组织者帮助学生区分新旧知识之间的异同，从而既有利于学生准确地发现和建立新旧知识之间的联系，也有利于新知识的组织和系统化。

（五）认知结构优化策略

根据维特罗克（1983）的生成学习模式，新的陈述性知识是否获得意义，有赖于学生已有的认知结构能否为新知识的获得提供认知框架。奥苏贝尔也曾指出，影响学习的最重要因素就是学生已经知道了什么。可见认知结构在学生知识习得过程中的重要性。教师在教授新知识前，必须帮助学生优化认知结构，利用现代化教学手段设置有趣的教学情境，增加学生的知识储备，激发学习者利用已有的知识来获得新知识。

第三节　程序性知识的学习

一、程序性知识的学习过程

程序性知识的学习实质是掌握做事的规则，也就是传统意义上的技能获得。根据现代认知心理学家的分析，一般掌握这类知识的过程包括以下三个阶段。

（一）陈述性知识阶段

该阶段是掌握程序性知识的前提，是对以陈述性知识形态存在的程序性知识的学习。学习者首先要理解有关的概念、规则、事实和行动步骤等的含义，并以命题网络的形式把它们纳入个体的知识结构中。例如，英语学习中，学习"将 We go to school yesterday. 改成合适的时态"就是一种典型的程序性知识的学习。在教学过程中学生习得的程序性知识就是它的陈述性形式，其掌握过程与陈述性知识的掌握是一致的。学生通过这类陈述性知识形态的学习和理解获得该程序性知识的有关命题，但此时的程序性知识尚未在实际操作中转化为行为。

（二）转化阶段

该阶段是学生通过各种规则的变式练习，将程序性知识从规则的陈述性形式转化为可以表现到实际操作中的程序性形式，也就是说，该阶段是产生式系统的形成过程。在这一转化中问题解决是一条有效途径，并且通过大量的练习，使这一转化在准确性和速度上均有所提高，直到成为高度灵活的纯熟的技能、技巧、技艺。例如，学生通过教师的讲解或阅读教材，了解了英语动词的一般现在时态改为一般过去时态的规则，并能陈述这些规则，在经过大量的练习之后，当他们看到"yesterday""many years ago"等表示过去的词或短语时，就能立即根据规则将句中的动词改为适当的过去式，这就说明规则开始转化为支配行为的程序性知识。当然，在这一转化阶段，并非所有的陈述性知识都能转化为程序性知识，只有那些作为程序性知识前身的陈述性知识才能转化为程序性知识。

（三）自动化阶段

该阶段是程序性知识掌握和发展的最高阶段。在此阶段，人的行为在无意识状态下完全由规则支配，技能也相对达到自动化。如熟练掌握英语的人，不用有意识地去考虑就能随口说出符合时态规则的英语句子。在教学过程中，需要学生自觉地在日常学习生活中运用所学习的程序性知识，使技能得以自动化。①

二、程序性知识的教学策略

（一）课题选择与设计策略

在教学过程中，教师根据程序性知识的不同特点，为学生选择和设计学习课题来促进程序性知识的理解和获得，是教师指导作用的一个重要方面。

按加涅（1971）的学习层级说，教师在选择和设计学习课题时，首先应鉴别该学科在教学中所要达到的一系列的终极目标，然后针对每一个目标，通过询问"要学习这一任务，学生必须做什么"来鉴别各个子目标。② 最后将这些目标由低级到高级排列成最佳迁移结构，以保证在教材中将较低的目标放在前面，较高的目标放在后面，以便在进行下一步学习前，每个子目标都已完全达到，具有必备的技能。

（二）示范与讲解策略

对于任何技能的学习，学生都应该首先理解有关的概念和规则，理解学习任务，明

---

① 莫雷. 教育心理学 [M]. 北京：教育科学出版社，2007：106.
② R. M. 加涅. 学习的条件与教学论 [M]. 皮连生，等，译. 上海：华东师范大学出版社，1999：55.

确"做什么"和"怎么做"，形成目标意向和目标期望。因此，教师在程序性知识教学过程中以示范和讲解的方式对学生加以指导是不可缺少的。

首先，示范的有效性取决于示范者的身份。研究发现，当观察熟练的教师的示范操作时，学生的学习效果最好；而学生在观察不熟练的同伴的示范时，学习效果要优于观察不熟练的教师的示范的学习效果。其次，示范的准确性是影响操作技能学习的直接决定因素。在程序性知识的教学过程中，教师必须重视向学生准确、完整地演示程序操作和阶段性操作，帮助学生明确各种技能的操作步骤和程序。为了保证示范的有效性，教师可以借助录像、幻灯、影片、计算机模拟等现代化技术手段，使信息呈现得更准确、更方便、更易于接受。最后，何时给予示范也是一个影响因素。一些实验表明，在实际进行技能操作之前让学习者观察示范动作，能促进学生形成操作的定向映像。当然，除了在技能学习的最初阶段提供示范外，在技能学习的其他阶段也应根据需要来给予必要的示范，以进一步充实、矫正学习者的动作表象。此外，在示范过程中应当注重对程序性知识执行过程的分析与评价。

言语讲解在技能形成过程中同样起到重要的作用。在教学过程中，通过讲解可以突出动作要领，提高学生对动作的认识水平。教师在讲解时要注意言语的简洁、概括与形象化。不仅要讲解动作的结构和具体要求，还要讲解动作所包含的基本原理；不仅要讲解动作的物理特性，还要指导学生注意、体验执行动作时的运动知觉。在进行言语讲解时，教师也应鼓励学生应用外部出声的言语或内部言语来描述动作，以充分发挥言语对动作表象所起的支持和调节作用。

在程序性知识的掌握中，根据具体的学习阶段和动作特点，将示范与讲解有效地结合起来更有利于学习者形成正确的动作概念和准确稳定的动作表象。

（三）变式练习与比较策略

变式是促进概括化最有效的方法。变式练习是学习以产生式表征的程序性知识的必要条件，它是指在其他教学条件不变的情况下，变化概念和规则的例证。在教学中，教师精心设计的变式练习，对于避免大量的重复练习，消除题海战术，减轻学生的学业负担，提高学生对实际问题的解决能力有重要的意义。当然，教师最好采用连续呈现多个变式的方法，以便使所提供的变式同时储存于学生的工作记忆中。

对于不同类型的程序性知识，教师应该安排不同的变式练习，如概念的变式练习、规则的变式练习以及操作过程的变式练习。在进行变式练习的过程中，不但要求使产生式的条件与行动联系起来，而且要使这种联系达到自动化，使意识的作用降到最低的程度。①

比较是指在呈现例证或感性材料时，与正例相匹配，呈现一些学生容易混淆的典型反例，以促进分化的顺利实现，并提高其准确性。反例的选择应尽可能关注那些与正例具有较多共同的非本质特征的例子、仅有少数本质特征不同的例子，或者能直接纠正学生日常生活中已经形成的带有普遍性误解的例子。如对于学习"鱼类"而言，"鲸"这个反例就比"老虎""鸽子"等反例要好。与变式策略一样，教师在使用比较策略时，也应该连续提供多个正、反例子。

（四）练习与反馈策略

程序性知识的获得要从陈述性阶段过渡到程序性阶段，必须经过大量的练习。它是形成各种操作技能不可缺少的关键环节。

采取何种练习方式直接影响着程序性知识的学习。从练习时间安排来看，练习的方式有集中练习和分散练习。集中练习是指长时间的连续练习直到掌握为止，而分散练习是将练习的时间分为多次进行。已有研究表明，分散练习的效果要优于集中练习，特别是对于较复杂技能的学习，需要多次练习。教师在设计练习形式时应注意形式的多样并合理地安排这些形式。开始时，练习的速度要比较缓慢，一次练习时间不应过长，采取分散练习较为合适。待学生对技能的掌握已完全程序化后，再加大练习量来加深，提高学生的掌握程度，这时练习形式要逐渐多样化，逐渐加大难度，以提高程序性知识的灵活性和熟练性。从是否把动作步骤加以分解进行练习来看，有整体练习和部分练习。整体练习是通过一次一次完整的动作序列的练习，直到学会为止。部分练习则是指把完整的动作序列分解成各个部分，分别进行练习。这两种练习方式各有优劣，对它们的选择应根据程序性知识的性质、学生的年龄、能力等多方面因素来综合确定。

给学习者提供适当的反馈信息也是提高练习效果的有效方法。通过反馈学生能辨别动作的正误，知晓自己动作是否达到要求。一般来说，反馈有内部反馈和外部反馈、及时反馈与延时反馈之分。内部反馈是个体通过自身的视觉、听觉、触觉、动觉等获取反馈信息；外部反馈是教师、教练、示范者、录像和计算机等外部信息源对学习者的操作结果及其操作过程的反馈，它可以由学习者通过观察获得，也可以由指导者告知。内部反馈在技能形成中具有巨大的作用，而且随着练习的进行，学习者会越来越多地运用内部反馈来控制自己的行为。但是有效的内部反馈必须建立在正确的外部反馈的基础上。

---

① 莫雷. 教育心理学 ［M］. 北京：教育科学出版社，2007：109.

如果是连续的任务（如开车、滑冰），及时的外部反馈非常重要；如果是非连续的任务（如掷铅球），延时的外部反馈不会影响完成任务的效果。教师要根据具体情况，在学生的练习过程中或练习之后，提供不同形式的反馈信息。当然，反馈信息应侧重对行为操作过程的细节的详细解剖和分析，应该使学生明白错的原因是对条件项的判断失误，还是因为操作步骤重复、错漏或者运算出现了问题。

（五）条件化策略

要使所学知识在需要时能迅速、顺利、准确地提取和执行，就必须使所学的知识在头脑中建立一个"触发条件"，使之随时处于良好的备用状态。教师应注意经常提醒和帮助学生进行这种将知识"条件化"的工作，即明确程序性知识的条件项。不少研究发现，许多教师在教学中常常有一种不言自明的观念：学生只要理解了规则的意义，学会了执行动作步骤，在需要的时候他就能顺理成章地知道拿出来运用。他们恰恰忽视了即使是程序性知识也可能变成僵化的知识，只能在非常有限的背景中才能提取出来。这种观念带来的后果是一部分学生面临问题时，不能或者错误地运用程序性知识。因此，比较有效的做法是教师应在学生练习使用之前，明确提醒学生所学技能的适用场合。①

（六）分解性策略

在程序性知识的教学中，教师还应注意将完成某类程序操作的完整过程分解为几个阶段，总结每个阶段上的最佳运算方式和可能的运算方式，同时对学生进行训练，使之掌握这些运算方式，再将它们连贯起来。这种分解式的训练比笼统的综合式训练对学生学会建立子目标的策略有更大的促进作用，从而增强学生解决问题的能力并防止不适当的程序组合的产生。值得指出的是，程序性知识的教学策略和陈述性知识的教学策略并不是各自独立的，而是有很多的相通之处，有些策略是可以通用的。程序性知识同样需要经常做一些组织和系统化的工作。

➡ 第四节　知识的迁移

学习的目的在于运用。学生怎样将学校里学到的内容迁移到新的情境中去，是教育工作者和心理学家最关心的问题之一。为了最大限度地提高学习的效率，"为迁移而教"

---

① 莫雷. 教育心理学［M］. 北京：教育科学出版社，2007：110-111.

"为迁移而学"得到广大师生的认可。不过,现有教育心理学论著在讲迁移理论时,一般主要是针对广义知识尤其是其中的程序性知识的学习而言的,很少有专论品德迁移的理论。本书认为,知识的迁移与品德的迁移有本质区别,因此将它们分开论述,本节主要讲知识学习的迁移。

一、迁移的含义与种类

(一)何谓迁移

在多种内容的学习中,一种学习对另一种学习的影响随处可见。早期的学者在论及迁移时一般是指前面的学习对后来的学习的一种积极影响。当代颇流行的观点认为,迁移是指一种学习对另一种学习的影响①。本书认为,将迁移定义为"前面的学习对后来的学习的一种积极影响",它肯定了迁移是一种学习对另一种学习所产生的"积极影响",但不足之处在于仅仅看到了前面的学习对后来的学习的积极影响,而没有看到后来的学习可能也会对前面的学习产生积极的影响,这种定义实际上缩小了迁移的内涵。将迁移定义为"一种学习对另一种学习的影响",这一定义的优点是扩大了迁移这一概念的内涵,从而可以解释学习中出现的各种迁移现象。其不足之处是将一种学习对另一种学习所产生的"消极影响"也看作迁移,混淆了迁移与干扰两个概念的内涵,是泛滥使用"正""负"概念在教育心理学中的一种体现。这样做的结果是使"为迁移而教""为迁移而学"的口号陷入了尴尬的局面,难道人们还要"为干扰而教""为干扰而学"吗?这不但于学理上说不通,对于实际的教育也缺乏指导意义。基于这种思考,本书将两种或两种以上学习之间的相互影响称作学习的相互作用。按学习的相互作用的性质,可以将学习的相互作用分为两大类:一是学习的正相互作用,也就是习称的迁移,指一种学习对另一种学习的积极影响;二是学习的负相互作用,也就是习称的干扰,指一种学习对另一种学习的消极影响。现代认知心理学认为,学习者在进行新的学习前所掌握的知识,叫作源知识(它既可能是通过先前的学习获得的,也可能是在日常生活中通过模仿等方式获得的);学习者将要学习的新知识,叫作目标知识。如果学习者将源知识有效地运用到目标知识的学习中,并促进了目标知识的学习,那就说明发生了迁移;反之,假若源知识阻碍了目标知识的学习,那就说明发生了干扰。本书讲的迁移是指正迁移。在本书看来,没有所谓的"负迁移",因为所谓的"负迁移"实际就是干扰;也没

---

① 邵瑞珍. 教育心理学:修订本 [M]. 上海:上海教育出版社,1997:219-220.

有所谓的"零迁移"，"零迁移"说明根本未迁移。当然，迁移并不局限于知识领域，在情感、动机、兴趣、态度、品德以及行为方式等领域也同样能够发生迁移。人们平时所说的"爱屋及乌"就属于情感的迁移；学生因为喜欢某个老师而对该老师所教的学科感兴趣，这是兴趣的迁移。迁移的思想最早可以追溯到中国的孔子。据《论语·述而》记载，孔子说："举一隅不以三隅反，则不复也。"这就是强调迁移的作用。还有"闻一知十"等言论说的也都是迁移。在近代，第一次采用"迁移"这个概念的是英国的学者洛克（1688）。他认为要使一个人有良好的推理能力，一定要让他及早习惯于推理方法，借以训练他的心智，主张人人都有必要学习数学，因为一旦学会了数理的逻辑推理方法，他就可以把这种数学的推理方法迁移到其他的问题上。

（二）迁移的分类

迁移既然是指一种学习对另一种学习的积极影响，那么可以根据不同的标准将它分成不同的种类。

（1）按迁移发生的领域分类。各个领域的学习都可以发生迁移的现象，因此，依迁移发生的领域分，可将迁移分为知识学习的迁移、品德学习的迁移、态度学习的迁移和行为方式学习的迁移等。

（2）按迁移产生的方向分类。依迁移产生的方向分，可将迁移分为顺向迁移和逆向迁移。顺向迁移指先前的学习对后面的学习所产生的积极影响；逆向迁移指后面的学习对先前的学习所产生的积极影响。

（3）按迁移发生的水平分类。按迁移发生的水平分，可将迁移分为横向迁移和纵向迁移。横向迁移又称水平迁移，指在内容和程度上相似的两种学习之间的迁移，如学习三角方程式后能够有助于物理课学习计算斜面上下滑物体的加速度。纵向迁移也称垂直迁移，指不同难度、不同概括性的学习之间的迁移，如运用三角形面积公式来推导梯形面积。

（4）按迁移的内容分类。依迁移的内容可将迁移分为一般迁移和特殊迁移。一般迁移是指原理、原则的迁移。例如，学习哲学原理对具体实践具有指导作用。特殊迁移是指某一种学习对另一种学习有直接的、特殊的适应性，是特定事实与技能的迁移。例如，英语语法的学习可以直接迁移到英语写作和口语表达中来。

（5）辛格莱和安德森对迁移的分类。辛格莱和安德森在对知识进行分类的基础上结合迁移对象的特点将迁移分为陈述性知识向程序性知识的迁移、陈述性知识向陈述性知识的迁移、程序性知识向陈述性知识的迁移、程序性知识向程序性知识的迁移。这种迁移分类的模式在国外产生了很大反响。[①]

（三）陈述性知识与程序性知识的迁移

根据辛格莱和安德森（1982）的产生式的形成过程，产生式迁移理论将迁移划分为四种。

（1）陈述性知识向陈述性知识迁移。它指已有的陈述性知识结构促进或阻碍了新的陈述性知识结构的获取。如早期的语言与联想学习的迁移研究及后来奥苏贝尔的认知结构迁移研究。

（2）程序性知识向程序性知识迁移。当训练阶段所获得的产生式能直接用于完成迁移任务时，程序性知识向程序性知识的迁移就产生了。其先决条件是在现阶段要接受大量的练习。

（3）程序性知识向陈述性知识的迁移。指获得的认知技能促进了陈述性知识的获取。如果没有读、写、算等基本技能，我们就不可能汲取大量社会和自然科学知识。

（4）陈述性知识向程序性知识迁移。训练阶段获得的陈述性知识结构有助于前一阶段产生式的获取，这就是陈述性知识向程序性知识的迁移。任何技能的学习都是从陈述性阶段开始，然后进入程序阶段，所以每一种技能的学习都反映陈述性知识向程序性知识的迁移，因此，这种类型的迁移是普遍又极其重要的。

二、解释知识学习迁移的理论

在解释广义知识学习的迁移时，不同心理学家提出了各式各样的迁移理论。依据产生时间的不同，可以将之归为传统迁移理论与当代迁移理论两大类。

（一）传统迁移理论

知识学习迁移问题涉及的是源知识与目标知识，相应地，研究知识学习迁移首先要研究的是源知识和目标知识各自的有关特征、关系以及两者的特征和关系之间的关系。传统迁移理论正是在这种观念的指引下通过实验而提出的，其代表性理论主要有以下两种。

1. 相同要素说

自 17 世纪开始，欧洲教育界受形式训练说（theory of formal discipline）的影响，相

---

① 汪凤炎，燕良斌，郑红，等. 教育心理学新编 [M]. 广州：暨南大学出版社，2016：407 - 408.

信迁移是无限的。形式训练说认为，通过一定的训练可以使心的各种官能得到发展，从而转移到其他学习上去。形式训练说以流传甚久的官能心理学（faculty psychology）为理论依据。官能心理学认为，人的心灵（mind）由认知、情感、意志等不同官能组成，各种官能就像身体的各种器官一样，各自赋有与生俱来的能力。通过某些特定学科的学习可以训练或增强这些官能。例如，数学有利于训练推理能力、几何学有助于训练逻辑思维、拉丁语和希腊语对训练记忆力大有好处。在学校教育中传递知识远不如训练官能重要，因为学生在校学习的时间是有限的，而知识浩如烟海，教师不可能把所有的知识都传授给学生。不过，假若学生的官能由于训练而得到发展，任何知识随时都可以去吸收。所以，教育对学生的价值不在于传授学生多少具体的知识与技能，而在于提供其训练的机会，以发展其官能。一个人只要官能得到充分发展，将来学习任何知识都可以收到举一反三的效果。在此思想的影响下，人们相信在教育过程中掌握知识是次要的，官能的发展才是最重要的，知识的价值在于作为训练官能的材料。形式训练理论作为一种学习迁移的学说源于古希腊罗马，形成于 17 世纪，盛行于 18 至 19 世纪，但在 20 世纪初以后，不断遭到来自心理学实验结果的驳斥。

2. 奥斯古德的相同要素说

桑代克是迁移共同要素说的创始人，奥斯古德（Osgood）是这个学说的集大成者。1949 年，奥斯古德在前人研究的基础上，将桑代克的相同要素说进一步发展，认为只有当两种学习有共同成分的时候，一种学习才能影响另一种学习而产生迁移。他提出了著名的三维迁移模式，即奥斯古德曲面（见图 3 - 2）。三维迁移曲面图实际上是对前后学习的"刺激—反应"中包含共同元素的不同状况产生的迁移效应的全面总结，它分别考虑了刺激的相似性与反应的相似性两个维度的不同组合产生的迁移效应，并用三维曲面图将这些迁移效应描述出来。

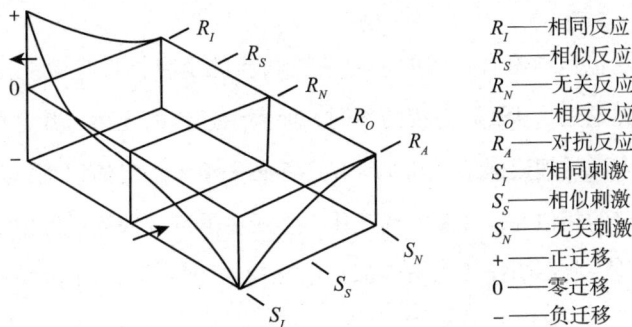

R_I——相同反应
R_S——相似反应
R_N——无关反应
R_O——相反反应
R_A——对抗反应
S_I——相同刺激
S_S——相似刺激
S_N——无关刺激
$+$——正迁移
0——零迁移
$-$——负迁移

图 3 - 2 奥斯古德的迁移与迁移和逆向曲面

资料来源：莫雷. 教育心理学［M］. 北京：教育科学出版社，2007：206.

图中正负迁移通过零迁移水平面来分界，在该水平面之上为正迁移（＋），在该水平面之下为负迁移（－），与该水平面相交则迁移为零（0）。从 R_I 到 R_A、表示新旧课题之间学习反应相似性的变化，从相同的反应（R_I）到对抗反应（R_A）。从 S_I 到 S_N、表示新旧课题之间刺激相似性的变化，从相同刺激（S_I）到无关刺激（S_N）。正负迁移的数量是刺激条件和学习反应两者相似性变化的函数。

根据三维曲面模型，人们可以清楚地看到：如果先后两个学习材料刺激相同（S_I），两种学习反应也相同，则会出现最大的正迁移（＋）；假若两种学习材料刺激无关（S_N），两种学习反应也无关（R_N），则会出现最小的负迁移（－）；如果先后两种学习材料刺激相同，反应由相似（R_S）到不同（R_0）乃至对抗（R_A），则迁移由正到负，直到最大的负迁移。如果前后两种学习材料刺激不同，反应由相同到不同，以致对抗，迁移效果为零。如果两种学习反应相同，刺激由不同到相似以致完全相同，则两种学习的正迁移从零到最大；假若两种学习反应不同或对抗，刺激由不同到相同，则负迁移由最小到最大。虽然奥斯古德的迁移三维曲面模型是在总结配对联想学习中大量的实验材料的基础上提出的，但是对现实生活当中作为程序性知识的动作技能的学习迁移现象也同样具有一定的解释性。例如，对于写钢笔字和写毛笔字，这两种动作技能的学习属于学习材料刺激相似，反应也相似的学习。因此，钢笔字写得好的人，他能够把对字体结构框架的把握迁移到毛笔字的书写当中，从而能够更快地写好毛笔字，即出现正迁移。相同要素说看到了学习情境因素对于迁移发生的影响，对进一步深入开展迁移的研究作出了重要的导向。但它只注重学习情境客观方面的特点对迁移的影响，忽视了学习者作为迁移主体特点对迁移的作用，否认了迁移中复杂的主体认知因素的作用，并使迁移的范围大为缩小，这种迁移理论明显表现出机械、片面的色彩。①

（二）当代的迁移理论

学习迁移问题包括学习者、旧的学习情境和新的学习情境三者之间复杂的相互作用。早期的迁移理论正是从迁移过程的不同方面揭示迁移的规律，并且绝大部分研究都没有超越相同要素说的理论框架：凡要研究迁移必先给予一定的训练；凡用来研究迁移的材料，必有一定的相似性；凡要实现迁移，必须在学习或训练过程中对材料进行某种抽象或概括。其他一些影响迁移的条件都是围绕这三个方面起作用的。② 从这个意义上

---

① 莫雷. 论学习迁移研究 [J]. 华南师范大学学报（社会科学版），1997（6）50 - 58.
② 杨卫星，等. 迁移研究的发展与趋势 [J]. 心理学动态，2000（1）46 - 53.

说，相同要素说是关于迁移的一个经典学说，其他迁移理论都是对它的补充和完善。传统迁移理论的特点之一是强调两种学习情境具体内容的相似性，而对学习者的主观作用置之不理。这样，在复杂多变的现实学习情境中，建立在简单实验条件下的传统迁移理论的生态效度就非常低了。随着认知心理学的发展，人们对学习迁移的研究也有了一些新的手段和思路，他们采用认知的观点和术语来解释迁移发生的本质，对传统迁移理论所强调的相似性内涵进行了更深入全面的探讨，并提出了不同的理论，从而使迁移理论取得了长足的进步，当然，也还存在一些不足之处。第一，现有理论都有其适用的条件和范围，它们都只能解释某一特定范围内的学习迁移现象。认知结构的迁移理论只适用于解释陈述性知识的迁移，产生式迁移理论只适用于解释程序性知识的迁移，策略性知识的迁移也只有元认知迁移理论可以给予合理解释，所有理论都缺乏系统性和完整性。第二，已有的迁移研究主要局限于知识学习，而忽略了态度学习、品德形成和动作技能获得过程中的迁移研究。第三，对主体因素和情境因素及其相互作用以及非智力因素对迁移的影响研究有待进一步深入。因此，要想更好地了解人类复杂学习过程中的迁移现象，以上问题还有待学者们进一步深入研究。

在当代迁移理论中，奥苏贝尔的认知结构迁移理论和建构主义迁移理论在前文已有论述，下面只论余下的几种。

1. 产生式理论

辛格莱与安德森（1982）通过大量的迁移实验研究提出迁移的产生式理论。该理论的基本观点：两种技能学习之间发生迁移的程度是随其共有的产生式的多少而变化的。他们认为前后技能学习迁移发生的原因不能用桑代克所强调的反映和刺激的共有数量来解释，而应当用他们之间共有的产生式的数量来解释。当两个任务之间存在共同的产生式，或者说两个任务的产生式有交叉重叠，迁移就会发生，重叠越多，迁移量越大。在迁移的过程中，有两个关键条件制约着迁移的发生。第一个条件是学习者能否在先前的学习中概括出产生式并形成产生式系统。这里的产生式并不是具体条件下的"条件—动作"，而是从许多这样具体的"条件—动作"产生式概括出的一般性规则。这是迁移发生的必要条件，但这不构成迁移发生的充分条件。要使迁移发生还需要另一个条件，即学习者将所形成的一般性产生式和产生式系统"规则化""自动化"。只有学习者对所形成的产生式规则熟练掌握并能熟练操作，才会出现有效的迁移。所以说，一般性产生式的概括和自动化是技能迁移发生的充分必要条件。辛格莱与安德森的迁移理论实际上是用现代的技术手段对学习内容的共同元素作出确定的定义，他们对共同元素的分析方法与桑代克是近似的，注重两次学习内容上的交叉、重叠，从一定意义上说，产生式的迁移理论就是共同因素说的现代翻版。但是，产生式理论所强调的共同要素更侧重于认知的成分，他们利用现代科学技术手段对较高级的学习活动的共同元素进行分析，探讨高级学习活动的共同元素的迁移效果，尤其是对认知技能的迁移情况能够给予较好的解释。产生式迁移理论对教学的启示是，既然两项任务共有的产生式数量决定迁移水平，要实现"为迁移而教"，就应重视教材的选编、教法的选择和练习的设计。具体地说，教材选编应考虑循序渐进的原则，教学的前后两个单元要有适度的重叠。综上所述，教材设计的核心在于确保学生能够循序渐进地跟随知识的逻辑脉络和必要的学习步骤，这样的设计旨在引导学生逐步深化理解，防止在学习过程中因忽视或省略关键步骤而导致的理解偏差或错误。同时，既然共同的产生式就是共同的规则，即共同的概念或原理，相应地，必须注重概念和原理的教学。因此，教学中学习内容必须经过充分的练习，这样许多基本技能可以成为自动技能而不必有意地注意，这才更利于促进新任务的学习。

2. 元认知迁移理论

元认知迁移概念提出者弗拉维尔（Flavell, 1976）认为元认知是个体对自身思维和认知活动及两者相互作用的认知。这意味着元认知在任何认知活动中起着调节作用。[①]具有较高元认知水平的学习者能够在面对新的问题情境时主动分析新认知情境的特定任务和目标，结合自身原有知识水平，选择最有效的认知策略，并在执行认知策略的过程中不断地进行监视、反馈，及时修正和调节原有的认知策略，以达到认知活动的目标。可以说，利用元认知技能学习或解决问题的过程本身就是迁移的过程，是一种认知策略的迁移过程。虽然严格说来元认知也属于程序性知识，但它与一般智力技能有所不同。元认知的价值存在于改善个体的认知加工过程之中，通过加工、处理陈述性知识和程序性知识才能得以实现。因此，元认知迁移理论所强调的认知策略迁移对于个体学习的意义是可想而知的。根据元认知迁移理论，认知策略的成功迁移是指问题解决者能够确定新问题的要求，选择已获得的适用于新问题的特殊或一般技能，并能在解决新问题时监控它们的应用[②]。例如，人们在平时学习中会不断反问自己"在这个问题上我已经具备了哪些相关的知识""我的计划还有哪些问题""这个知识点我理解透彻了吗"，等等。元认知迁移理论认为，认知策略要达到可以在多种情境中迁移的程度，一个重要的条件是学习者的元认知水平。许多研究表明，元认知水平的提高可以改善学生对策略的使用和对学习的监控与调节，从而达到认知策略迁移的目的。由于元认知迁移理论最大的特点在

---

① FLAVELL J H. Metacognition and Cognitive Monitoring: A New Area of Cognitive – developmental Inquiry [J]. American Psychologist, 1979, 34 (10): 906 –911.

② 龚少英. 学习迁移研究的历史与发展 [J]. 内蒙古师范大学学报（哲学社会科学版），2001 (4) 47.

于强调认知策略和元认知在学习和问题解决中的重要作用，因此元认知迁移理论也称为认知策略迁移理论。元认知迁移理论对教学的启示是，要让学习者"学会学习""学会思维"，除了要重视陈述性知识和基本技能的迁移之外，更应重视策略性知识的学习，为此，教材选编应适当增加反映策略性知识的要求，同时应以策略性知识教学实验中积累的经验来训练教师和学生，以使策略性教学达到持久迁移的目的。

3. 认知迁移理论

认知迁移理论（cognitive transfer theory）是美国学者罗耶（Royer）提出的一种观点。他根据目前流行的各种人类学习与记忆的信息加工理论，概括出了所谓的认知迁移理论。首先，这种理论所依赖的基本假设是人类的记忆是一种高度结构的储存系统，人类是以一种系统方式储存和提取信息的。因此这种理论不那么重视环境刺激方面的因素，而是强调记忆表征的性质。其次，认知迁移理论假设知识结构的"丰富性"（richness）并不始终是一致的，所谓"丰富性"是指知识结构内各单元（units，如交节点、命题等）之间交互联结的数量。也就是说，知识结构的某些部分可能是与单元之间的大量交互联结，错综复杂地联系在一起，而某些部分可能只是与相对少量的交互联结有联系。除了上述两个基本假设，认知迁移理论还有一个基本前提：领会（comprehension）是学习迁移的必要条件，但不是充足条件。我们在没有领会的情况下也可以习得信息，如通过机械记忆。然而，我们回忆或使用未被领会的信息的条件是极为有限的，如在机械背诵后立即回忆或使用。所以，若要形成学习迁移，首先必备的一步是领会。根据这些假设和前提，认知迁移理论认为，迁移的可能性取决于在记忆搜寻过程中遇到相关信息或技能的可能性。这样，教育的问题便成了如何增加学生在面临现实生活问题时提取在课堂里习得的相关材料的可能性。由于提取的可能性与交互联结的数量直接有关，因此任何增加交互联结网络的丰富性的教育方法都会有助于增加迁移的可能性。

三、影响知识学习迁移的因素

（一）来自学习者的因素

就学习者而言，除了其智力水平会影响迁移外，还包括以下几个重要方面。

1. 学习者的学习心向

学习者在学习过程中，若有积极的想迁移的心向，易迁移；反之，不易发生迁移。

2. 学习者已有知识的丰富程度与概括水平

许多实验和事实都证明，具体而丰富的经验对于迁移的产生是非常必要的，迁移往往随着练习中所提供的具体事例的数量增加而增加。专家之所以具有较强的迁移能力，除了具有高水平的认知结构以外，拥有大量的具体经验也是其中的原因之一。[①] 同时，学习者已有的知识的概括水平越高，越容易发生迁移。依奥苏贝尔等（1994）的见解，储存于学生长时记忆中的原有知识是其学习新的内容的重要内部条件。原有知识的概括、抽象能力越强，对事物本质的把握就越深刻，在学习新知识时容易发生下位学习。下位学习是很容易发生迁移的，自然迁移的范围也就越广，效果越好；而那些具体的、肤浅的概括，由于概括水平较低，对本质把握不够，知识迁移的范围就越窄，效果越差。

3. 学习者的认知技能和策略

学习对象的共同要素、已有经验的概括水平都是影响迁移的重要条件。但是，如果客观存在的共同要素没有被学习者概括内化，或者学习者所拥有的、具有潜在可迁移性的经验不能被激活、应用，那么条件最终也不能促进迁移的发生。在充分条件下实现迁移的另一个重要因素就是学习者主观认知技能和策略的运用。具体来说有两方面的内容。一是分析概括的能力。学习者分析概括能力的高低是决定迁移能否产生的重要因素之一。分析与概括能力高的学习者能有效地根据自己已有的知识经验对当前复杂的问题进行分解，概括出问题所隐含的原理、规则，新旧学习情境之间本质上相同和相似的条件，加强对新旧知识之间关系的识别，促进迁移的产生。因为学习者平时如果善于将所学的知识作抽象度较高的加工，不但易产生下位学习，而且能提高其理论思维的水平和逻辑能力，这样自然容易产生迁移现象。二是元认知水平。在学习过程中，元认知策略的使用可以使学生意识到学习的目的、要求和任务，以及自己原有的能力、知识水平、学习风格等影响学习的因素；体验到自己所拥有的可选择的学习方法，以及方法的适用范围和条件，自觉地选择、安排、调整并使用最佳的学习方法，提高学习的效果，并更好地实现迁移。

4. 定势的作用

苏联心理学家乌兹纳杰（1949）将定势发展成为一种理论，他认为，定势是主体的整体发生变化的状态，这种状态是由主体的需求和客观环境双方因素决定的。他所代表的定势学派随即对定势现象展开了广泛的研究，使得定势发展成为一门成熟的理论。通常事物都具有两面性，定势对知识学习的作用同样具有两面性。积极的一面表现为学生在知识学习中日积月累逐渐积累的经验、习惯，形成一种固定的思维模式即思维定式，如果新旧学习活动的思路是一致的，那么定势的作用就会促进迁移的发生，利于学生对于知识的学习。例如在化学学习中可以形成化学建模，这种方法可以省去许多摸索、试

---

① 冯忠良，等. 教育心理学 [M]. 北京：人民教育出版社，2000：278.

探的步骤，缩短思考时间、提高学习效率。消极的一面则往往是学生在遇到新问题，条件改变或者需要创新时，这样的习惯性思维模式可能导致学生对新的环境改变视若无睹。因此，在这种条件下，定势不但不会产生迁移，还会妨碍学生创造性的思维，对学习产生干扰。

（二）来自教育者的因素

在教学过程中，教师有意识地引导学生发现不同知识之间或情境之间的关系，启发学生去概括总结，指导学生运用已学会的原理或规则去解决具体问题，要求学生对所学知识做到举一反三，常常教会学生学习的策略或方法等，均有助于学生的知识迁移；反之，则可能阻碍学生知识学习的迁移。

（三）来自学习对象的因素

1. 学习材料的性质

学习材料的性质是影响迁移的因素之一。不同类型的学习材料发生迁移的难易程度是不同的。一般而言，在知识学习领域学习迁移的现象易产生；在情感与品德学习领域学习迁移的现象较不易产生。在知识学习领域，相对而言，陈述性知识的学习比程序性知识的学习更难发生迁移；在程序性知识的学习中，动作技能的学习最易发生迁移，智力技能的学习次之，认知策略的学习最不易发生迁移。即使是同一性质的学习材料，其内部的组织结构和逻辑层次不同，也会影响迁移的发生：具有较好组织和逻辑结构的学习材料可以使知识与知识之间形成相互联系，这些联系将有利于学生在头脑中形成良好的知识结构，因此，那些具有整体性、连续性和概括性的学习材料有利于学习迁移的发生；同时，那些包含了正确原理、原则，能够在日常生活中随处加以运用的知识，既可以提高学生的学习兴趣，也容易使学习者积累丰富的迁移经验，从而有利于知识的迁移。

2. 学习内容、情境或目标的相似性

早期的迁移理论有一个共同特点，即都强调了新旧学习的共同要素在学习迁移中的重要作用。只是不同的研究者所强调的共同要素不尽相同：桑代克强调简单的内容相似性；贾德强调原理概括的相似性；格式塔学派强调情境关系的相似性；鲁宾斯坦强调反应发生条件的相似性。概括起来主要有三个方面的内容。一是学习内容的相似性。学习内容的相似性有多层水平，它包括形式上的相似、结构的相似，以及深层结构和原理的相似，不同水平的相似性对学习迁移的作用不一样。二是学习情境的相似性。学习情境如学习的场所、环境的布置、教学或测验人员，以及学习时个体情绪、态度的相似性越大，越能够给学习者提供与原有学习相同的线索，从而促进学习或问题解决中迁移的发生。

三是学习目标的相似性。学习的认知加工过程会受到活动目标的制约，新旧学习的学习目标是否一致、相似将在一定程度上决定加工过程是否相似，进而决定迁移能否产生。

四、知识学习迁移能力的增强方法

学校教育的价值并不单单在于"授之以鱼"，简单地给学生传授知识、技能，更重要的是"授之以渔"，教会学生学习，培养和发展学生的迁移能力。埃德加·富尔（1972）在《学会生存》一书中指出："未来的文盲将不再是不识字的人，而是没有学会学习的人。"① 可见，促进学生学习迁移策略的研究具有重要的现实意义。

（一）确立合理的教学目标

教学目标是教学过程的起始环节，也是非常重要的环节，它贯穿于教学的全程，并指导教学的进行。因此，确立合理的教学目标对于教学本身的意义是显而易见的。长期以来我们设计教学目标都仅从静态的内容性质的角度来进行，主要涉及知识、动作技能和态度情感三个领域。但是这种教学目标的设计与教学、学习的动态特点显然是不相符的。合理的教学目标不仅应该考虑让学生掌握当下的知识，更重要的是要使学生学会通过自己已有的知识经验来学习当下的知识，即让学生学会迁移。发展学生知识学习迁移能力，将"为迁移而教"作为教学目标之一应该是无可争辩的。将"为迁移而教"作为教学目标之一并渗透到知识、动作技能、态度情感三大领域中具有重要的意义。"为迁移而教"作为教学目标不仅符合教学过程的动态特点，而且可以实现教学本身的应然价值；同时，迁移目标的引入使得教学目标由一维结构变成了立体结构，进而增强教师教会学生迁移的意识，使他们在具体的教学中不仅重视教学的内容，更重视学生学习的效果；不仅注重学习的量，更重视学生学习的质。当然，将"为迁移而教"作为教学目标也会激励学生的迁移学习意识，使学生在自己的学习中有意识地通过迁移来学习新的知识。

（二）科学精选教学材料

在教学过程中教师不可能将一门学科所有的知识都传授给学生，学生也不可能毫无选择地学习所有内容。因此，要使学生用有限的时间和精力来掌握尽可能多的有用的知识，教材就必须科学精选。精选教材至少要把握两条原则。一是学习材料要具有时代

---

① FAURE E. Learning to be: the world of education today and tomorrow [M]. Report of the International Commission on the Development of Education, UNESCO, Paris, 1972.

性。现代科技和知识的发展日新月异，知识更新速度之快难以想象。因此，教师要及时关注最新的科学成果和时代信息，不断地更新教学材料，使教学材料最大限度地与时代同步。相对陈旧的教学材料，与时俱进的教材可以提高学生的学习兴趣，还能促进学生学习前沿知识，更新知识结构，实现更广泛的迁移。二是教学材料要具有迁移的价值。这就要求所选的材料既要包括基本的原理，又要有典型的实例和丰富的变式练习。只有这样，教师在教学过程中才能够有"理"有"据"，有助于学生超越仅仅简单累积起来的事实性知识，为学生学习迁移的发生创造最有效的条件。

（三）合理组织教学内容

对精选的教学材料如何组织编排才能发挥教学内容的最大可迁移性呢？这就要求教学内容在编排的时候要从促进迁移的角度出发，以最优的知识结构、最佳的呈现顺序来帮助学生乃至教师实现迁移。具体来说，有以下三条原则：结构化原则、一体化原则和网络化原则。[①] 结构化是指教材内容的各构成要素具有科学的、合理的逻辑联系，能体现事物的各种内在关系，如上下、并列、交叉等；一体化是指在组织教材内容时，既要防止教材中各种要素之间的相互割裂、支离破碎，又要防止相互干扰或机械重复，使各种构成要素能整合为具有内在联系的有机整体，从而有利于学生合理知识结构的形成；网络化是指教材各要素之间上下、左右、横纵交叉联系要沟通、要突出各种基本经验的连接点、连接线，为迁移的产生提供直接的支撑。[①]

（四）有效设计教学程序

合理编排的教学内容是通过合理的教学程序得以实施的。良好的教学程序能够促进学生迁移能力的发展。因此，有效地设计教学程序对于教学来说格外重要。良好教学程序的设计要把握以下两点原则。一是知识的传授要遵从一般到个别、抽象到具体的组织原则。首先是宏观学科内容上的安排，要明确什么内容放在前面，什么内容放在后面，注意知识的前后联系；其次是微观的课堂教学，每节课教学内容的设计应该结合教学对象的特点来确定具体教学的程序，将概括性高、派生性强、迁移价值最大的知识，如概念、原理等放在教学的最前面，为学生学习迁移的发生做好充分的知识准备。二是要注意知识的纵向和横向联系。在进行新知识的教学中，教师不但要关注学生当下知识的学习，而且要注意新旧知识经验的联系与贯通，注意把各自独立的教学内容整合起来，注

---

① 冯忠良，等. 教育心理学 [M]. 北京：人民教育出版社，2000：283.

意各门学科的横向联系；重视简单的知识技能与复杂的知识技能、新旧知识技能之间的联系。强化学生对新旧知识经验之间的联系与分化，促进学生良好知识结构的形成，提高学生习得知识的迁移范围和价值。

（五）教会学生学习与迁移

许多研究和实际的教学都表明，很多学生虽然拥有解决问题所需的知识，但是缺乏必要的学习方法，致使迁移受阻，变成人们常说的"读死书"的人。要促进学生迁移能力的发展，最关键的还是在于教会学生学习。学会迁移主要应从两方面入手：一是培养学生的迁移意识。教师应该通过各种形式让学生懂得什么是迁移，发现迁移的规律。二是培养学生的迁移能力。培养迁移能力的过程是一个循序渐进的过程。首先，要在教师的指导下发展学生理解一般性原理的能力。对原理进行背诵、识记并不能说明真正理解了原理，教学不能满足于学生对原理的简单背诵，应该通过对原理的应用练习，让学生理解原理是如何在迁移中起作用的，并让学生用自己的语言或主要用自己的语言重新阐述原理的意义，达到对原理的真正理解。其次，在多情境中运用教学知识帮助学生积累迁移的经验。学习迁移的发生除了依赖于旧学习情境中知识、技能的学习程度以外，也依赖于新、旧学习情境的相似程度。某个学生虽然学会了当下的知识，但并不能保证在任何情境下学生都能"学以致用"，将其迁移到以后的学习和实践情境当中去。因此，为了促进学生迁移，教师教学就应当注重情境性。即在多种情境中教会学生对知识的应用与变通，尤其是当下知识在将来情境中的应用，为学生积累迁移经验提供机会，并使学生的"感性迁移体验"通过实际应用教学上升为"理性体验"。再其次，当学生具有了基本的理解一般性原理的能力，并具有丰富的迁移体验以后，教师就应该培养学生独立分析、概括的能力。传统的、当代的迁移理论都从不同的角度强调了主体对新旧学习共同要素的概括能力，可以说概括是迁移的核心。学生只有具备了独立分析和概括问题的能力，才能够在复杂的学习情境中把握知识之间的联系，找到新旧学习情境的共同点，进而产生迁移。最后，培养学生的迁移能力还应该帮助学生形成良好的认知策略和元认知策略。在教学中，教师既要善于把学习的方法教给学生，也要鼓励学生自己总结出适合自己的学习经验，并在同学之间相互交流。这些策略性知识的掌握可以改善认知过程，提高思维品质，有助于促进学生迁移能力的发展。学生一旦掌握了这种策略，就能在各种场合下运用它们，而不是只把它们与特定的情境联系起来。事实上，迁移是问题解决的核心。

思考题

1. 什么是知识？知识可以分哪几类？

2. 举例说明什么是陈述性知识、程序性知识和策略性知识。

3. 陈述性知识的学习过程与教学策略有哪些？

4. 程序性知识的学习过程与教学策略有哪些？

5. 什么是知识的迁移？知识的迁移的种类分别是什么？

6. 简述陈述性知识与程序性知识的迁移与理论。

7. 影响知识学习迁移的因素有哪几种？

8. 知识学习迁移能力的增强有哪些方法？

本章荐读

1. 2022 年 10 月 16 日，《习近平：高举中国特色社会主义伟大旗帜 为全面建设社会主义现代化国家而团结奋斗——在中国共产党第二十次全国代表大会上的报告》提出统筹职业教育、高等教育、继续教育协同创新，推进职普融通、产教融合、科教融汇，优化职业教育类型定位。加强基础学科、新兴学科、交叉学科建设，加快建设中国特色、世界一流的大学和优势学科。

2. 2021 年 7 月，中共中央办公厅、国务院办公厅印发的《关于进一步减轻义务教育阶段学生作业负担和校外培训负担的意见》中提出强化学校教育主阵地作用，提升课堂教学质量，确保学生在校内学足学好。

3. 《中华人民共和国国民经济和社会发展第十四个五年规划和 2035 年远景目标纲要》第四十三章建设高质量教育体系中提出，全面贯彻党的教育方针，坚持优先发展教育事业，坚持立德树人，增强学生文明素养、社会责任意识、实践本领，培养德智体美劳全面发展的社会主义建设者和接班人。

其中，第二节提出增强职业技术教育适应性，突出职业技术（技工）教育类型特色，深入推进改革创新，优化结构与布局，大力培养技术技能人才。完善职业技术教育国家标准，推行"学历证书 + 职业技能等级证书"制度。创新办学模式，深化产教融合、校企合作，鼓励企业举办高质量职业技术教育，探索中国特色学徒制。实施现代职业技术教育质量提升计划，建设一批高水平职业技术院校和专业，稳步发展职业本科教育。深化职普融通，实现职业技术教育与普通教育双向互认、纵向流动。

第三节提出提高高等教育质量，推进高等教育分类管理和高等学校综合改革，构建更加多元的高等教育体系，高等教育毛入学率提高到60%。分类建设一流大学和一流学科，支持发展高水平研究型大学。建设高质量本科教育，推进部分普通本科高校向应用型转变。建立学科专业动态调整机制和特色发展引导机制，增强高校学科设置针对性，推进基础学科高层次人才培养模式改革，加快培养理工农医类专业紧缺人才。加强研究生培养管理，提升研究生教育质量，稳步扩大专业学位研究生规模。优化区域高等教育资源布局，推进中西部地区高等教育振兴。

第四节提出建设高素质专业化教师队伍，建立高水平现代教师教育体系，加强师德师风建设，完善教师管理和发展政策体系，提升教师教书育人能力素质。

第四章

学习策略

【内容摘要】

本章主要探讨学习策略及其学习问题。根据教育心理学有关学习策略研究的新成果,对学习策略的概念及其主要特征、学习策略的不同分类、学习策略的年龄发展差异、学习策略的学习意义等进行了分析;探讨了学习的主要认知策略和监控策略的含义及其应用,最后对学习策略的获得与教学作了重点阐述,对学习策略的教学原则、影响因素、教学模式以及教学技术等作了比较详细的分析。

【学习目标】

通过本章的学习,能够帮助读者对教育心理学体系中的学习策略及其学习有一个较全面的认知和了解。

【关键词】

学习策略　认知策略　监控策略　元认知　策略教学

第一节　学习策略概述

一、学习策略的含义

关于学习策略的概念,学术界还没有统一的界定。人们从不同的研究角度对学习策略进行了界定,归纳起来,大致可分为三类。

第一类,把学习策略看成学习过程中信息加工的程序、方法或者规则,即学习策略就是学习方法。里格尼(Rigney,1978)认为,学习策略是学生用于获取、保存与提取知识和作业的各种操作的程序。达菲（Duffy，1982）认为，学习策略是内隐的学习规则系统。迈耶（Mayer，1988）认为，学习策略是学习者有目的地影响自我信息加工的活动，是在学习活动中用以提高学习效率的任何活动，这些活动包括记忆术、画线、做笔记、概述等方法的使用。琼斯等（Jones et al.，1985）认为，学习策略是被用于编码、分析和提取信息的智力活动或思维步骤。

第二类，把学习策略看成对学习过程中的信息加工进行调控的技能。加涅（1985）认为，学习策略是学习者内部组织起来的，用于调节自己的注意、记忆、思维等过程的一般技能。它脱离了具体的学习材料和学习内容，其功能在于指导学习者反省自己的认知活动。也就是说，在学习活动中有两个相互联系的过程：信息加工过程和控制信息加工的过程，其中对信息加工的控制和调节才是学习策略。如在考试时，有的学生拿到试卷后就从第一题开始顺次往下做，碰到不会的题冥思苦想，耗费时间，临到交卷时才发现后面容易的题；有的学生则懂得调整和分配时间，先做容易的题，最后做难题，这个对时间的调整和分配的过程就是对信息加工的调节和监控，是使用学习策略的体现。

第三类，把学习策略看成学习过程中信息加工的方法与调控技能的结合。如斯滕伯格（Sternberg，1983）指出，学习中的策略（他称为"智力技能"）由执行的技能（executive skill）和非执行的技能（non-executive skill）整合而成，前者指学习的调控技能，后者指一般的学法技能。他认为，要达到高质量的学习活动，这两种技能都是必不可少的。丹塞罗（Dansereau，1985）认为，学习策略包括两个相互联系的策略：基本策略和支持策略。基本策略直接操纵信息，是信息加工的方式方法；支持策略则是一种调控策略，用来帮助学习者维持一种合适的内部心理定向，以保证基本策略实施的有效性。在高质量的学习活动中，两者缺一不可。

综合前人的观点，我们认为，学习策略是指在学习过程中，学习者为了达到有效学习的目的而采用的规则、方法、技巧及其调控方法的总和，它能够根据学习情境中的各种变量、变量间的关系及其变化，对学习活动和学习方法的选择与使用进行调控。其中，学习过程中用来进行信息加工的学习策略被称为学习认知策略，用来调节与控制学习过程、保障信息加工过程有效进行的学习策略则被称为学习监控策略。

学习策略具有以下特点。

一是操作性和监控性的有机统一，操作性和监控性是学习策略最基本的特性。学习策略实际上是由规则系统构成的程序性知识，学生对学习过程的不断调控，是他们对学习策略的建构和内化过程。学习策略的操作性体现在学生认知过程的各个阶段，它能够为有效认知提供各种方法和技能；监控性则体现在内隐的认知操作之中，因为它具有实施监控的机制。在这种监控机制中，元认知是最主要的动力系统。[①]

二是外显性和内隐性的有机统一。首先，从学习者的学习活动和认知过程的可观察性来看，在实际的学习中，我们可以直接观察到学习者在使用哪种或哪些外部的学习操作，并对此作出适当的监控，由此可见它的外显性特点；同时，对学习策略来说，它对学习的调控是在头脑中借助内部语言进行的内部意向活动，它支配和调节着外部操作，因而它又具有内隐性的特点。其次，从学习过程的意识性来看，对策略的运用，策略的使用者可能意识得到，也可能意识不到。高水平的策略使用者，策略的使用已相当熟练，达到了自动化的水平，对策略使用的意识水平即便不高，但当要求描述策略的内容，特别是当要求他们注意自己的活动时，也能意识到所用的策略；低水平的策略使用者，往往是随机地、盲目地使用策略，对策略的应用通常处于无意识状态。因此，从意识性上讲，学习策略具有外显性和内隐性的特点。

三是主动性和迁移性的有机统一。学习策略可以根据学习材料和学习情境的特点以及学习的变化进行自我调整，以适应不同的学习情境。在某种程度上，学习策略是学习者对学习活动的能动把握，是对自我学习活动的一种调整和监控。学习策略的迁移性则是指学习策略作为一套规则系统，是学习者从具体的学习活动和过程中抽象出来的，能够有效地迁移到类似的或不同的学习情境中去。

四是生成性和指向性的有机统一。生成性指大多数学习策略是在学习活动中由学习者从盲目到有目的的过程中逐步发现、体验而生成的，是一种渐进的、累积的、由量变到质变的过程，具有很大的个别差异。指向性指任何学习策略都指向于一定问题的解决，它决定了学习者在一定目的的引导下去寻求达到目的的途径、方法和手段，也决定了学习策略运用中的有效性和经济性。有效性指能否达到目的，经济性指能否以最小的代价达到目的。[②]

二、学习策略的分类

尽管研究者自 20 世纪 50 年代就开始关注学习策略的研究，但由于研究者对学习策略本质的看法存在差异，因此有关学习策略的结构和层次也就存在着很大的争议。可以说，有多少种学习策略的定义，就有多少种关于学习策略分类的观点。

---

① 史耀芳. 二十世纪国内外学习策略研究概述［J］. 心理科学，2001（5）：586－590.
② 岑国桢. 教育心理学［M］. 北京：中国人民大学出版社，2006：192－193.

（一）麦基奇等的分类

麦基奇等（McKeachie et al.，1990）对学习策略的成分进行了总结。他们认为，学习策略包括认知策略、元认知策略和资源管理策略三部分（见图4－1）。认知策略是信息加工的策略；元认知策略是对信息加工过程进行调控的策略；资源管理策略则是辅助学生管理可用的环境和资源的策略，它对学生的动机具有重要的作用。

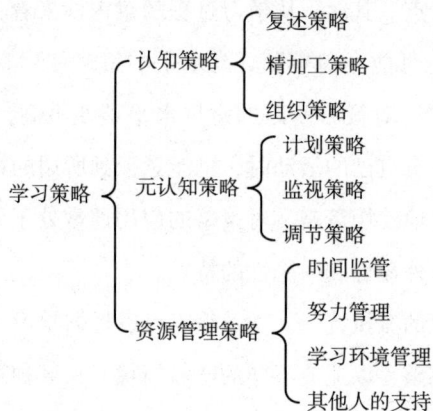

```
                              ┌ 复述策略
                   认知策略 ──┤ 精加工策略
                              └ 组织策略
                              ┌ 计划策略
学习策略 ──┤     元认知策略 ──┤ 监视策略
                              └ 调节策略
                              ┌ 时间监管
                              │ 努力管理
                 资源管理策略 ┤ 学习环境管理
                              └ 其他人的支持
```

图4－1　麦基奇等对学习策略的分类

资料来源：MCKEACHIE W J, et al. Teaching and learning in the college classroom：A review of the research literature［M］. Ann Arbor：University of Michigan，1990：32.

（二）丹塞罗的分类

丹塞罗（Dansereau，1987）认为，学习活动是一个由多种紧密关联的活动构成的复杂的活动系统。在学习过程中，认知活动无疑扮演着最为关键的角色，但与此同时，还需要适宜的认知气氛来支持认知活动的进行，使之更为有效。基于这种假设和认识，丹塞罗及其同事提出了 MURDER 学习策略。其中，M 代表情绪的调整（mood-setting）和维持（maintenance），U 代表理解（understand），R 代表回忆（recall），D 代表消化（digest）和细节（detail），E 代表扩展（expand），最后一个 R 代表复习检查（review）。这些策略又可分为两类：基本策略系统（primary strategies）和支持策略系统（support strategies）（见图4－2）。基本策略系统直接用于学生的认知活动，是学生在学习过程中使用的主导性策略。支持策略系统则是帮助学生在学习过程中形成适宜的认知气氛，维持一种合适的内部心理定向，使已有的学习活动得以顺利进行的保证性策略。

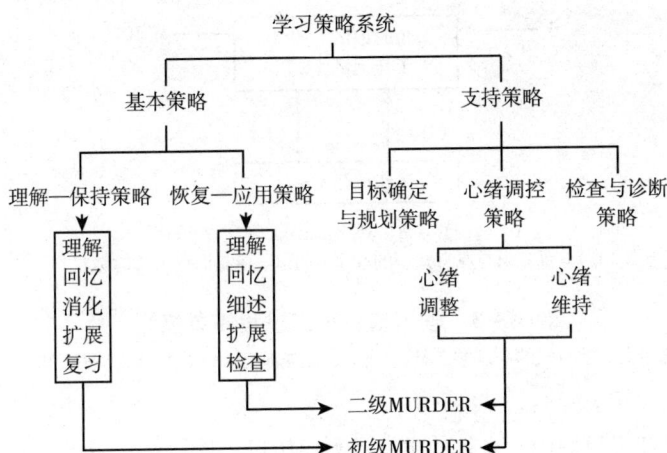

图 4 - 2　丹塞罗对学习策略的分类

资料来源：DANSEREAU D F. Learning strategy research. In SEGAL J W, CHIPMAN S F. GLAS ER R. (Eds.), Thinking and learning skills: Relating instruction to research [M]. Hillsdale, NJ: Erlbaum, 1985: 209.

（三）奥克斯福德的分类

奥克斯福德和克鲁卡（Oxford & Crookall, 1989）认为学习策略包含五个层面（见表 4 - 1）。

表 4 - 1　　　　　　　　　奥克斯福德对学习策略的分类

名称	作用
元认知策略	用来帮助学生计划、管理及评估学习过程的策略
情感策略	用来提高学习兴趣和端正学习态度的策略，例如多给正面鼓励和反馈
社会策略	用来促进学生之间合作的策略，可提高学习兴趣，增强理解能力
记忆与认知策略	用来增强记忆力和思考能力的策略
补偿性策略	用来与学生沟通、帮助学生克服知识上的不足的策略

资料来源：OXFORD, CROOKALL D. Research on language learning strategies: Methods, findings, and instructional issues [J]. Modern Language Journal, 1989, 73: 404 - 419.

（四）皮连生的分类

皮连生（1997）认为学习策略可依据学习的信息加工模型进行分类，学习的信息加工过程可以用如图 4 - 3 所示的简单模型表示。

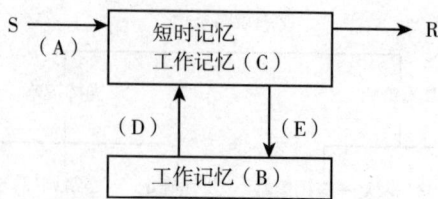

（A）=注意　（B）=原有知识　（C）=新知识
（D）=新知识与原有知识的联系　（E）=新知识存入长时记忆

图4-3　学习信息加工过程简单模型

资料来源：皮连生. 学与教的心理学 [M]. 上海：华东师范大学出版社，1997：96.

在这个信息加工模型中，有效的学习必须经历以下阶段：学习者必须注意外界的信息；信息必须暂时保存在短时记忆系统中；学习者应主动激活与新信息有关的原有知识；新知识内部形成联系；新知识与原有知识建立联系；将新知识储存于长时记忆中，以便日后提取和应用。据此可以将学习策略分类如下：促进选择性注意的策略，如自我提问、做读书笔记、记听课笔记等；促进短时记忆的策略，如复述、笔记、将输入的信息形成组块等；促进新信息内在联系的策略，如分析学习材料的内在逻辑结构和组织结构、多问几个为什么等；促进新旧知识联系的策略，如列表比较新旧知识的异同、把新知识应用于解释新的例子等；促进新知识长期保存的策略，如运用记忆术、双重编码、提高加工水平等。

（五）张大均的分类

根据学校学习的不同环节（时段），张大均（2003）将学习策略分为学习准备的策略、课堂学习的策略和课后巩固的策略三类。学习准备的策略具体包括制订学习计划的策略、学习心理准备的策略、课前预习的策略，课堂学习的策略具体包括陈述性知识学习的策略、程序性知识学习的策略和听课的策略，课后巩固的策略具体包括课后复习的策略和应用与反思的策略。每种具体策略又包括一些下位的策略，如听课的策略又包括选择性注意策略、自我调控策略和学习资源管理策略等。

可将以上有关学习策略的分类概括为四种：一是偏重学习活动中有关信息加工的分类，如皮连生的分类；二是偏重调控方法的分类，如加涅的分类；三是偏重按学习不同时段的学习要求的分类，如张大均的分类；四是综合性的分类，即将学习策略主要分为与信息加工有关的认知策略，以及监控、保证学习的有效性的监控策略。

第二节　学习的认知策略与监控策略

一、学习中的认知策略

认知策略是学习者在信息加工时所采用的方法，我们可以从诸如信息加工、学习中的主要活动和任务，以及不同学科的学习等角度来建构不同的认知策略。下面我们将从信息加工的过程来探讨学习活动中主要的认知策略。

学习活动中的信息加工过程主要包括对信息进行编码、存储和提取等几个步骤，相应的认知策略则有深入理解、精加工、合理组织和建构、高效练习和保持记忆等。下面逐一阐述主要的认知策略。

（一）精加工策略

精加工策略是指把新信息与头脑中的旧信息联系起来，寻求字面意义背后的深层次意义，或者增加新信息的意义，从而帮助学习者将新信息储存到长时记忆中去的学习策略。因此，人们常描述它为一种理解记忆的策略，其要旨在于建立信息间的联系。联系越多，能回忆出信息原貌的途径就越多，即提取的线索就越多。精加工越深入越细致，回忆就越容易。

根据学习材料自身意义性的强弱，可以将精加工策略分为两大类：对意义性不强的信息进行精加工的策略称为人为联想策略；对意义性较强的信息进行的精加工策略称为内在联系策略。

1. 人为联想策略

人为联想策略通常也被称为记忆术。它通过把那些枯燥无味但又必须记住的信息"牵强附会"地赋予意义，使记忆过程变得生动有趣，从而提高学习记忆的效果。人为联想策略对于那些必须记住的学科基础知识材料，如外语单词、物理化学符号、植物的名称和效用等信息非常有用。常用的人为联想策略主要有以下几种。

（1）形象联想法。这种方法是通过人为联想，使无意义的难记的材料和头脑中的鲜明奇特的形象（视觉表象）相结合，从而提高记忆效果。例如，要记住"飞机、大树、信封、耳环"四个不相干的没有内在意义联系的词汇时，可以进行这样的联想：①天空飞着一架银色的飞机；②飞机突然撞到一棵顶天立地的大树上；③这棵大树很奇特，它的叶子形状像一个信封；④信封似的叶子上挂着一个个闪闪发光的耳环。想象的形象越鲜明越具体越好，形象越夸张越奇特越好，形象之间的逻辑联系越紧密越好。

（2）谐音联想法。这种方法是通过谐音线索，运用视觉表象，假借意义进行人为联想。例如，在英语单词学习中："Tiger"可联想为泰山上的一只虎；"Battle"即"班头"带我们去战斗。印度洋的面积约为 7496 万平方千米，可以记成"旗子旧了"。化学学习中，金属元素的活动顺序是钾、钙、钠、镁、铝、锌、铁、锡、铅、铜、汞、银、铂、金，有人把它们编成"加个那美丽新的锡铅，统共一百斤"。还有的人将圆周率 3.1415926535 编成顺口溜"山巅一寺一壶酒（3.14159），尔乐苦煞吾（26535）"。

运用这一方法时应注意，关键的谐音词只起"检索"的作用，它不能代替对知识本身的精确感知，应该在谐音和需要学习的材料之间进行有效的转换。例如，记外语单词时，不能把谐音当作准确的读音，它只是帮助我们在准确发音及其所表达的中文意义之间建立一种人为的联系。

（3）首字连词法。这种方法是利用每个词语的第一个字形成缩写，或者用一系列词描述某个过程的每个步骤，然后将这一系列词提取首字作为记忆的支撑点。在这种策略的应用中要注意，当需要记忆的是操作程序时，要按顺序记住材料，一般情况下可根据记忆的内容和方便来决定首字如何组合以形成记忆和提取的线索。如记忆北美五大湖时，可以想象湖面上漂浮着几幢房屋（HOMES），即休伦湖（Huron）、安大略湖（Ontario）、密歇根湖（Michigan）、伊利湖（Erie）、苏必利尔湖（Superio）。除了上面讲的这些人为联想策略外，还可利用歌谣、口诀等手段进行人为联想。

2. 内在联系策略

对于意义性较强的学习材料则可以通过新知识与旧知识之间的连接，用头脑中已有的图式使新信息合理化。正是由于它要求在头脑中主动形成一些思想之间的逻辑联系，所以也可以称其为"内在生成策略"。这种认知策略首先要求对新信息进行理解，其次强调新的学习材料与已有的知识进行衔接。

现代教育心理学充分证明，对新知识能掌握多少，很大程度上取决于学习者对与它有关的已有知识知道的多少。背景知识在学习中的作用通常表现在两个方面：一是它能够帮助学习者理解新材料；二是它可以作为新材料记忆保持的拐杖，因为新的学习材料是在已有背景知识之上的扩展和深化。要充分利用背景知识，需要注意以下几个方面。

（1）树立有意义学习的心向。即应该是在对新材料理解的基础上进行学习，而不是机械记忆式地学习。

（2）建立类比。例如，在学合并同类项时可用已有的生活常识来类比，把 a、b、c

比喻为鸡、鸭、鹅，合并同类项就像商贩算账一样，先分别计算卖鸡、鸭、鹅各自收入多少，然后再算总价。在应用类比时要注意，类比有异同两种方式的比较，而且用来进行类比的事物应该是学生熟悉的、可以接受的。

（3）利用先行组织者。先行组织者是新材料学习之前所温习的、与新材料有关的已有的背景知识，它通常是教师在讲授新课之前所呈现出来的、用以同化新知识的熟悉的认知框架，它能有效地组织学生理解和记忆新知识。例如，在讲语文课的某一篇记叙文时，先回忆类似的叙述文体，接着介绍该类文章的常见框架，然后让学生自己根据框架浓缩关键信息，并加以组织。这样，不仅能加深学生的理解和记忆，还会大大提高学生的阅读能力。

3. 生成策略

美国教育心理学家维特罗克（Wittrock，1974）强调"学习是一种生成过程"，提出了"生成策略"。[①] 实验研究发现，当学习材料被学习者理解之后，能够用自己的语言组织表达出来时，那么对它的学习效果要比单纯的记忆好得多。而认知策略中的生成策略强调的就是学习者对学习材料进行提炼和组织，具体而言有以下几种方式。

（1）画线、摘要与作注释。画线是指在学习过程中将比较重要的信息勾画出来，便于理解记忆。因此，区分重要与次要信息就成为画线的关键。学习的过程中，一般采用以下程序：首先，对新材料进行理解，在理解的过程中，需要对不熟悉的地方加以解决，如不知道的字词等；其次，在理解的同时需要对一些比较重要的信息进行勾画，有时为了更多地提供思考材料的机会，还可以在画线、摘要旁边作注释。在画线、注释的过程中可以使用一些常用的简写符号，以提高效率。

（2）标题目、写提要。标题目、写提要与画线中的摘要不同，它是用自己的语言对材料的中心思想进行简短陈述。它们的目的都在于促进新信息的精细加工和整合，是对材料的中心思想重新进行心理加工。写提要的过程中要尽可能用自己的话对学习材料进行组织。

4. 记卡片策略

将要记录的内容写在卡片上，既有利于归类存放，也有利于存取、批注。它广泛应用于零散资料的收集，是非系统性自学最适宜的笔记形式。做卡片笔记时应做到：

（1）一卡一"题"，即记一个相对独立的内容，否则，几方面的内容混记在一张卡片上，分类就困难；

---

①　北京教育学院心理系．教师实用心理学［M］．北京：开明出版社，2000：62.

（2）在卡片的左或右上角，标明分类号、材料性质等；

（3）在卡片下方正中打孔，用线串卡成册，便于保存与查找。

记卡片策略也可以用于学科知识的学习，使用这种方式提取知识要点时应注意：一是同笔记法配合使用，在认真记好笔记的前提下将那些意义性不强的、容易遗忘而又重要的知识点记到卡片上；二是要和复述策略配合使用，依据遗忘规律进行复习。

5. 记笔记策略

记笔记策略是生成策略中使用较为普遍的精加工策略，所以将其单独列出来。俗话说：好记性不如烂笔头，心不及墨。记笔记不仅可以有效地控制自己的认知加工过程，还有助于概括新的知识和建立新旧知识之间的联系。研究发现，记笔记的主要作用包括：一是保持学习者的注意和兴趣；二是有效地组织材料。

（二）组织策略

组织策略是指将经过精加工提炼出来的知识点加以构造，形成知识结构的更高水平的信息加工策略。从某种角度来说，组织策略也是一种生成策略。认知心理学研究发现，知识的条理、层次等组织特性是认知结构清晰性的重要指标，也是判断学生学习成效的重要指标。对知识进行组织是学习记忆新信息的重要手段。一方面，组织是把信息组合成具有一定意义的整体，而有意义的内容通常是比较容易记住的。另一方面，组织是把学习材料分解成一些较小的单元，再把这些单元归在适当的类别之中，这样，每项信息就都能够同其他信息联系在一起进行记忆，这将大大有助于信息的提取。

组织策略主要有两种：一种是归类策略，用于概念、语词、规则等知识的归类整理；另一种是纲要策略，主要用于对学习材料结构的把握。

1. 归类策略

归类是把材料分成小单元，再把这些单元归入适当的类别。例如，要外出购买的东西很多，有盐、葡萄、蒜、苹果、胡萝卜、橘子、胡椒、豌豆、辣椒粉、姜，可以将它们分别归在"水果"、"蔬菜"与"佐料"等概念下，再分门别类地记忆。

研究表明，某一领域的专家的特征之一，就是在他们的长时记忆中拥有一个组织良好的、金字塔结构式的知识体。在记忆大量信息时，他们会迅速地识别和处理，将它们归为不同的"组块"，安插在自己的知识体系里。在需要这些信息时，他们又会用各类别的标题作为提取的线索，从而很快地找到信息。总之，组织使记忆量大大减少，从而大大减轻了识记与回忆的负担。

2. 纲要策略

"举一纲而万目张"。纲要策略也称提纲挈领，是掌握学习材料纲目的方法。学生学习教材的根本任务是抓住教材的中心思想和支持中心思想的重要细节，以及它们之间的联系。纲要策略不仅能够减轻短时记忆的负担，有助于阅读和记忆，而且还有助于提高创造性解决问题的能力。纲要可以是用语词或句子表达的主题纲要，也可以是用符号、图式等形象表达的符号纲要。

（1）主题纲要法。试读下面这一段话：

"广场比街道更理想，跑动比走路为好，最好每个人都有很大的空间。虽然鸟类不会靠近它给它带来损坏，但雨水是它的大敌，因此不能选择雨天。"

这段话里没有生字，每个句子都很好懂，但我们读了以后，仍然不明白它说的是什么。如果我们知道它说的是"放风筝"，那么这段话立刻就可以理解了。"放风筝"这个短句在这里起到了提纲挈领的作用，促进了理解。

主题通常是学习材料的各级标题，当然有时也需要自己进行提炼。列提纲时要注意，以简要的词语写下主要与次要的观点，也就是以金字塔的形式呈现教材的要点，每一具体的细节都包含在高一级的类别中。

主题纲要法分为四个步骤：

第一，学习教材，判断教材学习的主要目标，理解基本思想；

第二，勾画或摘录出要点；

第三，考虑信息之间的关系，可用大小数码表达它们之间的层次结构（如一、二、……；1. 2. ……）；

第四，记住提纲，使用提纲解答问题。

（2）符号纲要法。符号纲要法则是采用图解的方式体现知识的结构，即作关系图。它比主题纲要法更直观形象，但要求学习者对符号相当熟悉。

制作关系图，用以图解各种知识点是如何相互联系的，也就是先提炼知识点，然后图解它们之间的关系。美国心理学家布鲁诺（1966）认为，人类记忆的首要问题不是储存而是检索，而检索的关键在于组织。结构网络图就是一种最好的知识组织方式，制作结构网络图的过程就是组织材料、建立记忆检索框架的过程。在作关系图时，应先识别主要知识点，然后识别这些知识点之间的关系，再用适当的图解来标明这些知识点之间的内在联系。结构网络图比列提纲更简明、更形象、更能体现上下层次之外的各种复杂关系（如因果关系等）。制作结构网络图通常按以下步骤进行：

第一，全面了解材料，识别主要知识点；

第二，把材料分成各个组成部分，找出每个部分的联系或关系；

第三，把各个部分按照它们的联系或关系联成一个统一的整体。

怎样将新的、零散的知识与原有知识整合构建为一个意义结构呢？认知地图（cog-nitive mapping）就是一种制作结构网络图的有效技术。作认知地图的另一个目的是，检查学习者已经知道什么。通过作认知地图，描画出概念的关键特征，将各个观点建起连线网络，可以让教育者和学习者本人了解知识的掌握情况。

符号纲要法主要有两种形式。一是层次网络法，它是由节点（观点）和连线（观点之间的关系）组成。节点的排列分层，类似金字塔（如前所述），而连线具有不同的性质，用来表达不同性质的关系。二是流程图，流程图着重说明某个过程之间的要素是如何联结的。它具有方向性和时间顺序，易于表达程序性知识的结构。

（三）复述策略

复述策略是指在工作记忆中为了保持信息而对信息进行反复重复的过程，它是短时记忆的信息进入长时记忆的关键。下面是一些主要的复述策略。

1. 复述的时间安排技巧

（1）及时复习。根据艾宾浩斯（Ebbinghaus）遗忘曲线，遗忘速度开始时最快，学习后的10小时内复习10分钟，比5~10天后复习1小时的效果好得多。所以要及时复习，特别是对那些意义性不强的学习材料，更是需要及时复习。

（2）分散复习。由于消退、干扰等各种原因，学习的材料会随着时间的推移而出现不同程度的遗忘。因此，还需要采用分散复习来保持对学习材料的记忆效果。例如，如果当天学习了20个生词，那么当晚复习1小时不如当晚复习30分钟、第二天复习15分钟、第四天复习10分钟、一星期后复习5分钟。一天中复习的时间安排也是如此，集中1小时不如将时间分摊于早、中、晚。

（3）限时记忆。限时记忆主要应用于临时需要记住大量材料的场合。当我们对学习记忆的时间加以限制时，随着限制时间的来临，大脑的兴奋度就会提高，它的机能因此而被调动起来，记忆效果就会提高。

2. 复述的次数安排——过度学习

过度学习是指在"记得""学会"的基础上，再增加一些学习时间，使得对学习材料的掌握达到更高的程度。一般来说，过度学习的次数保持在50%~100%最好。超过的次数少，达不到效果；超过的次数多，费时费力，效果却不会因此而提高。所以，过度学习要适当。过度学习最适用于那些必须准确回忆却没什么意义的操练性信息，例如，乘法口诀表、汉字书写和英语单词的拼写。

3. 复述的方法选用

（1）注意克服记忆效应。这里所指的记忆效应主要有两种。一是复述过程中不同材料的干扰。这种干扰既有先前学习的材料对后面要复述的材料的干扰，也有后面复述的材料对先前学习的材料的干扰。这就要求复述过的材料在头脑中应该尽量保持清晰的印记。二是首因效应和近因效应。复习刚开始时的材料和最后复习的材料容易记得牢，这被称为首因效应和近因效应。这就要求对复习中段的内容要加以特别的注意，或者将特别难于记忆的内容放在开始或者结尾的时候进行复述。

（2）运用多种感官协同记忆。运用多种感官协同记忆，可在大脑中留下多方面的回忆线索，从而提高记忆效果。例如，边听边看、边说边写、边听边做、边想边动手等。特瑞奇勒（Trechler）的研究结果表明，人们在信息获取中1%通过味觉，1.5%通过触觉，3.5%通过嗅觉，11%通过听觉，83%通过视觉。而且，人一般可记住自己阅读的10%，自己听到的20%，自己看到的30%，自己看到和听到的50%，交谈时自己所说的70%，这说明多种感官的参与能有效增强记忆。

（3）采用多种形式复习。采用多种复习形式会使复习更加持久专心，不单调，利于多角度地理解知识内容。例如，复习英语生词时，可采用朗读、抄写、默写、看中文回忆英文或相反、用单词造句、同学间互问互答等多种方式。

（4）保持积极的心向、态度和兴趣。心向、态度和兴趣也是影响记忆的一个重要因素。孔子说过，知之不如好之，好之不如乐之。如果我们对某事感兴趣，或者对它持积极态度，就会记得牢；反之，则容易忘。因此，我们若想保持良好的记忆，最好对要记背的材料持积极态度。

二、学习中的监控策略

学习的监控策略，也即元认知监控策略，是指学生对自己整个学习过程的有效监视及控制的策略。美国心理学家弗拉维尔（Flavell）1976年在《认知发展》一书中首先提出了元认知的概念。

（一）元认知

元认知，又称反省认知、监控认知、超认知等，是指人对自己的认知过程的认知。学习者可以通过元认知来了解、检验、评估和调整自己的认知活动。一般认为，元认知由元认知知识、元认知体验和元认知监控三部分组成。

元认知通常被看作学习策略的一种。关于元认知与学习策略之间的关系，我国学者陈琦和刘儒德（1997）认为，学习策略是存储在长时记忆中的元认知知识，它包括认知策略、元认知策略以及资源管理策略。① 元认知过程则是指在工作记忆中进行的、运用存储在长时记忆中的元认知知识（包括学习策略知识）来管理和控制认知活动的过程，它包含监视和调节的过程。元认知过程是使用学习策略的过程。元认知能力则是指执行这一控制过程的能力。也就是说，学习策略是有关学习的动态过程的静态知识，而元认知过程则是使用静态知识的动态过程。

（二）元认知监控

元认知监控是指个体在进行认知活动的全过程中，将自己正在进行的意识活动作为意识对象，不断对其进行积极的监视、控制和调节。可以说，元认知监控就是元认知，只不过它更强调监控而已。研究者一般从认知活动的阶段来研究元认知监控：在认知活动开始前，它决定认知目标、制订计划、挑选策略，想象各种解决问题的办法，并预测其有效性；在认知过程中，它根据认知目标及时评价认知活动，找出认知偏差，及时调整策略或修正目标；在认知活动结束时，它评价认知结果，若发现问题，则采取相应的补救措施，及时调整认知策略。元认知监控通常包括以下四个步骤。

（1）制订计划。即在认知活动开始之前，根据认知任务的性质、特点，制定完成任务的实际步骤，考虑可选择的策略，并预计执行的结果等。

（2）执行控制。即在认知活动过程中，及时评价、反馈认知活动中的有关信息，若与认知目标一致，则继续下去逐渐逼近目标；若与认知目标背离，则应及时修正、调整认知策略。

（3）检查结果。即根据认知目标评价自己的认知结果，是完全达到、部分达到，还是根本没有达到。

（4）采取补救措施。即根据对认知结果的检查，对存在的问题采取可行的补救措施。

（三）元认知监控发展水平的评定方法

评价元认知监控发展水平的主要方法包括自我报告法、出声思考法、作业评定法。

---

① 陈琦，刘儒德. 当代教育心理学［M］. 北京：北京师范大学出版社，1997：185.

1. 自我报告法

这是评定元认知监控发展水平最常用的方法。即提供某一任务，让被试报告他们在完成任务时的元认知活动。自我报告法有两种操作方式：一是让学习者实际完成某种认知任务，然后进行事后报告；另一种则不进行实际操作，而是要求学习者设想自己在操作时的可能情况，并作出报告。

2. 出声思考法

要求被试在进行任务操作时，将自己的思考过程用语言表达出来，从对学习者思维活动的分析中推断其元认知发展水平。如亨道（Henshaw）在一项研究中，先将被试出声思考的内容按下列项目归类：回顾已有信息、策略单元、解决方案单元、促进性中介、妨碍性中介、沉默；然后对被试的这六类言语进行马尔可夫链分析，观察被试完成整个任务过程中思考方式的一贯性，以此推断被试的元认知监控发展水平。①

3. 作业评定法

直接依据学习者的作业来评定元认知能力。如要求学习者解决某一问题，或对同伴进行指导，通过观察、分析被试的解题过程或对同伴的指导过程来推断被试的元认知能力。

这些元认知评定方法各有利弊，在评判学习者的元认知水平时，最好能综合使用两种甚至两种以上的方法，取长补短，以获取更全面、更准确的资料。

（四）学习中的主要监控策略

1. 计划策略

计划策略是指根据认知活动的特定目标，在认知活动开始之前计划完成目标所涉及的各种活动、预计结果、选择策略、设想解决问题的方法，并预估其有效性等。学习中的计划策略包括设置学习目标、浏览阅读材料、设置思考题以及分析如何完成学习任务。策略水平高的学生并不只是被动地听课、做笔记和等待教师布置作业，他们会预测完成作业需要多长时间，在写作前获取相关信息，在考试前复习笔记，在必要时组织学习小组，以及使用其他各种方法。

合理的学习计划是顺利完成学习活动和提高学习效率的重要内容，优秀的学习者应该能够根据学习内容的特点、自己的学习风格、学习环境等具体情况，制订科学合理的计划，选择有效的学习方法与策略，并对活动过程进行积极的监控，及时发现学习活动

---

① 汪玲，等. 元认知的性质、结构与评定方法［J］. 心理学动态，1999（1）：6-11.

中的问题并进行相应的调整，减少学习活动的盲目性和不合理性。

学习计划的内容包括学习目标、任务、时间、措施等。一般而言，制订学习计划时应该考虑以下几个方面。

（1）学习目标的制定。学习目标的种类较多，可以从不同的角度对目标进行分类，如从学习的层次与类型上可将目标分为记忆的目标、理解的目标、简单应用的目标和综合应用的目标等；从时间上可以将目标分为长期目标、中期目标和短期目标。一般而言，长期目标与人的某个发展阶段有关，比如中学阶段、大学阶段的发展目标，长期目标的制定有助于规划整个学习与发展进程。中期目标则是时间跨度稍短一些的目标，对于学生而言，主要是一个学期或者学年的目标。米斯（Meece，1994）认为这种中期的学习目标有两种类型：一是学习取向的目标；二是成绩取向的目标。前者指向知识的学习和能力的提高，持这种目标的学生对学习行为本身感兴趣，采用自我参照的标准来评价自己，更喜欢选择有一定难度的学习任务和学习材料；后者则对学习结果感兴趣，通常以"比别人做得更好"为成功的标准，即采用常模参照标准来评价自己。近期目标则是对自己一周，甚至一天的学习进行规划，或者对某些章节内容的学习进行规划。[①]

目标的制定中应该注意以下两个方面。一是学习目标应具有可行性，即目标应该是自己的能力和时间范围内能够实现的；二是将目标分层次，只有将总目标分解为一步一步的具体的小目标，那么总目标才有可能实现，而且学习者也才能够从这些小目标的完成中获得成功的体验，增强总目标实现的可能性。

（2）在学习目标基础上制订的学习计划应有具体性。一般而言，一份好的学习计划应该包括三个"明确"，即目标明确、任务明确和时间明确。特别是对于短期目标而言，计划的具体性更为重要。制定一个好的短期学习目标，可以以一周为一个周期，首先看看有哪些学习内容和大的、比较费时的活动需要本周内完成，然后把自己的学习任务分成更小的单位，最后计算每天需要完成的学习任务并进行具体的时间安排。

（3）学习计划应该有一定的弹性。它是指在制订计划时不应该把时间安排得太满、太死，应该有一定的机动时间应对可能出现的临时任务与活动，这样才便于随时根据学习的具体情况进行适度的调整。

2. 学习时间的分配与管理

学习计划包含要完成的学习任务及其需要的时间，在学习时间的分配上，有以下几种策略。

---

① 北京教育学院心理系．教师实用心理学［M］．北京：开明出版社，2000：145.

（1）求实策略。求实策略就是要相对准确地确定自己每天的活动内容及其所需的时间，这样可以精确地获得能够用于学习活动的时间总量，然后就可以将其在学习任务中进行分配。对于时间的管理，可以对自己每天的活动进行分类，确定其所需的时间，然后再进行合理的分配。

（2）差异策略。它要求按各种学习任务的轻重缓急分配使用时间。表现为三个"优先"：重点任务优先于一般任务；急需任务优先于不急需的任务；见效快的任务优先于见效慢的任务。另外，要注意的就是对自己制定的长、中、短期学习目标应能够具体落实在自己每天的任务上。

（3）充分策略。在一定时间内，把使用时间集中在某个具体任务上，使它等于或多于所需时间。它的功能是突出主攻方向，确保某一个学习目标的实现。

（五）监视策略

监视策略是指在认知过程中，根据认知目标及时检测认知过程，寻找两者之间的差异，并对学习过程及时进行调整，以期顺利实现有效学习的策略。监视策略主要使学习者警觉自己在认知过程中注意和理解方面可能出现的问题，并及时加以调节，因而不同于对整个认知活动过程的监控。具体包括领会监控、集中注意及调节监控三个方面。

1. 领会监控

领会监控是指学习者在阅读过程中将自己的阅读领会过程作为监控意识对象，不断对其进行积极的监视和调整。领会是阅读过程中最重要的目标，领会监控则是不断监控自己是否达到了对学习材料的领会，它会指引学习者寻找重要的细节信息、获得对关键概念的理解、提取阅读材料的整体结构等，并在策略的执行过程中因为目标的达成而体验到一种满足感。如果没有找到达成理解的重要信息，或者没有能够理解关键概念，则会出现一种短暂的认知困惑，领会策略就会指导认知系统去采取一定补救措施，如重新浏览材料、仔细阅读理解有困难的地方或者学完整个材料之后再回头来看理解有困难的地方等。

领会监控策略能够使学习者警觉自己在注意和理解方面可能出现的问题，以便发现并及时进行补救。学习一份材料时，成功的学习者通常能够意识到自己哪里懂了，哪里还不懂，如果自己还不懂，问题出在哪里，是把握的信息不够，还是方法或策略不得当等。

SQ3R 是最常见的帮助学生学习教材内容的阅读领会策略。

专栏 4 – 1

SQ3R 阅读策略

浏览（Survey）：纵览全书大致了解阅读材料的主要内容。浏览范围包括：（1）看封面信息：书名、作者、出版商及出版日期；（2）查阅目录和内容提要，以确定哪一部分是你感兴趣的；（3）浏览前言和后记，以了解作者写作的背景和意图。这一步不要超过 1 分钟，而且通过纵览要抓住阅读材料的 3 ~ 6 个核心观点，这可以帮助学习者在后续阅读中组织观点。

提问（Question）：怎样提问？最简单的做法是将标题转换成疑问句。如标题是"教育心理学的研究对象"，可转换成问题"教育心理学的研究对象是什么？"将标题转换成疑问句，可以激发学习者的好奇心，从而增强对文章的理解，因为将陈述句转换成疑问句实际上是确定了一个阅读目的，带着问题阅读会帮助学习者在阅读中筛选重要信息与次要信息，使重要的观点从细枝末节中凸显出来，帮助学生更快地理解本章内容。

阅读（Read）：首先细读第一部分，回答上一步提出的问题，不要逐字逐句逐行地读，而要积极地寻找答案，抓住实质内容。

陈述（Recite）：读完第一部分后，合上书尝试简要回答上面提出的问题，最好能用自己的语言举例说明。如果不能清晰地陈述答案或者举例说明，那么就要先阅读再尝试陈述。进行这一步时，最好能结合使用记笔记法，摘记一些短语作为陈述的提示。完成第一部分的学习后，按照以上三个步骤（question，read，recite）学习后续的章节，直至完成整本书的阅读。

复习（Review）：按以上步骤通读全书后，查看笔记、鸟瞰全部观点以及它们之间的关系。然后合上笔记尝试回忆主要观点及每一主要观点之下的次级观点。

（资料来源：FRANCIS P R. Effective study, 4th ed ［M］. New York：Harper and Row, 1970：45 – 60）

SQ3R 阅读策略的关键在于提问和回答促进了学习者对教材的意义加工和精致加工。罗宾逊（Robinson，1970）比较了提问和回答提问的效果。

他让若干对被试来学习一段课文，课文分作两半。让一对中的一个被试阅读课文的一半，并在学习过程中准备一些提问。再把这些提问给了一对中的另一被试，让他一边读这段课文，一边试着回答这些提问。这些被试在读另一半课文时，互换了作提问和答提问的任务。然后让全部被试来回答有关这段课文的一套最后测验题目。结果发现，只阅读而既不提问也不答问的控制组答对最后测验题目为 50%；阅读并提问的实验组，答对了与自己所作提问有关测验项目的 70%，而在与之无关的测验项目上，则只答对了 52%；阅读并回答提问的实验组，在有关的测验项目上答对了 67%，在无关的测验项目上答对了 49%。

由此可见，提问和回答均有助于记忆，而且提问效果最好。

其后，理查兹（1976）进一步考察了不同类型的提问作为阅读的先行组织者的效果差异。他让被试学习一段关于一个叫作马拉的虚构的非洲国家的文章。这个实验是要来比较两种提问方式的效果。一种提问是理解式的；另一种是明记式的，即只要求被试记住特定的事实。结果发现，回答理解性提问的被试表现出较好的成绩。

为此，罗宾逊（1976）指出，运用 SQ3R 阅读策略使学习者把学习活动转变成为一个积极主动、有意义的学习过程，它不仅可以帮助学生提高阅读速度，而且更有助于学习者抓住文章要点，促进长久保持和深刻理解。

2. 集中注意

心理学的研究发现，信息加工过程中，只有得到注意的信息才能够进入我们的工作记忆（又称短时记忆），得到进一步的加工，从而获得较好的学习效果。而没有加以注意的信息则会出现自然衰退和主动抑制，从而不为学习者所感知。因此，要提高学习的效果，就必须集中注意力。不过，注意力的资源是有限的，我们不可能对所有呈现给自己的信息都加以注意和记忆，所以在学习过程中必须对信息进行筛选，选择相对重要的信息加以注意。同时，注意理论告诉我们，人的注意分为有意注意和无意注意两种，学习活动通常需要长时间的有意注意，这就要求学习者能够努力将自己的心理资源集中在学习内容上，不过这种长时间的有意注意，容易受到一些有吸引力的分心事物的干扰，特别是一些有意义的信息的干扰更强。如学生在背诵课文的时候，一般的噪声对学生产生的干扰非常有限。但如果旁边有人讲故事，或有人在玩游戏，学习者的注意力就容易被干扰。

柯诺（1986）发现，注意与学习者的自我管理能力有关。注意力差的学生很难计划和控制自己的学习。柯诺（1987）认为，应该教给学生抑制分心的策略，以帮助他们进行自我管理和调节，如注意此刻正在做什么，避免接触分散注意的事物等。

在集中注意的过程中，可以采用明确当前学习目标的策略。知道并明确自己的学习任务能够使学习者保持学习的心向，随时提醒和监控自己是否完成了学习任务，如果还没有的话，那么它会让自己将注意力保持在学习材料中。也可以采用自我奖励的方法，如告诉自己，把这部分内容学习好之后，就可以好好玩一下，这样可能会使自己的注意能够暂时集中。

3. 调节监控

调节监控是指在学习过程中根据对认知活动监视的结果，找出认知偏差，及时调整策略或修正目标；在学习活动结束时，评价认知结果，采取相应的补救措施，修正错误，总结经验教训等。例如，当学习者意识到他不理解学习材料的某一部分时，他就会退回去重新阅读困难的段落，在阅读困难或不熟的材料时放慢速度，复习他们不懂的课程材料，测验时跳过某个难题，先做简单的题目等。调节监控能帮助学生纠正他们的学习行为，使他们补救理解上的不足。

要能够有效进行学习活动中的调节监控，对学习活动进行及时评价是一种重要的策略。学习中的评价是指把学习进程或学习阶段性结果同既定目标加以比较，以确定学习的进展和质量，决定是否继续下一步的学习活动。学习中的评价能够使学习者及时获得信息反馈、有效分辨错误、及时强化学习成功感、激发学习者不断学习的积极性。

元认知监控策略的这几个方面总是相互联系在一起而发挥作用的。学习者在学习过程中一般要先认识自己的当前任务，然后使用一些标准来评价自己的理解、预计学习时间、选择有效的计划来学习或解决问题，其后是监视自己的进展情况，并根据监视的结果采取补救措施。

第三节　学习策略的应用

学习策略是判断不同学习者差异的重要内容，教会学生学会学习的重要方法之一，就是对学生进行有效的学习策略的训练。优秀的教师不仅会结合教学内容教给学生具体的学习策略，而且还能引导学生掌握积极地、适时地选用有效的学习策略。

一、学习策略教学的原则

在学习策略的训练指导中，教师要遵循以下基本原则。

（一）主体性原则

主体性原则是指学习策略教学中应该发挥和促进学生的主体作用，它既是学习策略训练的目的，也是必要的方法和途径，任何学习策略的使用都依赖于学生主动性和能动性的充分发挥。如果学生在学习过程中处于被动状态，甚至连学习目标、过程、方法都要由他人来设计，甚至监控和评价，那么也就无所谓学会学习了。因此，在学习策略教学中，教师要提高学生的主体参与性，不仅要向学生阐明策略学习的目的和原理，更要给他们充分运用学习策略的机会，并指导其分析和反思策略使用的过程与效果，以帮助其进行有效的监控。

（二）内化性原则

内化性原则是指在学习策略的学习过程中，学生能够不断实践各种学习策略，逐步将其内化成自己的学习能力，熟练掌握并达到自动化的水平，从而能够在新的情境中加以灵活应用。内化过程需要学生将所学的新策略与头脑中已有的相关策略知识整合在一起，形成新的认识和能力。

（三）特定性原则

特定性原则是指学习策略一定要适用于学习目标和学生的类型。同样的策略，不同的学生使用起来的效果是不一样的。教师要针对学生的年龄、已有的知识水平以及学习动机类型，帮助学生选择学习策略或改善对其学习不利的学习策略。同时，还要考虑学习策略的层次，向学生提供大量的各种各样的策略，不仅有一般的策略，还要有非常具体的策略。

（四）生成性原则

生成性原则是指在学习过程中要利用学习策略对学习的材料重新进行加工，产生某种新的东西，这就要求学习者进行高度的心理加工。也就是说，学习者应该利用学习的策略对学习材料进行生成性加工，而不是简单利用别人已有的这些知识和经验。要想使一种学习策略有效，进行心理的内化加工是必不可少的。生成性程度高的策略包括写内容提要、向别人提问、将笔记列成提纲、图解要点之间的关系、向同伴讲授课的内容要求等。生成性程度低的策略包括不加区分的画线、不抓要点的记录、不抓重要信息的肤浅的提要等。

（五）有效监控原则

有效监控原则是指学生应该把注意力集中在学习结果和学习过程之间的关系上，监控自己使用每种学习策略所导致的学习结果，以便确定所选策略是否有效。经过这样的监控实践，学生就能够灵活把握何时、何地以及如何使用某种策略，甚至在这些策略运作时能将它描述出来。

（六）个人效能感原则

个人效能感原则是指学生在执行某一任务时对自己胜任能力的判断和自信程度，它是影响学习策略选择的一个重要的动机因素。那些能有效使用策略的人相信，只要自己使用某一策略就会对自己的成绩产生影响。这就要求教师一定要给学生创造机会，使他们感觉到策略的效力。教师要不断地向学生提问和测查，并且根据这些评价给学生定成绩，以此促进学生使用各种学习策略，并感受到使用学习策略的收获。

学习策略的作用在于学生在学习活动中的运用，如果学生知道何时以及如何使用策略，但却不愿意使用这些策略的话，那么他们的学习能力也将不会得到提高。这就要求教师应该让学生体会到学习策略的效力，在完成任务时有个人效能感。在学习策略训练中也应该包括动机训练，相信策略的运用能够提高完成任务的效率。

二、学习策略教学的条件

在学校，学生最重要的学习就是学会学习，学习策略的教学就成为教师有效教学的重要目标。从认知心理学的观点来看，策略的学习实质上是一种程序性知识的学习。它首先需要经过命题表征（陈述性知识），然后通过在相同情境和不同情境中的应用，转化为产生式表征（程序性知识），明确意识到一套操作步骤适用的条件，进而达到反省认知阶段，从而使策略具有广泛的迁移性。

皮连生（1996）研究发现，策略的学习不同于一般知识的学习。首先，策略是对内调控的技能，其所涉及的概念和规则反映人类自身认识活动的规律。人类的认识活动潜藏于人的行为的内部，不能直接观察，因此，这类概念和规则难以通过直观演示的方法交给学生。其次，策略反映的是人类认识活动的规律性知识，一般带有很高的概括性，在应用时有很大的灵活性。因此，要使这样的规则支配学生的认知行为，提高自身的认知活动的效率，就需要经历一个长期而反复的练习和应用过程。最后，策略的学习和应用受个体心理发展水平的制约。例如，如果儿童对动植物没有分类概念，就不可能教会他们应用分类记忆的策略去记忆动植物。因此，个体的一般认知发展水平，会制约其习得与应用相应的学习策略。[①] 具体来说，有效的学习策略教学的条件主要表现为以下几个方面。

---

① 皮连生.智育心理学［M］.北京：人民教育出版社，1996：165.

（一）原有知识背景

从信息加工过程的理论来看，策略对整个信息加工过程起调控作用。应用策略的目的是提高信息加工的效率。策略的应用总是随着个体对它所加工的信息不同而发生变化。如在记忆领域研究最多的复述策略、精加工策略和组织策略。这三种策略中的每一种策略都有它最适宜应用的范围。复述策略宜于在系列学习中应用，精加工策略宜于在配对联想中应用。外语单词的记忆实际上是一种配对联想学习形式，所以宜采用精加工策略学习。组织策略宜于在自由回忆的学习中应用。在组织策略中，有一种对信息分类学习和记忆的策略。研究表明，如果用分类典型的项目让儿童记忆，儿童能应用分类组织策略识记和回忆；若项目不典型，儿童不熟悉，他们便不能采用分类学习与记忆的策略。这表明，策略的应用离不开被加工的信息本身。儿童在某一领域的知识越是丰富，他越能应用适当的加工策略。

（二）自我效能感

自我效能感属于学习的动机范畴。在策略训练中，首先要使学生体会到运用了好的学习策略，学习效率就能提高。也就是说，要使他将学习的改进归因于采取了较好的策略。这种认知反过来会推动他们去运用策略。一般来说，学习策略的低水平与自我效能感的低水平是并存的。教学要改变学生低水平的学习策略，就要同时改变他们这种不良的归因倾向。

（三）元认知发展水平

一般来说，儿童先有认知发展，然后才有元认知的发展。由于儿童的自我意识发展水平较低，他们运用元认知监控和调节自己认知活动就比较困难。这在一定程度上限制和阻碍着儿童策略学习的效果。都费（1987）的研究发现，儿童即使接受了有关阅读策略的训练，但其对所训练的策略仍然很难达到监控和调节的水平。

（四）练习情境的相似与变化

学习策略从陈述性知识向程序性知识转化，最重要的教学条件就是教师要精心设计相似情境和不同情境的练习。例如，学生要学习"抓住事物特点来描写"这一写作策略，从杨梅的"写具体"练习到皂荚树的"写具体"练习，是相似情境的练习。从写景物（树）的特点到写动物的特点，甚至在事情的发展过程中写动物的特点，则是不同情境的练习。练习必须有连续性，没有连续性，学习者将无所适从，认知图式不能形成。但练习必须有变化。只有经过在变化的情境中的练习，认知图式才能深化，策略才能灵活应用。

（五）有一套外显的可操作的技术

个人使用的学习策略是内在的，但是它可以从学习者的认知行为中得到反映。反过来，如果我们有一套具体可操作的技术来控制学习者的认知行为，那么我们就有可能培养学生良好的认知或学习习惯，改变其不良的认知行为或习惯，进而培养他们的学习策略。例如，小学生在算术作业和测验中常会出现种种差错。这些差错往往是由于学生的不良学习策略或学习习惯导致的。如果我们有一套帮助学生纠正差错的技术和策略，学生就会养成良好的学习习惯，减少差错出现频率。

上海市宝山区教育学院开展了这方面的研究。

以四年级的四则运算为例，研究人员发现学生常犯的错误有四种类型：疏忽、不理解、混淆、错格和其他非智力型错误。在纠正时他们创造了一种可以操作的程序。这套操作程序被概括为"一找、二标、三订正"。一找，即找到并用线画出差错在何处（找到错误部位）以及何因（分析差错原因）；二标，即用符号标出错误的类型，如疏忽型错误用"？"标出，不理解型错误用"×"标出；三订正，即针对错误类型提出具体订正方法。

采用这套纠正差错的技术后，学生的错误行为被一套适当的程序所控制，既便于学生操作，也便于教师检查。实验证明，该套程序使实验班学生的计算差错率显著减少。

当然，在策略教学中，教师运用学习策略的水平、教师的策略教学经验和教学方法运用的恰当性等也会对学习策略的教学产生重要影响。

三、学习策略教学的方法

（一）学习策略的训练模式

如何把学习策略教给学生，促使学生掌握有效的学习方法和技巧，已成为学习策略研究和实践的重要方向。目前，关于学习策略的教学主要有以下三种模式。

1. 课程式教学模式

即所谓的学习策略教学的课程化，它通过开设专门的学习策略课程，讲授教与学策略的有关常识，包括教与学的模式、方法、手段等。

这种策略训练的基础在于学习策略本身具有一定的概括性和抽象性，它能够从具体的学习内容和情境中脱离出来，形成独立于具体认知任务和学习任务的策略方法。如适合任何课程学习的复述策略、精读策略、组织策略等。

这种模式的优点在于能够让学习者形成较为科学和系统的学习策略，有助于提高学习效率。不足之处在于，尽管研究者已经总结和提炼出了很多有效的学习策略，但是还没有形成能够实际采用的教材，目前很多所谓的课程式教学往往是一种专题式或者讲座式的策略知识普及，与课程的要求相差较远。另外，这类训练模式因训练时不与专门知识相结合，容易与学生的学习实际或教学进度脱轨，不少学生难以主动在相关的学习活动中应用，导致对学生特定知识领域的学习帮助不很明显。

2. 学科渗透式教学模式

该模式是指将学习策略的训练与特定学科的学习内容相结合，在具体学科知识的学习过程中传授学科学习的方法与技巧。如专门传授语文或数学学科学习方法与技巧的阅读理解策略和应用题解题策略就属于这种教学模式。学科渗透式教学模式可以贯穿整个教学活动，它要求教师在教学前就应该具有教与学的策略观，以教学策略为指导，进行备课、讲课、评课和听课、作业等。

这种教学模式由于所学的学习策略与学科内容学习密切结合，因此对学习效果的影响可以说是立竿见影。其不足之处在于策略来源于具体学科内容，易使学习者在具体学习之后将这些策略淡忘，难以形成系统的策略观，也不便于学习者把学科学习策略迁移并应用到其他学科的学习中去。

3. 交叉学习式教学模式

这种教学模式是为了克服前面两种策略训练模式的不足而设立的，往往是先简短独立地讲授学习策略，包括学习策略的意义、适用范围、条件及具体操作程序等，然后将它与具体的学科内容结合起来，根据具体学习情境的差异，要求并帮助学生把所学的策略运用于具体的学习活动中。

（二）学习策略的教学技术

尽管人们对学习策略的重要性已有深刻的认识，但目前学习策略在教学中并没有起到应有的作用。班杜拉（1986）相关研究表明，学习策略教学技术的不够完善，可能是导致教学过程中忽视学习策略教学的原因之一。加强学习策略的教学技术，应注意以下几点。

1. 注重元认知监控和调节训练

在加强学习策略教学的同时注重元认知监控和调节的教学是提高学习策略教学的有

效技术。元认知能意识和体验学习情境中各种变量间的关系及其变化，并导致感情活动的形成，而成熟的学习的调节与控制则能根据上述体验来监视并控制学习方法的使用，使之自始至终伴随学习过程并适合于新的情境下的学习。

戴（Day，1981）分析了四种教学技术：一是"自我管理"教学，仅让学生自己运用具体的学习方法（如如何写纲要）；二是"规划"教学，明晰地告诉学生如何使用具体的方法并示范；三是"规则"+"自我管理"的教学，即把上述两种教学方法结合起来的教学；四是"控制"+"监视"教学，接受这种方法的被试不仅被告知如何使用学习方法（包括有关学习方法怎样使用和何时使用的知识），而且知道何时和如何检查学习策略的使用（包括有关学习的监视与控制的知识）。实验结果表明，在上述四种教学中，第四种教学效果最佳，第三种次之，第二种再次，而第一种则没有取得明显的效果。

那么，如何才能有效提高元认知训练的效果？研究发现，元认知监控策略的有效教学可采取以下技术。

（1）出声思考（thinking aloud）。教师可以通过展示思维过程的方法来教给学生这种出声思考的技术。当教师处在思考解决问题计划和解决问题方案时，通过语言将自己的思考过程大声地讲出来，展示给学生，以便学生能够模仿教师所展示出来的思维过程。帕里斯卡尔等（Palinscar et al.，1986）提出的结伴问题解决法，也是一种十分有效的训练策略。其方法是，一个学生对另一个学生讲述解决某个问题的过程，特别是详细地描述自己的思维过程，其间同伴认真地听，注意讲述者的思维过程，并向他提出问题以使双方思维更明晰。同样在小组学习中，大家轮流扮演教师，对正在学习的材料进行阐述、提问及总结，也可以起到相同的效果。展示思维过程十分重要，因为学生需要一些用于思考的词汇表达自己的思维过程，模仿和讨论可以发展学生用于思维和陈述思维过程所需要的词汇，使用这些词汇表达思维过程，可以促进学生思维技能的发展。[①]

提出问题以使双方思维更明晰。同样在小组学习中，大家轮流扮演教师，对正在学习的材料进行阐述、提问及总结，也可以起到相同的效果。展示思维过程十分重要，因为学生需要一些用于思考的词汇表达自己的思维过程，模仿和讨论可以发展学生用于思维和陈述思维过程所需要的词汇，使用这些词汇表达思维过程，可以促进学生思维技能的发展。

---

① PALINSCAR A，BROWN A. Reciprocal teaching of comprehension – fostering and c omprehension – monitoring activities ［J］. Cognition and instruction，1984（2）：117 –175.

（2）写思考日志（keeping a thinking journal）。写思考日志是发展元认知能力的又一种方法，写日志的目的在于：反思自己的学习和思维过程，厘清思路，澄清混乱，思考并提出一些有价值的问题；促使学生学会学习，自己教自己，并在此过程中产生重要的顿悟；将学生的注意力从学校结构转移到自己的认知过程，有助于学生主动地控制自己的学习。

思考日志的内容包括学习的主要及重要内容；相关知识点和各知识点之间的联系；对不明确的、有矛盾的问题的思考；将一些容易混淆的概念列表对照、鉴别，并自己举例说明；对自己处理某一件事情的评价。

（3）计划和自我调节（planning and self-regulation）。教学过程要增加学生对做学习计划和自我调节学习过程的责任感。如果学生的学习是由他人计划和监控的话，那么他就很难成为一位积极有效的自我定向的学习者。做学习计划包括估计学习所需要的时间、组织材料，以及制定完成一项活动的具体的时间安排表等。在这个过程中，学生学会如何思考、如何向自己提问，这样能使学生逐步形成自我控制、自我检查、自我调节的能力。

（4）报告思维过程（reporting the thinking process）。让学生报告思维过程，发展他们的策略意识，有助于学习迁移的发生。报告思维过程可以采取以下步骤：一是教师引导学生对学习活动进行回顾，自己报告完成学习任务的思维过程和在这一过程中的感觉；二是将学生报告中提到的有关的思维方法进行分类，确认学生在学习中用到了哪些学习策略；三是让学生自己评价他们的成功与失败，抛弃那些不合适的方法，确定哪些是有价值的学习策略并总结推广运用，同时积极寻找生成新的学习策略。

（5）自我评价（self-evaluation）。学生对自己的学习过程或质量进行检查和评价，可以提高元认知能力。学生的自我评价可以通过自我报告和回答一系列关注思维过程的问题而逐步形成，直至养成自我评价习惯。当学生认识到不同学科的学习活动具有相似性时，他们就开始将学习策略迁移到新的学习情境了。

2. 有效运用教学反馈

传统的反馈研究已经证明，反馈能改进学习，提高学习的效果。学习策略的反馈研究也表明，如果降低训练的速度，增加反馈，使学生知道他们运用策略的不足之处，评价训练的有效性，理解学习策略的效应，或者体会到学习策略的确改善了他们的学习，学生就更有可能把学习策略运用于更为现实的学习情境中。里格尼等（1978）以一、三、五年级的学生为实验对象，发现当告诉他们学习的改进是得益于教给他们的记忆方法后，学生普遍保持了这种学习方法，改进了学习，并提高了在与原先的教学有些不同的条件下的学习效果。

3. 提供足够的教学时间

学习的调节与控制是否自动化、学习方法的使用是否熟练，是学习策略持续使用和迁移的条件之一。为此，提供给学生足够的策略训练的时间，使之达到自动化的程度也就非常有必要了。一些学者认为，只有当学生能够真正理解选择恰当学习方法的重要性，他们才可能运用策略进行学习。而要做到这一点，则必须提供足够的、长期的教学时间。

思考题

1. 什么是学习策略？人们对学习策略有哪些不同的看法？

2. 研究学习策略有什么意义？

3. 什么是监控策略？什么是元认知？

4. 计划策略和监视策略的含义是什么？如何运用？

5. 策略教学有哪些基本模式和技术？

本章荐读

1. 张大均：《教与学的策略》，人民教育出版社 2003 年版。

2. 陈琦、刘儒德：《当代教育心理学》，北京师范大学出版社 1997 年版。

3. 刘电芝：《学习策略研究》，人民教育出版社 1999 年版。

4. KING A. Effects of training in strategic questioning on children's problem solving ［J］. Journal of Educational Psychology, 1991, 3：307 – 317.

5. SWANSON H L. Influence of metacognitive knowledge and aptitude on problem-sol-ving ［J］. Journal of Educational Psychology, 1990, 2：306 – 314.

第五章

品德学习

【内容摘要】

品德形成过程是社会规范的学习过程。这是一种以情感学习为核心的包含知、情、意、行多种成分的整合性学习，实质是个体内化社会道德价值和规范、确立道德信念的过程。社会规范的学习与认知学习、运动技能学习并列为学生学习的三大领域，除了服从于学习的一般规律外，还有不同于认知领域学习、运动技能领域学习的一些特殊规律。本章内容分为三个部分，第一部分分析品德及其结构，品德与一些相关概念间的关系；第二部分介绍西方心理学主要理论派别关于品德形成的理论观点、研究事实及其教育意义；第三部分阐明儿童与青少年品德形成与发展的过程与内外条件。

【学习目标】

通过本章学习，帮助读者了解品德、道德等相关概念，熟悉品德形成的过程、品德培养的方法，以及道德发展理论对教育的启示。

【关键词】

道德　品德　品德形成　品德形成的理论　品德的培养

➡ 第一节　品德的含义及结构

一、品德与道德

（一）品德

1999 年版《辞海》的解释是："品德是'道德品质'的简称，在中国又称德行或品行、操行，它是指个人在道德行为中所表现出来的较为稳定的心理特征，是一定社会的道德原则和规范在个人意识和行为中的体现，因而是个人道德面貌的标志。"① 品德就其实质来说，是道德价值和道德规范在个体身上内化的产物。从其对个体的功能来说，如同智力是个体智慧行为的内部调节机制一样，品德则是个体社会行为的内部调节机制。品德，即道德品质，也称德性或品性，是指个体依据一定的道德行为准则行动时所表现出来的稳固的倾向与特征。

品德结构包含两个组成部分：一是动机部分；二是行为部分。前者体现的是个体规范行为的需要，是个体用于社会行为取向选择的机制；后者体现的是对规范行为的执行情况，即与需要相符合的行为方式。品德的这种结构和机能，实际上体现了个体对待事物的态度与方式。而这与"性格是人对客观现实的态度与习惯了的行为方式"② 是一致的，故品德可以被视为性格的一个方面，是性格中具有道德评价意义的核心部分。由此我们可以进一步认定品德也是人格（即个性）的组成部分。正是价值或态度内化的结果部分地形成了一个人的人格，其中与社会行为准则有关的价值或态度的内化结果就形成了他的品德。苏联心理学家包若维奇就是以其将品德作为个性（人格）的组成部分进行研究而受到关注的。

品德有以下特点。

一是稳定性。品德不是指某个人一时一地的道德行为表现。只有当一个人在不同的时期、不同的场合下都一贯地表现出良好的道德行为，我们才说他具有优秀的道德品质。例如，一个具有热心待人、乐于助人的良好道德品质的人，不但能帮助与其有特殊亲近关系的人，而且对与其仅有普通关系的人甚至素不相识的人也能伸出援助之手；不但在他人请求帮助时乐于助人，而且能够敏感于他人的需要并主动地关心他人；不但在物质上经常为人解难，而且在思想上、精神上给他人以支持和鼓励。

二是个别性。品德是个人的道德面貌，具有个别差异。虽然同一个社会群体中的人，遵循着大体相同的道德准则，但他们的品德表现则可能是千差万别的。例如，同样是具有勤奋、敬业的道德品质的人，仅仅由于其气质类型不同，他们的道德面貌可能各有特点：多血质的人表现出极大的工作热情；黏液质的人表现出非凡的韧性；胆汁质的人表现出说干就干的冲劲；抑郁质的人表现出认真细致、一丝不苟的作风。

三是自觉性。道德品质是道德动机与道德行为的有机统一。真正的道德行为是在道德

---

① 辞海编辑委员会. 辞海：1999 年版缩印本［M］. 上海：上海辞书出版社，2002：301.

② 莫雷. 教育心理学［M］. 广州：广东高等教育出版社，2000：305.

观念、道德信念的指导下所作的合乎道德规范的自觉行为。一个人在外界压力下作出的顺从行为，或者是在趋利避害动机下作出的社会行为，尽管符合道德规范，也不能视其为优秀品德的体现。而精神病患者的行为即使不符合道德规范，也不能称作不道德行为。

（二）道德

道德是由社会舆论和内心驱使来支持的、反映一定群体共同价值的社会行为规范的总和。人是群居生物，是高度社会化的物种，为了满足个人需要，求得自身生存，必须结成一定的关系。这是因为人的需要，无论是社会性需要还是自然性需要的满足，都必须依靠群体内成员之间，或各个群体之间的合作才能得以实现。由于道德与习俗紧密相连，因此"道德"有广义与狭义之分。广义道德是指一套依靠社会舆论、习俗制定与传承，并为传承此种社会舆论、习俗的人群所普遍认可的行为应当如何的规范，[①] 用以表征和传承某种或某套价值观，约束人的心理与行为，调节人与人之间以及人与万物之间的利益分配；狭义道德是指由社会舆论和内心驱使来支持的、反映一定群体共同价值的社会行为规范的总和。

道德有以下特点。

首先，道德具有社会性。卢梭在论述道德的起源时说："没有交换，任何社会都不能存在；没有共同的尺度，任何交换都不能进行；没有平等，就不能使用共同的尺度。所以整个社会的第一个法则就是：在人和人或物和物之间要有某种协定的平等。"[②] 正是人与人之间协定的平等导致了道德、法律的产生。可见，道德总是社会的道德。道德作为上层建筑的一部分，其内容是由一定社会政治经济发展的性质和水平决定的，具有鲜明的社会制约性。道德的功能是协调社会中人与人之间的关系，维持社会秩序的稳定。

其次，道德具有相对性。随着社会历史条件的变化而变化，不同的社会、不同的时代有着不同的道德准则，就是在同一个社会中，不同的社会群体可能认同不同的道德规范。在阶级社会中，道德从总体上说具有阶级性。随着社会变迁、社会制度的变革，道德规范不可避免地会发生相应的改变。

再其次，道德作为一种社会行为准则，是道德价值观的体现。道德不是一堆互不相关的行为规定，而是诸如公平、平等、权利、责任、诚信、尊重、仁慈、关怀、宽恕等价值观的具体体现。对道德规范遵守与否，通常会给他人或群体或整个社会带来利益或

---

① 王海明.道德哲学原理十五讲［M］.北京：北京大学出版社，2008：2.
② 卢梭.爱弥儿［M］.李平沤，译.北京：人民教育出版社，1985：240.

伤害，这使得我们能对当事人的社会行为或行为意向作出"善"或"恶"的评价。这是道德规范与习俗、风尚（例如服饰、发型的选择）等社会常规的不同之处，后者通常可被判断为"适当""不适当"，但一般不具有可以被判断为"善""恶"的属性。

最后，道德主要依靠舆论监督、社会反馈和个人内部自律、良心驱使来加以维持。遵守了道德规范会受到他人或群体的肯定或褒奖，个人会体验到道德上的满足；违背了道德规范会受到舆论的批评或谴责，个人会感到内疚与良心的责备。这与法律规范须由正式组织采用强制手段予以贯彻的情况是不相同的。

（三）品德与道德的关系

由上述定义可看出，品德与道德关系密切。

品德与道德之间的联系主要表现在以下方面。第一，品德的内容来自道德，个人品德是社会道德的组成成分，是社会道德在个体身上的具体表现，离开社会道德也就谈不上个人品德，同时，个人品德的发生发展与社会道德一样都受到社会发展规律的制约。第二，品德的形成不是由遗传获得的，而是在后天的社会条件中，主要是在社会道德舆论的熏陶和学校道德教育的影响下，在家庭成员潜移默化的道德感染下，通过自己的实践活动形成和发展起来的。用中国先人的话说，品德指个体心中所得到的"道"，即个体闻道（德）；而心有所得谓之（品）德，将品德视为个体的内在品质。第三，个人品德虽然不可避免地受到社会道德风气的影响，但是它对社会道德风气也能产生一定的反作用，事实上，社会道德本身就是由许许多多的品德集合构成的。特别是一些优秀代表人物的品德，作为一种道德品质的典范，往往能超越个体的存在，外化为社会道德，常常对整个社会道德风气产生十分深远的影响。品德虽与道德关系密切，但品德又不等同于道德。

品德与道德的主要区别在于：第一，道德是依赖于整个社会存在的一种社会现象，它依赖于整个社会的存在，却不以某一个体的存亡为转移；品德则是依赖于某一个体存在而存在的一种个体现象；第二，道德的内容反映整个社会生活的要求，特别是一定经济基础的反映，它的内容全面而又完整；品德的内容往往只是道德规范的部分体现，是社会道德要求的局部反映；第三，道德是一定社会生活的产物，道德的发展完全受社会发展规律的支配，它随社会的发展而发展；品德是社会道德在个体头脑中的反映，品德的形成和发展不仅受社会发展规律的支配，还要服从于个体生理、心理活动的规律；第四，道德是哲学、伦理学与社会学研究的对象；品德则是教育学与心理学研究的对象。

二、品德与社会规范

由于社会一定发展阶段中资源的有限性，在共同生活中的各个个体的需要及其满足方式，既有协调一致的一面，也有冲突和对立的一面。为了维护群体成员间正常的人际关系，促成成员间的互助合作，协调成员间的利益，解决成员间的冲突和纠纷，维护社会秩序的稳定，社会组织会通过约定俗成的方式，制定出要求其全体成员必须遵守的行为规范，这就是道德规范的产生过程。

品德是社会道德在个人身上的体现，品德是含义更为宽泛的"社会规范"的一个子类。社会规范是社会组织根据自身需要而提出的、用以调节其成员的社会行为的标准或准则，是社会对于其成员应该做什么、不应该做什么，应该怎么做、不应该怎么做的一种规定。法律、道德、习俗、风尚、团体规约、组织章程、学习纪律、操作规范、游戏规则、家庭生活规范等，都是社会规范的不同形式。这些社会规范可以按其涉及的价值标准、使用范围广狭、适用的活动领域、对个体行为约束力的大小、维持规范实施的手段等方面的不同，分为许多类别。例如，大群体规范与小群体规范；强制性规范与非强制性规范；成文的规范与不成文的规范；禁止性规范与倡导性规范等。

三、品德的心理结构

品德的心理结构涉及品德所包含的心理成分及其相互联系和制约的模式。探讨品德的心理结构不但可以深化对品德本质的认识，更重要的是为自觉地对儿童、青少年的品德进行培养提供依据。目前对这一问题的研究有两种思路：一是探讨品德的因素结构，侧重查明品德是由哪几种相互联系的因素或成分构成的；二是探讨品德的功能结构，侧重查明品德的各种成分是如何生成以及如何在各种内外条件的作用下完成道德决策和行为的。

（一）品德因素结构

品德的结构又称品德的心理结构，是指品德的组成成分，个体品德的结构体。道德品质的结构是作为个体心理现象的形式而言的，具有普遍性、规律性，不为时代、民族或阶级所决定。关于品德结构包含哪几种心理成分，历来有二因素说、三因素说、四因素说等多种观点，其间虽然有些差别，但并未构成真正的对立，因而实际上是可以相容的。

二因素说认为品德由知和行（道德认识和道德行为）构成，或认为由道德动机和道德行为构成。

三因素说认为品德包含道德认识、道德情感和道德行为三种成分，或认为包括认知、情感和行为倾向三种成分。

目前影响比较普遍的是四因素说。按照四因素说，品德包含道德认识、道德情感、道德意志和道德行为，即知、情、意、行四种成分。道德认识在道德行为中起定向作用。道德情感是道德行为的推动力之一，当道德认识和道德情感结合在一起成为推动个人产生道德行为的内部动力时，就成了道德动机。道德动机是道德行为的内部依据，道德行为是实现道德动机的外部手段。二者之间的沟通有赖于道德意志。

（1）道德认识。道德认识是指对社会道德规范及其执行意义这两方面的认识。道德观念、道德判断和推理、道德评价都是道德认识的表现形式。古今中外的思想家都非常强调道德认识对于人的德性的重要性。古希腊时期，苏格拉底就提出了"美德即知识"的命题。荀子在《劝学篇》中也说过"君子博学而日参省乎己，则知明而行无过矣"。只有"知明"，才能做到"行无过"，这是强调道德认识对于道德行为的指导作用。人的社会行为、道德行为不同于动物的本能行为的是，它的实现往往要求个人放弃得之于自然的许多便利，限制自己的本能欲求，而这只有在理性的指导下才能完成。因而人的道德行为总体上说是一种理性行为，总要涉及"理由"或"意向"。在道德心理结构中，道德认识是道德情感产生的基础，是道德意志产生的依据，对道德行为具有定向作用。

道德认识的结果是形成道德观念。由于道德认识是对道德行为准则及其执行意义这两方面的认识，而执行道德准则的意义涉及道德价值。因此，作为道德认识结果的道德观念实际是一种道德价值观念。形成道德价值观念，就是认识到涉及他人和群体利益的一些社会行为的价值高于另一些社会行为的价值，并且接受、承认这些价值，实际是要发展与其有关的道德需要。

（2）道德情感。道德情感是人的道德需要是否得到满足而引起的一种内心体验。具体表现为人们根据道德观念评价他人与自己行为时产生的内心体验；也表现为人们在道德观念支配下采取行动的过程中所产生的内心体验。

道德情感是产生和维持道德行为的重要动力之一。孔子提出的重要道德范畴是"仁"，"仁"的一个重要内涵是"仁者爱人"，强调的是道德情感在品德中的核心地位；他还注重诗歌、音乐在陶冶学生道德情感中的作用。苏联教育家苏霍姆林斯基也说过："道德情感——这是道德信念、原则性、精神力量的血肉和心脏。没有情感的道德就变成干枯、苍白的语句，这语句只能培养出伪君子。"①

---

① 苏霍姆林斯基. 帕夫雷什中学 [M]. 北京：教育科学出版社，1983：194.

道德感按其形式可分为：（1）直觉的道德情绪经验，它是由于对某种情境的感知而引起的；（2）与具体的道德形象相联系的情绪体验，它是通过人的想象发生作用的一种情感；（3）意识到道德理论的情绪体验，它是可以清晰地意识到道德要求为中介的情感（时蓉华，1988）。

（3）道德意志。道德意志是个人在道德情境中，自觉地调节行为，克服内外困难，实现道德目的的心理过程。道德意志是道德意识的能动作用，帮助我们把道德动机贯穿于道德行动之中。具体表现在：第一，使道德动机战胜不道德动机、利他动机战胜利己动机；第二，排除困难，将道德行为进行到底。道德意志尤其突出地表现在抗拒不良环境的诱惑、抑制不道德行为的过程中。

（4）道德行为。道德行为指在道德意向支配下表现出来的符合社会道德规范的行为。涉及道德行为方式和道德行为习惯。道德行为是实现道德动机、达成道德目标的手段，也是评价一个人品德的客观标志。这里的"道德意向支配"很重要，如果没有道德意向，没有利他的动机，只是单纯符合社会准则的行为，是不能视为道德行为的。另外，"道德行为"一语有时候在两种意义上使用：一是作为中性的概念，既包括符合道德要求的积极行为，也包括违背道德规范的消极行为；二是专指符合道德规范的良好的行为。为了区分，后者有时也被称为"道德的行为"。

应该注意的是，品德并不是道德认识、道德情感、道德意志、道德行为四种心理成分的叠加，而是在社会道德环境影响下，在个人的道德实践中，四种成分相互联系、相互制约而形成的复杂的、稳定的心理结构。其中，道德认识、道德情感以及由它们结合而构成的道德动机通常居于核心地位。品德结构中的任何一种成分既不能代替另一种成分，也不能决定另一种成分。因此，良好品德的培养，需要道德认识、道德情感、道德意志和道德行为等协调培养，忽略任何成分都会给学生的品德形成造成不利影响。

（二）品德的功能因素

章志光（1993）依据动力系统的观点，提出了包含生成结构、执行结构和定型结构的品德心理结构的设想①

所谓"生成结构"是指个体从非道德状态过渡到开始出现道德行为或初步形成道德性时的心理结构。这一结构的形成过程，是儿童在外界他人的评价、奖惩或自然后果强化的条件下，获得道德规范的行为经验、产生是非感、形成道德行为的定式或习惯的过

---

① 章志光. 学生品德形成初探［M］. 北京：北京师范大学出版社，1993：445–462.

程。这里所说的"道德性"是一个比品德更为广泛的概念,它包括稳定的道德品质尚未形成之前的个体道德状况,而品德则是道德性发展高级阶段的表现。

所谓"执行结构"是指个人在道德性生成结构基础上发展起来的更有意识地对待道德情境,经历内部冲突、主动定向、考虑决策和调节行为等环节的一种复杂的心理结构。它是道德性向品德过渡的一种形式。这一结构的第一部分是"道德认知——感情系统区",它包括道德观念、道德体验以及由此而生的道德信念、道德理想、价值观,乃至道德需要——动机等。这一"系统区"就其功能来说,既是道德知识的"信息库",也是对当前道德情境进行区分与筛选的"过滤器",判断事件的性质、确定个人的责任与态度及行动方向的"定向器",同时还是克服利己性需要动机的干扰、抉择行为方式并进行发动和制动的"调节器"。总之,这一部分是个人在道德情境中表现出高度自觉性与自律性的关键机制。执行结构的第二部分是在道德情境中个人从接收信息到产生道德行为的一个连续的心理过程,包括对道德情境或事件的注意与知觉;移情;作出道德判断,包括辨认事件的是非、善恶及卷入的必要性和紧迫性;形成责任意识与明确态度,其间可能发生动机冲突、代价和报偿的权衡;行为方式的抉择;意动的产生和道德行为的实现。这一过程的完成是否顺利,取决于上述"道德认知——感情系统区"的质量与功能水平。执行结构的第三部分是反馈回路。作出的道德行为会引起他人或社会的反响,行动者因此获得外部强化,也会通过自我强化和归因分析,取得新认识、新体验,从而巩固、扩展或修改原有的"道德认知——感情系统区",或导致执行过程的自动化。具体如图 5-1 所示。

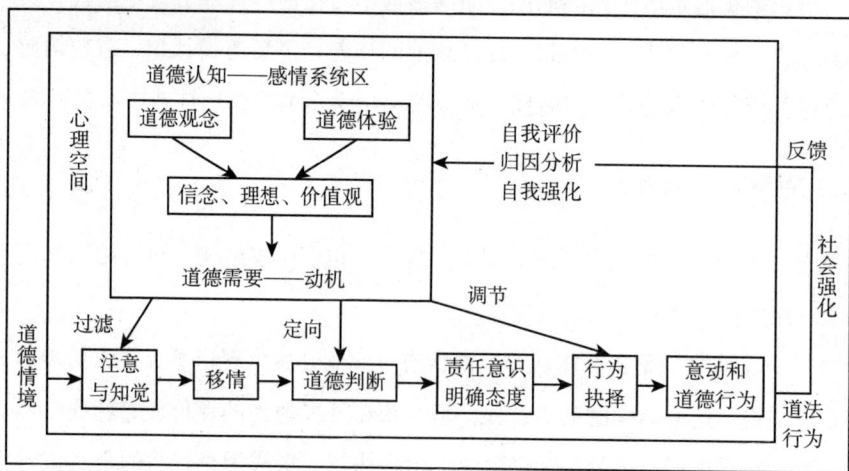

图 5-1　品德的执行结构

资料来源:莫雷. 教育心理学 [M]. 北京:教育科学出版社,2007:229.

所谓"定型结构"，指个体所具有的品德的比较稳定的心理结构。它是在执行结构基础上形成的，但具有更高的激活性、阶段简缩性和自动化功能。其实质是占优势的道德信念或道德动机，与作为其实现手段的一些习得的行为方式经过反复实践和强化，形成了稳固的联系。

关于品德心理结构的这一构想的特点在于，它是从品德形成的动态观点，探讨品德结构的内部心理成分如何在道德情境和社会反馈的作用下发生、发展的过程，以及在互相制约的关系中实现对人的社会行为的调节功能的。

第二节　品德的形成与培养

一、品德的形成条件与过程

（一）品德形成的一般条件

在品德形成的不同阶段有着不同的制约条件；对于品德心理结构的不同成分的形成，有着不同的影响因素。这里我们先讨论影响个人品德发展的一般的条件，包括主观条件和社会环境条件。内部主观条件有认知能力、交往的需要与合作经验、已有的信念等，外部的环境条件有社会环境的影响、社会反馈与强化等。

1. 一般认知能力

认知心理学家认为，儿童逻辑推理能力是其道德判断能力发展的基础。儿童从单方面服从权威的他律道德转向双方互相尊重的自律道德，与其思维的去中心化能力发展有关。个人道德成熟要达到依据公正、平等、人的价值等抽象的道德原则，而不是依据具体的道德律令进行道德判断的水平，显然要以其抽象逻辑思维的发展为基础。

2. 交往需要与合作经验

交往需要、归属需要是人的基本社会性需要。个人交往要获得成功，得到他人的认可和团体的接纳，就必须学习和遵循道德规范。在与成人、同伴的合作中，儿童了解他人的观点和感受，减少了自我中心倾向，提高了角色采择能力；同时也有机会获得自己行动的反馈，增强自己对道德准则的意义的理解。与成人交往相比，同伴互动更有可能促进儿童道德发展。

3. 个人原有的信念

就像认知领域的学习需要一定的知识基础一样，品德学习也需要已有的信念为基础。已有信念决定一个人在道德情境中选择什么信息，如何解释道德事件。已有信念与个人过去生活经历、替代经验、社会评价的一致性等有关。

4. 社会道德环境

社会道德环境、社会风气、日常生活中发生的道德事件以及舆论对它的评价，都对个体品德形成和发展产生直接的影响。其中榜样人物的行为及后果，对儿童青少年的道德发展有着重要影响。作为榜样的人物首先是父母、教师、同伴，此外，社会精英人物、社会公众人物、文艺作品的主人翁、社会传媒所宣传的人物等，他们的言行都会对青少年潜移默化地产生示范作用。其中有些人及其积极的或消极的行为，并非是有意作为榜样呈现的，但同样可能被观察者当作示范来仿效。榜样示范作用的大小，一是取决于榜样及其示范行为的特点，如榜样人物的地位、人格吸引力、与观察者主客观条件的相似性，以及示范行为的鲜明性、可行性、可信性等；二是榜样行为的后果，即示范行为是否受到奖励、是否受到集体或全社会的推崇。

5. 强化与惩罚

班杜拉（1977）谈到社会行为的直接强化、替代强化和自我强化。无论是亲历学习，还是观察学习，强化与惩罚都会对人的社会规范学习及其行为表现产生影响。

（二）品德的形成过程

国内有学者提出，品德的形成过程就是内化社会道德规范、道德价值，确立社会规范的遵从态度的过程（冯忠良，2000）。这一过程是逐步完成的，按内化水平不同，分为三个层次或阶段：对社会规范的依从、对社会规范的认同和对社会规范的信奉。这些阶段的实现依赖于不同的条件。

对社会规范的依从指对行为要求的依据或必要性尚缺乏认识，甚至有抵触的认识和情绪时，既不违背，也不反抗，仍然遵照执行。依从有从众和服从两种表现，是内化的初级阶段。依从行为具有盲目性（只是将依从行为作为获取安全需要的工具）、被动性（符合规范的社会行为是依靠外力推动而产生的，而不是依靠内在需要驱动的）、工具性（依从行为只是取得安全——避免因违背权威而可能带来的危险的一种工具）和情境性（依从行为只在某种压力情境下发生）。

对社会规范的认同指学习者在认识、情感和行为上与规范趋于一致，自愿对规范遵从的现象。认同分偶像认同与价值认同。偶像认同指因对某人或某团体的崇拜、仰慕等趋同心理而产生的遵从现象。价值认同指出于对规范本身的意义和必要性的认识而发生的对规范的遵从现象。认同的特点是遵从行为具有自觉性（符合规范的行为是出于自愿，有其认知和情感依据)、主动性(行为是内在驱动的、主动发起的)和稳定性(行为具有一定程度的跨越情境的一致性)。认同是对社会规范的接受及品德形成的一个关键阶段。

对社会规范的信奉是品德形成的高级阶段。此时,规范行为的动机是以社会规范的价值信念为基础的,形成了指导自己行为的价值复合体。信奉水平的特点是,规范行为具有高度自觉性、高度主动性和坚定性。

二、品德的培养

(一)品德培养的基本目标

品德是个体社会行为的内在调节机制,决定着个体在一定的社会情境中的价值取向和行为方式,集中体现为对人、对事、对己的基本态度。从教育心理学的观点看,价值取向和行为方式的选择是习得的。为了使儿童将来适应社会,具备社会所要求的伦理与德性,家庭与学校均有意安排学习环境、设计教学活动,希望在教育与学习过程中,使发展中的学生在待人、做事、律己等各种互动关系中,学会辨是非、分善恶、判真伪。这种教育实为品德的培育。其基本目标就是要求学生不做违反道德规范的事,养成独立自主、有所为有所不为的健全品格。

(二)品德培养的基本方法

学生的优良品德不是自发形成的,而是在人与人、人与群体、人与社会错综复杂的相互作用中形成和发展的。这一过程也经历了由简单到复杂、由低级到高级的矛盾运动。许多因素在此过程中发挥了作用,而品德培育就是对各种影响进行选择与调控,力求创设一种良好的环境和条件,使学生向社会所期望的方向发展。常用的品德培育的方法主要有以下几种。

1. 条件反应法

条件反应法是利用经典性条件反应和操作性条件反应的原理来进行品德培育的方法。借助经典性条件反应,在教学中,可以把"助人为乐""热爱集体"等类似道德要求与教师的赞许、同伴的羡慕、父母的疼爱联系起来,使学生形成对这些道德要求的积极态度。在操作性条件反应方面,教师通常可用的技术是适当地对学生的行为进行强化。当学生对某一对象作出了具体的积极行为时,给学生适当的奖励以增加该行为再次出现的可能性。如果学生对某一对象作出了消极行为时,给予学生一定的惩罚以减少该不良行为再次出现的可能性。许多教育心理学家认为,对学生的强化应该多用奖励手段而不用或少用惩罚手段。此外，在运用奖励手段强化时，要注意奖励的正确选择，以多次奖励但不引起迅速满足为原则，且不必时时运用物质奖励；还要注意把握奖励的时间间隔，对于期望的良好行为，最好立即给予奖励。

2. 自我强化法

自我强化法是个体以自我评价提供的信息为依据所作出的反应。这种反应可以是自我奖赏、自我鼓励，也可以是自我谴责、自我否定。① 在教育活动中，个体的这种自我强化常常是内隐的心理活动，如在心里对自己说"我得学习某人的优良品德"，"我怎么能够作出这种打扰他人休息的事"。自我强化能够影响个体的动机状态，对此运用得当，对道德教育活动会产生积极影响。与上面的条件反应法相比，品德培育的自我强化法更加注重个体的能动性，能够有效激发学生品德发展的积极主动性。同时，需要指出的是，品德培育作为一种教学活动，它终究离不开教师的引导和帮助。在品德培育过程中，如果能将自我强化法与教师的指导帮助结合使用，将会取得更好的效果。在自我强化法中，教师的指导帮助主要体现在帮助学生确认需要习得或者避免的行为规范（即自我强化的内容），同时在适当的情境中给予提醒与反馈。

3. 价值辨析法

价值辨析法也称价值澄清法。人们的价值观念往往是一种人们不能清醒意识到的内在价值，它难以用来指导人的行动。要让这些潜在的价值观念发挥作用，就要对它们进行辨析或澄清。辨析的过程可分为三部分：选择、赞赏、行动。因此，运用这一方法进行品德培育，教师要先诱发学生的价值陈述，但是教师对学生的思想、情感、信念等并不作判断，而是向学生提出问题，让他们思考自己的价值观念。此时，学生会对各种价值观念间的关系进行详细梳理，也在与别人交流价值观念的同时，揭示并解决自己的价值冲突。最后，根据自己的价值选择来采取行动。作为一种诱导性的方法，价值辨析法使个体将特定的团体经验渐渐转化为有关自我认识与自我觉知的一般观念。这一方法充分调动了学生自己的理性思维与情绪体验，使学生在慎重思考后的行为更加符合社会道德要求。

4. 群体讨论法

费尔普斯和科尔伯格（1967）认为，通过对道德两难问题的讨论，可以发展学生的道德判断能力，从而会有助于改变学生的行为。因此，要有效地培养学生的品德，教师可尝试使用群体讨论的方法。在使用这一方法时，要注意几个方面：讨论的内容应该是

---

① 岑国桢. 教育心理学［M］. 北京：中国人民大学出版社，2006：131.

能引起矛盾的道德问题；分组讨论时，各小组内学生的发展水平要不同，以便发现问题症结所在，同时可相互启发与触动自己原有的道德经验结构；教师要明确而清楚地说明要求，引导学生讨论。教师要注意启发学生思考，鼓励学生在讨论时考虑他人的观点或意见，协调与他人的分歧，使学生的道德认识水平、道德判断能力得到提高与发展。

5. 移情训练法

移情（empathy）是个体在对事物进行判断和决策之前，将自己放在他人位置上，考虑他人的心理反应，理解他人的态度和情感的能力。在品德培育过程中，移情是最具动力特征的因素。一方面，它是亲社会行为（如助人、分享等）的动机基础，能激发和促进亲社会行为的发展；另一方面，它作为一种替代分享他人情绪情感状态的心理过程，对侵犯行为甚至违法犯罪也具有显著抑制作用。[1] 移情是自我与亲社会行为之间的一个重要的中介变量，儿童在道德情境中的移情能力是他履行道德行为的一个必不可少的条件。因此，道德教育正日益重视移情的培养。研究表明，产生移情必须具备以下条件：一是对他人情绪表达的知觉；二是对他人所处的情境的理解；三是自己具有相应的情绪体验。[2] 因此，我们可以通过创设这些条件来进行移情训练，进而培养学生的品德。

6. 习惯养成法

道德行为习惯是指稳定的、经常的、在一定情境下自然而然出现的道德行为方式。养成良好的道德行为习惯能加强道德行为的自觉性、概括性和稳定性，这是由不经常的道德行为转化为稳定道德品质的重要一步。学生的道德行为习惯，是在生活和教育过程中经过反复练习和实践逐步形成的。道德行为习惯在新的情境中会发生迁移作用，能自动地按照已经习惯化的行为方式行动，从而使品德达到更高境界。培养良好的道德行为习惯需要注意以下几点：一是使学生了解有关行为的社会意义，产生自愿练习的愿望；二是创设重复良好行为的情境，避免重复不良行为的机会；三是提供道德行为练习与实践的良好榜样，让学生进行模仿；四是组织各种有益活动，使学生明确练习的目的和要求，并及时给予强化与反馈；五是要注意纠正不良的行为习惯。

第三节　品德的学习理论及教育启示

品德形成的心理学研究，自20世纪30年代皮亚杰对儿童道德判断的研究、梅和哈

---

① 陈琦，刘儒德. 教育心理学［M］. 北京：高等教育出版社，2005：351.
② 岑国桢. 教育心理学［M］. 北京：中国人民大学出版社，2006：108.

特肖恩（1946）的"诚实测验"研究开始，至今已有 70 多年的历史，出现了几种品德心理学理论。其中，认知派的道德认知发展理论侧重道德认知、道德判断方面的研究，强调道德判断和推理在道德品质形成中的作用；行为派的社会学习论侧重道德行为方面的研究，重视榜样、强化在促进学生道德行为发展中的作用；精神分析派则关注内疚、焦虑、良心等情感因素在品德中的作用。尽管这些理论各自关注品德结构的一些成分而对另一些成分有所忽略，但他们在个体道德规范的学习和道德品质的形成上都提出了一些很有价值的观点，其中许多观点还得到了实证研究的支持，对于增进人们对品德的了解及改善学校道德教育提供了许多有益的启示。

一、皮亚杰的道德发展理论

皮亚杰对儿童道德认知发展的研究成果主要集中在他 1932 年出版的《儿童的道德判断》一书中。他把儿童关于社会关系的认识、道德认知和判断看作道德品质的核心。他认为儿童道德认知发展不是来自生物成熟，也不是从环境中直接将知识内化，而是儿童通过与环境相互作用，将新知识与已有知识经验联系起来，对其所理解的经验不断建构来实现的。

（一）儿童道德认知发展：从他律到自律

皮亚杰是从儿童对规则的态度、对行为责任的判断、儿童的公正观念以及对惩罚公正性的判断几个方面对儿童道德认知发展过程进行研究的。①

1. 从单纯的规则到真正意义的准则

皮亚杰对儿童道德判断的研究是从考察儿童对规则的态度开始的。他不是研究儿童对从成人那儿接收到的道德准则的态度，而是研究儿童在玩弹子游戏时对游戏规则的态度。他和他的合作者分别同日内瓦 5～13 岁的孩子们玩弹子游戏，向儿童提出一些问题，如"这些规则是从哪里来的？""这些规则每个人都必须遵守吗？"以此来考察儿童的规则意识和对规则的执行情况。观察发现，年幼儿童虽然都说自己是按规则进行游戏的，而实际上却是各自按照自己的想象去执行规则，玩着"自己"的游戏，而不理会规则的规定。年长一些的儿童由于产生了真正的社会交往和社会合作，逐渐意识到有义务去遵从这些规则，只有在此时，单纯的规则才变成了行动的准则，规则才成为对儿童行动具有约束力的东西。

---

① 李伯黍，等. 教育心理学 ［M］. 上海：华东师范大学出版社，1993：27－34.

2. 从客观责任到主观责任

皮亚杰采用对偶故事法，研究儿童在面临一定的道德情境时，是如何对行为责任进行判断的，是从行为意向去判断，还是从行为结果去判断。对偶故事涉及过失行为和说谎行为。下面是两个对偶故事的实例。

[对偶故事一]

A. 一个叫约翰的小男孩正在他的房间里玩，妈妈叫他去吃饭。他走进餐厅时，门后有一把椅子，椅子上有一个盘子，盘子上有 15 个杯子。约翰推门时无意间碰到了盘子，打碎了 15 个杯子。

B. 有个叫亨利的小男孩，一天，妈妈出去的时候，他想偷吃饭橱里的果酱。他爬到椅子上去拿果酱，但是够不着。他使劲儿够，结果碰掉了 1 个杯子，打碎了。

[对偶故事二]

A. 有一个小孩叫朱利安，他的父亲出去了，朱利安觉得玩他爸爸的墨水瓶很有意思，于是就玩起来。后来，他把桌布弄上了一小块墨水渍。

B. 一个叫奥古斯塔斯的小男孩发现他爸爸的墨水瓶空了。在他的爸爸外出的那一天，他想帮爸爸把墨水瓶灌满，这样他爸爸回来时就能用了。但在打开即将空了的墨水瓶时，奥古斯塔斯把桌布弄上了一大块墨水渍。

针对以上对偶故事，要求儿童回答：这些孩子的过失是否相同，这两个孩子中哪一个更不好，为什么？

结果发现，年幼儿童往往根据行为造成的客观损失后果的大小来判断行为的严重程度，即注重行为的客观责任；8 岁以上的儿童则能够根据行为者的意向来判断行为，即注重行为的主观责任。这两种道德判断形式有部分重叠的现象，随着年龄的增长，主观责任感逐渐取代客观责任感而取得支配的地位。这一过程正是道德法则内化的过程。

3. 从服从的公正到平等和公道的公正

皮亚杰利用教师和家长偏爱顺从他的学生和孩子的日常事例，编制一些故事，要不同年龄的儿童对这种偏爱行为是否公平作出判断。结果发现，7 岁、10 岁、13 岁是儿童公正观念发展的几个重要时期。这三个阶段的儿童在进行公正判断时，分别以服从、平等、公道为标准。7 岁前的孩子认为听话的行为就是好的行为，按自己意愿行事就是坏的行为，分不清服从和公正的区别。10 岁左右的孩子认为平等（公平）的行为就是公正的。13 岁左右的孩子已能用公道、不公道作为道德判断的标准。这意味着他们已不是根据单纯的、僵化的规则来判断，而是考虑到他人的具体情况，出于同情和关心来作出道德判断。公道是一种高级的平等，是公正的高级形式。

公正观念的发展与儿童的社会交往和社会合作的发展有关。儿童的公正观念不能在成人的约束和强制的条件下得到发展，它的发展恰恰要以成人放弃约束和强制为代价。

4. 从抵罪性惩罚到报应性惩罚

皮亚杰以儿童日常生活中常犯的过错行为为内容，设计了一些惩罚的故事，每个故事后都提出了 2 ~ 3 种惩罚方式供儿童选择，以便了解在儿童心目中什么样的惩罚最公正？什么样的惩罚最有效？结果表明，年幼儿童认为犯了过错，遭到成人惩罚是理所当然的。所犯错误的内容与惩罚的性质可以无关，惩罚就是为了抵罪，最严厉的惩罚是最有效的。年长儿童认识到，犯错无须从外部施加强制性惩罚，因为过错行为本身就为社会或群体不容，会被同伴嫌弃。犯错的内容与惩罚的性质有着密切的关系。有效的惩罚应该是报应性惩罚。例如，损坏了别人东西，应该用赔偿来惩罚。从儿童在以上几个方面的道德判断的发展线索中可以作出这样的概括：儿童的道德判断发展趋向是从他律道德走向自律道德。年幼儿童道德判断属于他律道德，他们的道德判断具有强烈的尊重准则的倾向。在他们眼中，这些准则都是权威人物制定的，是不可改变的，如同自然法则，这是一种"道德实在论"。10 岁左右儿童的道德判断进入了自律道德阶段，此时儿童认识到社会准则是共同约定的，并不是绝对的，这是一种道德相对论。

皮亚杰认为儿童道德认知由他律水平逐渐发展到自律水平，取决于两个条件：一是认知的成熟，逻辑思维能力的发展，自我中心主义倾向的削弱；二是获得社会经验，在同伴间建立起真正的社会交往和社会合作关系，意识到彼此间的平等地位。

（二）儿童道德认知的发展阶段

皮亚杰根据研究事实，在他的《儿童的道德判断》一书中将儿童道德认知发展划分为四个阶段，这四个阶段的渐进更替，体现了从他律到自律的发展脉络。

1. 自我中心阶段

5 ~ 6 岁的孩子，基本处于无规则阶段，他们虽然已能接受外界的规则，但往往按自己的想象去执行规则，规则对于他的行动还不具有约束力，他还没有义务意识，在游戏中没有真正的合作。

2. 权威阶段

6 ~ 8 岁的孩子绝对地顺从权威，认为独立于自身之外的规则是必须遵守的，遵从权威的行为就是正确的行为。他们把规则看作固定的、神圣的、不可改变的，因而处于他律道德水平。

3. 可逆性阶段

9~10岁的儿童开始认识到规则是大家共同约定的，只要大家同意，规则也可以修改。儿童开始意识到自己与他人间可以发展互相尊重的平等关系，规则不再是权威人物的单方面要求，而是具有保证人们相互行动的、互惠的可逆特征，这意味着儿童开始进入自律道德水平。

4. 公正阶段

11~12岁进入形式运算阶段的儿童开始倾向于以公道、公正作为判断是非的标准。这也意味着他们能够根据他人的具体情况，基于同情、关心来对道德情境中的事件作判断了。

二、科尔伯格的道德发展理论

(一) 个体道德推理的发展阶段

费尔普斯和科尔伯格（1967）的道德发展阶段论是对皮亚杰的道德认知发展论的修正和完善。他改进了皮亚杰的理论和方法，经过多年研究，在20世纪60年代提出了他的道德发展阶段论。

科尔伯格采用道德两难故事法，考察儿童和青少年对一系列结构化的道德情境中的事实进行判断和推理的情况。道德两难故事指道德价值上具有矛盾冲突的故事，要求调查对象依据故事中的情节，在下述两者中进行选择：一是遵守规则、法律和尊重权威人物；二是为了满足人的需要，采取某些与这些规则和命令相冲突的行动。以下是一个道德两难故事的实例。

在欧洲，有一位妇女罹患癌症，生命危在旦夕。住在同一个镇上的一位药剂师新发明的一种药品有可能挽救她的生命。药剂师要价2000美元，十倍于它的成本。病人的丈夫海因茨四处求告亲友，筹借钱款，但最后也只借到1000美元。他恳求药剂师能否把药卖得便宜一些，或者允许以后归还余款。药剂师回答说："不，我发明这种药就是用它来赚钱。"海因茨在绝望中，于夜里破窗潜入药房，偷走了药。

你认为海因茨该不该偷药，为什么？法官该不该判他的罪，为什么？

科尔伯格用道德两难故事测试了十几个国家六七岁到21岁的被试。根据调查资料，通过研究，将儿童、青少年道德认知发展分为三个水平六个阶段，每个水平包含两个阶段。

水平一：前习俗水平（preconventional level）

着眼于行为的具体后果和自身利害关系来判断是非，儿童无内在的道德标准。判断一种行为是否适当，主要是看其能否使自己免于受罚，或让自己感到满意。

阶段1：惩罚和服从取向阶段。

以免去体罚与服从权力为道德判断的依据。凡是造成较大损害、受到较严厉惩罚的行为都是坏的行为。反之，一种行为即使是出于恶意，但如果未被觉察或未受惩罚那就不是错误的。因此本阶段儿童尚缺乏真正的是非观念。

阶段2：相对功利取向阶段。

以是否符合自己的需要和偶尔考虑到互利为道德判断的依据。尽管也会考虑到他人的利益，但多是出于利益交换原则，总希望得到的比付出的多，道德判断有较强的自我中心性质。

水平二：习俗水平（conventional level）

以满足社会舆论期望、遵循现行的社会准则和习俗、受到赞扬为道德判断的依据。本阶段的个体已经能够从社会成员的角度来思考道德问题。

阶段3：寻求认可取向阶段。

在处于本阶段的个人看来，一种行为是否正确，要看其是否被别人喜爱，取悦于人。个人愿意按照大家对自己的期望去行动，希望通过"做好人"来寻求认可。

阶段4：遵守法规取向阶段。

在本阶段，社会规范和法律代替了同伴群体的规范。对社会赞许的需求不再是道德判断的根据，更重要的是要遵守法规、尊重权威，尽个人责任和本分，维护社会秩序。

水平三：后习俗水平（postconventional level）

能够依据自己选定并遵循的伦理原则和价值观进行道德判断，认为不违背多数人的意愿、不损害多数人的幸福、不违背普遍的道德原则的行为就是最好的行为。处于后习俗水平的个人，已经超越现实道德规范的约束，达到完全自律的境界。

阶段5：社会契约取向阶段。

在处于本阶段的个人眼中，法律与道德规范是大家共同约定的，也是可以改变的。人人都有遵守法律的义务，但如果法律以牺牲人类权利和尊严为代价，则应该予以修改完善。

阶段6：普遍伦理取向阶段。

处于本阶段的个人，能够依据自己选定的基本伦理原则、个人良心办事。这些原则如公正、平等、人的价值等，都是抽象的，而不是具体的道德律令。法律条文如果与这些基本原则相冲突，就不应遵守，因为"公正高于法律"。

测查结果表明：大多数10岁以下儿童的道德推理处于阶段1和阶段2水平，10岁以后开始进入习俗水平；但仍有少数青少年以及青少年与成人罪犯停留在前习俗水平推理阶段；青少年和成人大都使用阶段 3 和阶段 4 的道德推理；只有大约 35% 的人在 16 ~ 25 岁之后才达到后习俗道德水平。

（二）对科尔伯格理论的批评

科尔伯格理论提出后，一些后续的研究支持科尔伯格的理论观点，也有一些研究对这一理论提出了质疑和批评。批评的意见主要涉及：道德判断的发展阶段并不像科尔伯格所说的那样有普遍性；科尔伯格的理论不具有跨文化的一致性。这个理论最初只在少数白人身上得到验证，其最高阶段反映了西方社会关于公正的理想，对置身于集体主义文化中的人们是不恰当的；科尔伯格的理论存在着性别偏见；科尔伯格的研究中使用的道德两难推理只涉及禁令取向的推理，而忽略了亲社会取向的道德两难情境的推理；年幼儿童对道德情境进行推理时所采用的方式往往比科尔伯格的阶段理论所描述的方式更成熟；科尔伯格的理论不够完整，过分注重道德推理而忽视道德情感和道德行为，而道德推理与道德行为之间的联系是相当弱的，至多只有中等水平的相关；有人指出科尔伯格理论对于阶段 6 的理论建构由于缺乏经验资料，是含糊可疑的，这一阶段的道德取向只是一种假想的观念，不具有文化普遍性。在这些批评意见中较有影响的是吉利干（1982）对科尔伯格理论仅仅关注公正道德的发展而存在性别偏见的局限性的批评。

三、道德发展理论对品德教育的启示

皮亚杰和科尔伯格的道德认知发展理论对于学校德育工作，无论是观点上还是方法上都具有多方面的启示。

（一）皮亚杰的道德认知发展论对德育的启示

第一，个人品德发展过程并不是其固有本性的自然展现过程，也不是外部道德灌输和奖惩直接内化的结果，而是在与人交往和合作过程中，通过积极的思维，对其道德经验进行建构的结果。这对于学校中常见的企图单纯依靠灌输、说教和奖惩而忽视儿童的活动，以及道德推理作用的道德教育具有一定的警示作用。

第二，道德发展是一个渐进的过程，不可能一蹴而就，这与儿童逻辑思维能力的发展、社会经验的获取有关。故应从认知和社会关系两个方面促进儿童道德发展。

第三，由于儿童道德发展是从他律走向自律，故在低龄儿童的道德教育中，可以先让他们遵守既定的行为规范，表现适当的行为；随着认知的发展成熟，逐步引导其加深对道德含义的认识。

第四，成人权威的强制性教育不利于儿童由他律道德向自律道德的转化；相反，自我管理、同伴合作、同伴间冲突问题的解决，以及成人同儿童沟通中的非权威态度，有利于发挥儿童的自主性，减少对权威的依赖，发展相互尊重的平等关系。

第五，鼓励学生参加道德问题的讨论，倾听他人意见，有利于他们摆脱自我中心主义的思维模式，打破原有认知平衡，促进其认知重组。

第六，处于他律道德向自律道德发展阶段的儿童，其惩罚观念也正处于从赎罪性惩罚向报应性惩罚过渡的过程中。故在对其错误行为进行惩罚时，应注意实施报应性的惩罚。例如，对于毁坏他人物品的学生，应让其赔偿；对于打骂同伴的学生，可以暂时中断同伴与其来往。

（二）科尔伯格的道德发展阶段论对德育的启示

第一，由于儿童道德判断和推理的发展是有阶段性的，对处于不同阶段的儿童道德教育的内容和方法应有所不同。对处于惩罚和服从取向阶段的学生，讲解遵守法规问题多半是没有好效果的。例如，为了培养学生遵守班级制度规章，对于前习俗水平的学生，可以向他们解释不遵守班级制度时将要受到的惩罚，或遵守制度有什么好处；对于习俗水平的学生，应使其认识到遵守班级制度既是同学认可的行为，也是自己应负的责任；对于后习俗水平的学生，可以让其根据社会普遍存在的原则，参与班级制度的制定。

第二，开展道德两难故事讨论，用矛盾的观点看待道德情境，有利于儿童道德推理能力的发展。利用假想的或真实的道德两难情境进行道德推理训练，可以使儿童学会综合考虑当事人的行为动机和行为结果，个人利益与社会责任，以及道德情境条件，经过权衡，作出适当的道德选择。也可以采用角色扮演的方法，让学生分别扮演海因茨和药剂师，对道德两难情境作出判断。

第三，按照"加一原则"提升儿童道德推理水平。科尔伯格从理论上提出，在引导儿童发展其道德认知能力时，一次只提升一个阶段。儿童与比自己高一个阶段，至多高两个阶段的人相互作用，可以有效地提高其道德推理水平。

思考题

1. 什么是品德？品德有什么特点？
2. 简述品德与道德的区别与联系。

3. 品德结构中包含哪些心理成分？这些成分之间的关系如何？

4. 简述皮亚杰的道德认知发展理论的主要观点。

5. 科尔伯格的道德认知发展理论中前习俗水平、习俗水平、后习俗水平的道德推理各有什么特点？

6. 比较皮亚杰和科尔伯格的道德认知发展理论的异同。

7. 道德认知发展理论对学校德育工作有何启示？

本章荐读

1. 班杜拉：《社会学习理论》，陈欣银、李伯黍译，辽宁人民出版社 1989 年版。

2. 李伯黍等：《教育心理学》，华东师范大学出版社 1993 年版。

3. 章志光：《学生品德形成初探》，北京师范大学出版社 1993 年版。

4. 岑国祯、顾海根、李伯黍：《品德心理研究新进展》，学林出版社 1999 年版。

5. 冯忠良、伍新春、姚梅林、王健敏：《教育心理学》，人民教育出版社 2000 年版。

6. 班杜拉著：《思想和行动的社会基础——社会学习论》，林颖等译，华东师范大学出版社 2001 年版。

7. 陈琦、刘儒德：《教育心理学》，高等教育出版社 2005 年版。

8. 罗伯特·斯莱文：《教育心理学：理论与实践》（第七版），姚梅林等译，人民邮电出版社，2004 年版。

9. BOZHOVICH L I, BLAGONADEZHDINA L V. Study of Motivation of Behavior of Children and Adolescents Collection of Articles ［M］. Moscow：Pedagogy, 1972：195 - 200.

10. SANTROCK J W. Educational Psychology（2nd ed.）［M］. New York：McGraw Hill, 2004.

第六章

学习动机

【内容摘要】

本章阐述了影响学习的重要因素——学习动机的相关概念、学习动机理论、学习动机的培养等方面的问题。本章首先介绍了动机的基本概念，以及和动机相关的概念，包括需要、驱力、好奇、习惯、态度、兴趣、意志、价值观、刺激和诱因等；接下来介绍了动机的分类和学习动机的分类；之后，从基本观点和在教育上的意义的角度，阐述了行为主义的学习动机理论、人本主义的学习动机理论、学习动机的成就动机论、归因论、自我效能论、自我价值论等学习动机理论；最后，通过分析教育环境的现实、有利于学习动机的理想条件等，提出了培养学习动机的基本原则和具体措施。

【学习目标】

帮助读者理解学生学习动机的基本特点及其影响学业的规律，掌握培养和激发学习动机的方法。

【关键词】

学习动机　学习动机理论　学习动机培养

➡ 第一节　学习动机概述

一、动机的性质及相关概念

（一）动机的性质

动机是指引起个体活动、维持已引起的活动，并指引该活动朝向某一目标的心理倾向。这里所谓的活动是指行为。维持着活动并朝向某一目标，是指个体行为表现的方式。指引该活动朝向某一目标，是指由动机引起的行为活动是有目标的；如目标不能实现，动机不能满足，该行为活动必将持续进行。

（二）动机的相关概念

如前所述，动机是外显行为的内在动力（或动因）。不过，在心理学中还有其他的很多术语，其含义与动机一词的概念有很多相似之处，甚至完全相同。这些术语也经常被用来说明行为的内在原因。

1. 需要与驱力

需要与驱力（或内驱力）（drive），在心理学上的用法有广狭两种含义。从广义上看，需要、驱力、动机三者含义基本相同，都是用来表达个体行为的内在原因或内在动力。从狭义上看，需要、驱力、动机三者的概念稍有不同。驱力多用来表明属于原始性的或生理的动机（如饥饿、性等）；至于需要的含义则不太确定，有时用来表示形成驱力的原因（如由渴而产生的驱力），有时用来表示各种不同的动机（如生理需要、成就需要、亲和需要等）。

2. 好奇与习惯

好奇是指促使个体对新奇的事物去观察、探索、摆弄、询问，从而获得对环境中各种事物的了解的一种原始性的内在行动。好奇一般被看成是人类（动物也好奇）求知欲最原始的内在动力，而且是与生俱来的，不需要学习。因此，好奇不但具有动机的意义，而且还与学习动机具有密切关系。

至于习惯，则有两种含义。一是指习得性的行为反应，它们是在生活中经长期练习而养成的。个体一旦养成习惯，在类似情境下，就会不自觉地出现类似的习惯反应。习惯反应不仅包括动作，还包括语言、思想、情绪表达等各方面。二是指习得性的动机。个体一旦形成习得性动机，在类似情境下就会出现某种行为活动，去追求满足，以消除内在的驱力所引起的不安。如吸烟、酗酒等达到成瘾的地步。这些不良习惯，既是外显行为，也是内在动机。

3. 态度与兴趣

态度是指个体对人、对事、对周围世界所持有的一种具有一致性与持久性的倾向。态度除了包含行为成分外，还包括情感与认知。正因为态度中含有认知与情感两种成分，所以对人对事的态度表现上也就有积极态度（他认为是对的，他喜欢，故而他支持）与消极态度（他认为是错的，他不喜欢，故而不支持）的区别。

至于兴趣，含义有两种。一是指个体力求认识、探究某种事物的心理倾向。兴趣也可由外显行为去推测；当有多种事物呈现在个体面前时，某事物特别引起个体的注意，就推知他对此感兴趣。二是兴趣与动机大同小异；两者的相同之处，是两者都可被视为引起个体行为的内在原因。例如，可以说学生因有求知兴趣而读书，因缺乏求知兴趣而逃学，这都是把学习兴趣与学习动机视为相同意义。两者不同的地方是，兴趣可看成动机的定向；而动机之所以定向，是由于行为后果获得动机满足。所以，培养读书兴趣的最有效方法是读书，读书而有心得，自然就会有读书的兴趣。

4. 意志与价值观

意志是人自觉地确定目的，并根据目的调节支配自身的行动，克服困难，去实现预定目标的心理过程。意志具有引发行为的动机作用，只是意志比动机更具有选择性与坚持性。意志可看成是人类独有的高层次动机。

至于价值观，是指个人自认（或社会公认）正当，并据以为判断是非善恶的标准；符合某种标准就判为有价值，不合标准则判为无价值。个人的价值观可用于对人和事物等各方面的判断。用在学校教育上，如某一学生认为求学读书一事没有价值，那就很难希望他具有很强烈的学习动机。不过，个人价值观并非一成不变，而是可以通过学习来改变的。

5. 刺激与诱因

诱因是指诱发个体行为的外在原因，外在原因所指的就是刺激。不过，并非任何刺激都可引起行为反应，只有个体曾经有过对该刺激反应的经验，因经验而产生了刺激与反应联结式的学习，以后该刺激再出现时，就可能引起个体的行为反应。这种因经验引起反应的刺激，就称为诱因。按刺激性质的不同，诱因可分为两类：凡是使个体趋向或接近的刺激，并能由接近而获得满足的诱因，就称为正诱因，如食物、玩具、金钱、考试分数等；凡是使个体逃离或躲避的刺激，并能由逃避而获得满足的诱因，就称为负诱因，如电击、苦药、罚单等。显然，正负诱因的概念相当于学校教育上经常采用的奖励与惩罚。

（三）动机的类别

行为的表现有多种形式，每种行为的背后均各有其动机。最普通的一种动机分类方式，就是把所有不同性质的动机归为两大类。一是生理性动机，指因个体身体上的生理变化而产生内在需要，从而引起行为的动机，如饥饿、渴、性等。生理性动机与教育的关系较少。二是心理性动机，指引起个体各种行为的内在心理原因。生理性动机多半与生俱来，不需学习；而心理性动机则主要经过学习获得。由此可以想到，求学、谋职、创业、社交、求名、求利等行为，其背后各有心理性动机。

二、学习动机及其分类

学习动机是指引起学生学习活动、维持学习活动，并指引学习活动趋向教师所设定的目标的心理倾向。

（一）根据学习动机的社会意义，可以把学习动机分为正确的或高尚的学习动机与错误的或低下的学习动机

判断学习动机正误或高尚与低下的标准是看它是否有利于社会和集体。如把学习看成是对社会多作贡献和应尽的义务，则是正确、高尚的学习动机；而把学习看成是猎取个人名利的手段，则是错误、低下的学习动机。但这种划分有时难以正确地掌握标准，因此，需持谨慎态度。对许多低年级的学生来说，他们可能并不理解什么是高尚的动机，他们可能就是为了一个好的分数或为获得父母的奖赏而学习的。因此，这种划分有简单化之嫌。

（二）根据学习动机起作用时间的长短，可以把学习动机分为直接的近景性学习动机和间接的远景性学习动机

直接的近景性学习动机是指由活动的直接结果所引起的对活动的动机，如学习是为了应付老师的测验或为博得老师的好评等。这种动机很具体，效果比较明显，但不够稳定，易随环境的变化而变化。间接的远景性学习动机是指由于了解活动的社会意义、活动结果的社会价值而引起的对某种活动的动机，如学习是为了实现个人对社会作贡献的远大理想而努力学习。这种学习动机既具有一定的社会性和理智色彩，又与个人的志向、理想、世界观相联系，因此，具有较强的稳定性和持久性，能在相当长的时间内起作用。

（三）根据学习动机的范围，可以把学习动机划分为普遍型学习动机和偏重型学习动机

具有普遍型学习动机的学生对所有学习活动都有学习动机；不但对所有知识性的学科都认真学习，就是对技能性学科甚至课外活动，也从不懈怠。而具有偏重型学习动机的学生只对某门（或某几门）学科有学习动机，对其他学科则不予注意。

学生的普遍型学习动机，未必是当时该班任课教师在短时间内教导出来的，而可能在学生以往的求学过程中，一直都是如此。我们老师都会注意到，有些学生小学六年一直都是班上品学兼优的好学生，这一类学生的求知读书的动机、兴趣、习惯、态度甚至意志与价值观等心理因素，都连成了一致性的系统，形成了他的一种独特性格。即使遇到工作态度不认真的教师，他也仍然认真学习。

至于偏重型学习动机，则主要是受学生学习过程中的学业成败或师生关系的影响而逐渐养成的。如果多门功课失败而只有一门成功，这种学生就可能只保留对这一门功课的学习动机。如果在师生关系中只获得某一位教师的关心爱护，这种学生很可能只对该位教师任教的科目有学习动机。

（四）根据动机产生的诱因来源，可以把学习动机分为内部学习动机和外部学习动机

内部学习动机是指诱因来自学习者本身的内在因素，即学生因对活动本身发生兴趣而产生的动机。具有内部动机的学生，活动本身就能使其得到满足，无须外力的作用，不必施以外部的报酬和奖赏而使之产生某种荣誉感。例如，孩子们从生活经验中知道木头和纸片可以浮在水面上，而小石子和钉子会沉在水底，但轮船那么大却可以浮在水面上，这些疑问推动他们去了解物体浮沉的奥秘，这就是内部动机。与此相反，外部学习动机是指诱因来自学习者外部的某种因素，即在学习活动以外的、由外部的诱因激发的学习动机。例如，学习是为了得到教师的表扬、父母的嘉奖，或是为了避免因学习失败而受到惩罚等。

三、学习动机对学习的影响

学习动机一旦产生，它就要发挥作用。学习动机的作用表现在两方面：一是对学习过程的影响；二是对学习结果的影响。

（一）学习动机对学习过程的影响

1. 对学习行为的启动作用

当学生因解决某种课题而缺乏有关知识或方法时，就会出现焦虑不安的内心紧张状态。为克服这种状态，就会驱使学生采取某种学习行为的原动力即学习动机，正是它使学生产生了学习新知识的行为。也就是说，对学生的学习来说，当学生有了学习需要，形成了学习动机，就会在学习前做好准备，集中精力在某些内容的学习上，从而较易启动其学习行为。

2. 对学习行为的维持作用

由某种学习动机激起的学习行为出现后，学习动机就像指南针一样指引着学生的学习行为，使已被激起的行为始终朝着既定的学习目标进行。动机的这种指向作用还可以表现为它可以增强学生对学习内容的注意，使学生朝向特定的学习任务，从而有助于学习效率的提高。学习动机是以学习目标为出发点的，它是推动学生为达到一定的学习目标而努力学习的动力。只有让学生懂得为什么学，学到什么程度，才会产生学习的力量。

3. 对学习过程的监控作用

在实际教学情境中，学生的学习动机和由之而激起的学习行为可能经常要受到来自学生自身和外部各种因素的影响，如学习目标的改变、学习兴趣的转移、外界要求的变化、诱因价值的变化等都会影响已出现的学习行为，影响学生学习的专注程度，影响其注意的分配，影响其付出努力的程度等。如果学生具有正确的、水平适合的学习动机，那么，由之而引起的学习行为的各个环节就会受到它有意或无意的调节和监控，排除来自内外因素的干扰，朝着既定的学习目标作出不懈的努力，直到实现目标。

（二）学习动机对学习结果的影响

由于学习动机对学习过程有着广泛的影响，这种影响最终会在学习结果上表现出来。学习动机对学习效果的影响可分为两个方面：一方面是总体上整个动机水平对整个学习活动的影响；另一个方面是具体的学习活动中学习动机对学习效果的影响。

首先，总体而言，学习动机越强，有机体对学习活动的积极性就越高，从而学习效果越佳。学习动机作为一种非智力因素，它对学习效果的影响并不是直接发生的，它必须通过学习者的学习行为这一中间环节才能作用于学习结果。学习行为除了受学习动机影响外，还受一系列主客观因素的影响。因此，学习动机只是影响学习结果的因素之一，而不是充分条件。影响学习的因素，除了学习动机之外，还有学生的智力、知识基础、学习方法、人格特征、身体及情绪状况等。总的来看，学习动机作为一种非智力因素，会对学习起促进作用。

不过，不能认为学习动机与学习结果是一种单向的影响关系，学习动机并非绝对是学习的先决条件，它与学习之间存在着显而易见的互为因果关系。成功学习的结果一方面是知识、技能的获得与掌握，另一方面是求知欲、自信心等心理品质的发展和提高。这些都可以大大满足人们的各种社会需要，如求知、自尊、获得他人赞扬等，并促使人们把通过进一步的学习以获得更高程度的满足当作一种新的、迫切的需要，从而产生强烈的学习动机。因此，当学生尚未表现出对学习有适当的兴趣或动机之前，教师没有必要推迟学习活动。对于那些尚无学习动机的，尤其是年龄较小的学生，教学的最好方法是把重点放在学习的认知方面而不是动机方面，致力于有效地教他们掌握有关知识，让他们获得成功的体验。学生尝到了学习乐趣，就有可能产生要学习的动机。

其次，对一项具体的学习活动而言，学习动机对学习效果的影响并不是那么简单。有时随着学习动机的增强，学习效果反而下降。例如，有些学生想上大学的动机过强，注意力和知觉的范围过分狭窄，记忆和思维也都受到影响，结果是一进考场便因情绪紧张而产生"怯场"现象，平时非常熟悉的问题这时也答不出来了。当然，一个人对学习持无所谓的态度，缺乏一定的学习动机也肯定是学不好的。因此，在具体的学习活动中，为使学习最有成效，就要避免过高或过低的动机。只有当学习动机的强度处于最佳水平时，才能产生最好的学习效果。已有的研究表明，在各种学习活动中存在一个最佳的动机水平。但最佳的动机水平并不是固定不变的，它随着课题性质的不同而不同。在比较容易的任务中，学习效率有随着学习动机的提高而上升的趋势。处于中等偏高的动机水平时，学习效率最好；在比较困难的任务中，学习效率反而会由于学习动机强度的增加而下降，中等偏低的动机水平时，学习效率最好；在中等难度的任务中，学习动机水平为中等时，学习效果最好。随着任务难度的不断增大，动机的最佳水平随之呈下降趋势，这一现象是由心理学家耶基斯和多德森（Yerkes & Dodson）于 1908 年通过动物实验发现的，心理学上称为耶基斯－多德森定律（见图 6-1）。

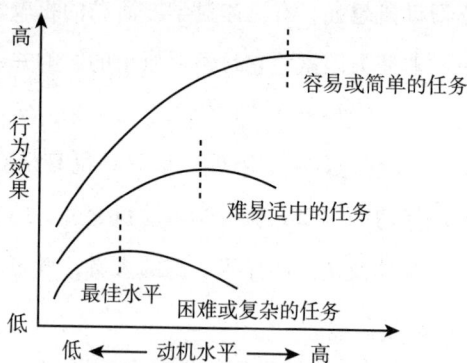

图 6-1 耶基斯－多德森定律

耶基斯－多德森定律找出了不同的任务难度水平上的最佳动机水平，这对我们有较大的启发意义，但这一结论是动物实验的结果，它未能考察学习者的能力水平在其中的作用，因此，对此结论应持谨慎态度。如对同样困难的任务，对低能力水平的学习者来说，其最佳动机水平是在中等偏低处，但对高能力水平的学习者而言，其最佳动机水平则可能在中等偏高处。

➡ 第二节　学习动机理论

不同的教育心理学流派对于学习动机，特别是引起学习动机的原因有不同的看法，即使是同一流派内不同的学者对学习动机也有不同的看法。本节将分别介绍行为主义学派、人本主义学派以及认知学派的有代表性的学习动机理论。

一、强化论

以桑代克（1998）、斯金纳（1999）为代表的行为主义心理学家不仅用强化来解释学习的发生，而且用强化来解释引起动机的因素。强化可以使人在学习过程中增强某种反应发生的概率，使刺激与反应之间的联结得到加强和巩固。按行为主义者的观点，任何学习行为都是为了获得某种报偿，因此，在学习活动中，采取奖赏、赞扬、评分、竞赛等外部手段可以激发学生的学习动机，引起其相应的学习行为。人们之所以具有某种行为倾向，完全取决于先前这种行为和刺激因强化而建立的牢固联系。如果学习行为受到强化，就会产生强烈的学习动机；如果学习行为没有受到强化，就会缺乏学习动机；如果学习行为受到了惩罚，就会产生逃避学习的动机。

强化论在学校教育实践中得到了广泛应用。用奖惩手段维持学生的学习动机，的确能收到立竿见影的效果，但强化论只重外在学习动机而忽视内在学习动机，忽视甚至否认了人的学习行为的自觉性、主动性，因而这一学习动机理论有较大的局限性。强化论的局限性主要体现在：（1）为分数、名次而学，不利于培养主动积极的求知热情；（2）多数学生没有成就感，用奖惩方式控制学习，学生自然会形成为趋奖避罚而读书的心态，但真正能获得奖励的学生只是少数；（3）阻碍学生人格全面发展，在实际应用中，奖优罚劣往往造成学生以追求高分（特别是学业考试成绩）为目的，素质全面发展的理想成了空想；（4）学生在应付考试的功利主义心态下很难形成良好的知识结构和能力结构。

二、自我效能论

自我效能论由班杜拉提出。该理论的基本观点是，当一个人面对一项挑战性工作时是否主动地全力以赴，取决于他对自我效能的评估。① 自我效能指个体根据以往多次成败的经验，确认自己对某一特定工作是否具有高度效能，即人们对自己是否能够成功进行某一成就行为的主观判断。当一个人面对一项挑战性工作时，是否接受挑战和全力以赴，受两个因素的影响：一是对工作性质的了解和掌握情况；二是根据经验对自己实力的评估，即自我效能评估。

班杜拉（1982）指出，一个人的行为受行为的结果因素和先行因素的影响，行为的结果因素即强化。他的"强化"概念与传统行为主义者的"强化"概念不同。他认为，在学习中没有强化也能获得有关的信息，形成新的行为，但强化能激发和维持行为的动机以调节、控制人的行为。行为的出现不是后效强化的结果，而是由于人认识了行为与强化之间的依存关系后对下一步强化的期望。对强化的期望即是行为的先行因素。班杜拉的"期望"概念也有别于传统的"斯望"概念。他认为，除了传统的结果期望外，还有一种效能期望。结果期望指人对自己某种行为将会导致某一结果的推测。如果个体推测到某一特定行为将会导致某一期望的结果，这一行为就会被激活和选择。效能期望是指个体对自己能否完成某项活动的能力的推测（或判断）。若个体确信自己有能力进行某一活动，他就会产生高度的自我效能，并会选择该项活动。只有当学生感到自己有能力完成学习任务时，才会努力去学习。学生的自我效能是其学习行为的决定因素之一，它具有四种功能：（1）决定个体对活动的选择和坚持；（2）影响个体面对困难的态度；（3）影响个体新行为的获得和已获得行为的表现；（4）影响个体在活动中的情绪状态。

影响自我效能形成的因素主要有以下几种。（1）直接经验，指个体以往从事同类工作的成败经验。成功能提高效能期望，失败则会降低效能期望。个体对成败的归因方式也会直接影响自我效能感的形成。（2）间接经验，指对别人成败经验的观察学习。个体的效能期望也来自观察他人的替代经验。（3）书本知识和别人的意见，指通过阅读或跟别人交往获得的经验。这种经验若得到直接经验和间接经验的支持，效果会更好。（4）情绪唤醒水平。高水平的唤醒会使成绩降低而影响自我效能感，而当人们不为厌恶的刺激所困扰时更能期望成功。（5）身心状况，个体对自己身心状况的评估也会影响其效能期望。

自我效能论克服了传统心理学重行轻欲、重知轻情的倾向，把人的需要、认知、情感结合起来研究人的行为动机，是动机理论的一大进步。该理论对于教育实践也有深刻

① BANDURA A. Self–efficacy mechanism in human agency [J]. American Psychologist, 1982 (37) 122 – 147.

启示。自我效能感对学生的学习行为有显著影响，因此，教师应注重对学生自我效能感的培养，以促进其设定合理的、能够实现的目标。在帮助学生设立目标时，教师应注意让学生感受到自己的进步，相信自己能够实现目标，对拟定的目标作出承诺并为实现目标而付出努力，这样学生就能提升自己的学业。具体来说，设定的目标应符合以下几点：（1）目标具体，且有明确的评估标准；（2）有一定的挑战性；（3）是通过努力可以实现的；（4）长远目标应分割为若干较易实现的子目标。此外，教师应强调学生在实现目标过程中的努力和坚持性。[①]

三、需要层次论

人本主义心理学的主要创始人马斯洛强调人类的动机是由多种不同性质的需要组成的，各种需要之间又有先后顺序和高低层次之分（见图 6-2）。该理论可以广泛解释行为动机和人格的发展问题。从教育心理学的角度看，需要层次理论不但对学习动机有精辟的解释，而且对其以后学习动机理论的发展有巨大影响。马斯洛认为，人类的众多需要，按其性质由低到高可分为七个层次：（1）生理需要——维持生存和延续种族的需要；（2）安全需要——受保护与免遭威胁、获得安全感的需要；（3）归属与爱的需要——被人接纳、爱护、关注、鼓励、支持的需要；（4）尊重需要——希望被人认可、关爱、赞许等维护个人自尊心的需要；（5）认识与理解的需要——探索、摆弄、试验、阅读、询问等，个体对不理解的东西寻求理解的需要，学习动机正是来源于这种需要；（6）审美需要——欣赏、享受美好事物的需要；（7）自我实现需要——在精神上臻于真、善、美合一的至高人生境界的需要，即个人理想全部实现的需要。[②] 各种需要之间不但有高低之分，而且有前后顺序之别，只有低一层次需要获得满足（或部分满足）之后，高一层次需要才会产生。需要分为两类。一是较低的四个层次的需要称为基本需要（缺失性需要），是由于生理或心理上缺失而导致的，是生存所必需的，必须得到一定程度的满足。而一旦得到满足，由此产生的动机就会消失或减弱。二是较高的三个层次的需要称为成长需要，非生存所必需，也非人人都具有，但对于人们适应社会有十分重要的意义。成长需要的强度不会因需要得到满足而减弱或消失，反而会增加。基本需要和成长需要相互制约、相互影响。一方面，基本需要是成长需要的基础，基本需要若未能

① 莫雷. 教育心理学 [M]. 广州：广东高等教育出版社，2002：271.
② 马斯洛在不同时间出版的著作中对需要的分层不尽相同，即有五层、六层和七层之别，这里采用近年来教育心理学家普遍认同的分层方法（Woolfolk，1993；Slavin，1991；Eggen & Kauchak，2006；Gage，1985），将之分为七层。因为，这一分法更便于解释学习动机问题。

得到满足（或部分满足），成长需要就不会产生；另一方面，成长需要对基本需要有引导作用，特别是居于顶层的自我实现需要，对以下各层次需要都具有潜在的影响力。

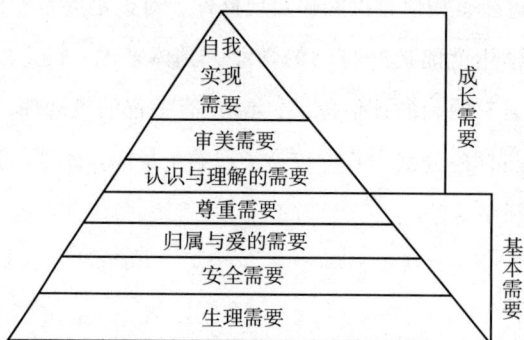

图6-2 马斯洛需要层次理论

根据需要层次理论，家长和教师应注重为学生创设良好的成长环境，学生只有在各种缺失性需要都获得满足后，才会不断成长，达到自我实现的理想境界。在现实的学校生活中，学生最主要的缺失性需要往往是爱和自尊，只有民主、公正、理解、爱护、尊重学生的教师，才有可能使学生产生学习的热情、克服困难的意志和创造的欲望。

需要层次理论将外部动机与内部动机结合起来考虑对学习行为的推动作用，具有一定的科学意义，被心理学界誉为最完整、最系统的动机理论。但它忽略了个体本身的兴趣、好奇心等在学习中的始动作用。

四、成就动机论

"成就动机指个人在主动参与事关成败的活动时，不畏失败威胁，自愿努力以赴，以期达成目标并获致成功经验的内在心理历程。"[1] 人们对成就动机这一概念下的定义虽不尽一致，但其共同之处有三点：（1）成就动机促使人追求较高的目标；（2）成就动机促使人以较高的水平达到其目的；（3）成就动机促使人追求成功并回避失败。[2] 简言之，成就动机是个体追求成就的内在心理倾向。

成就动机理论的代表人物是默里（Murray）、麦克莱兰（MeClelland）和阿特金森（1963）。默里最早提出成就需要的概念，并把它定义为克服障碍，施展才能，力求尽快尽好地解决某一难题的需要。他认为成就需要是人格的成分之一。[3] 麦克莱兰（1953）

① 张春兴. 教育心理学——三化取向的理论与实践 [M]. 杭州：浙江教育出版社，1998：394.
② 张大均. 教育心理学 [M]. 北京：人民教育出版社，1999：89.
③ MURRAY H A. Explorations in personality [M]. New York：Ford University Press, 1938：177.

对成就需要进行了一系列实验研究，并将其发展称为成就动机理论。在此基础上，阿特金森进一步研究了成就动机的实质、发生发展及测定，并用数学模型来说明成就动机。他认为成就动机由两种性质相反的成分构成：追求成功的意向和回避失败的意向。个体在面临活动任务时，这两种力量通常同时起作用（见表6-1和表6-2）。

表6-1   追求成功和回避失败两种意向的作用模式

条件	求成意向 > 避败意向	求成意向 < 避败意向	求成意向 = 避败意向
结果	趋向成就活动	迟疑退缩	心理冲突

表6-2   追求成功和回避失败两种意向的影响因素

意向	影响因素	表达公式
追求成功的意向（T_s）	达到成功的动机强度（M_s）、成功的可能性（P_s）和成功的诱因值（I_s）	$T_s = M_s \times P_s \times I_s$ $I_s = 1 - P_s$
回避失败的意向（T_{af}）	回避失败的动机强度（M_{af}）、失败的可能性（P_{af}）和失败的诱因值（I_{af}）	$T_{af} = M_{af} \times P_{af} \times I_{af}$ $I_{af} = 1 - P_{af}$

成就动机的总强度等于追求成功的意向与回避失败的意向之差，用公式表示为

$$T = T_s - T_{af} = M_s \times P_s \times I_s - M_{af} \times P_{af} \times I_{af}$$

当 $M_s > M_{af}$ 时，T 为正值，且当 $P_s = 0.5$ 时，成就动机最大；相反，当 $M_s < M_{af}$ 时，T 为负值，且当 $P_{af} = 0.5$ 时，成就动机最小。如果 $M_s = M_{af}$，T 为 0，这时不会出现追求目标的行为。

根据成就动机理论，成就动机高的人追求成功的倾向大于回避失败的倾向（$T_s > T_{af}$），成就动机低的人追求成功的倾向小于回避失败的倾向（$T_s < T_{af}$）。成就动机水平不同的人在选择目标和完成任务上也不同。成就动机高的人倾向于选择难度适中的任务，通过完成具有挑战性的任务提高其自尊心和获得心理上的满足；成就动机低的人倾向于选择非常容易或者非常难的任务，选择容易的任务可免遭失败，选择过难的任务，即使失败也能找到借口以减少失败感。麦克莱兰（1953）用实验证实了这一点。实验结果表明：追求成功的被试选择距离木桩远近适中的位置，而回避失败的被试选择距离木桩的位置不是非常近就是非常远。

需要说明的是，成就动机不是学生学习活动的唯一动机。因此，有的人 T 为负值或 0 时也会努力学习。

成就动机理论把人的动机的情感方面与认知方面统一起来，用数学模型来简明地表

达，揭示出了影响成就动机的一些变量和规律，并用大量的实证研究证实和检验了其理论假设的合理性和客观性，在动机理论研究上取得了突破性进展。但成就动机的理论模型还不够完善，有缺陷，如过分重视内部因素的作用而忽视了外部因素的作用，成就动机与整个人格特征的关系尚缺乏充分的研究。

五、归因论

美国心理学家韦纳（1972）提出的归因理论（attribution theory），既是解释学习动机最系统的理论之一，也是最能反映认知观点的动机理论。该理论集中于研究个体在行为之后，对自己行为结果成败的认知解释。韦纳（1985）认为，个体对自己的行为及其结果有了解的动机，个体解释自己行为后果时的归因是复杂的，这种归因将影响其今后类似行为动机的强弱。韦纳（1985）实证研究发现，人们通常将自己行为结果的成败归为以下六种原因：能力强弱、努力程度、任务难易、运气好坏、身心状况和其他（除前五种因素外的外部影响因素，如别人的帮助、教师的教学水平、评分是否公正等）。这六种因素又分别纳入原因来源、稳定性和可控性三个维度。原因来源指个体认为导致其行为成败的原因是来自个体内部（内控）还是外部（外控）。能力、努力及身心状况三项属于内控因素，任务难易、运气好坏及其他三项属于外控因素。稳定性指个体认为导致其成败的因素是否稳定。能力和任务两种因素是相对比较稳定的，而其余四种因素都不够稳定。可控性指个体认为导致其成败的因素能否受个人意志控制。努力程度是受意志支配的、可控的，其余各种因素都是不可控的。将失败归因于内部、稳定、不可控的因素时最消极，会产生习得性无助感，使人的动机水平降低，并产生认知障碍、情绪失调。不同的成败归因对个体动机及行为的影响如表 6 - 3 所示。

表 6 - 3　　　　　　　　不同的成败归因对个体动机及行为的影响

成败	原因来源		稳定性		可控性	
	内部	外部	稳定	不稳定	可控	不可控
成功	产生自豪感，动机增强	产生侥幸心理	产生自信心、动机增强	产生侥幸心理	积极争取成功	不会增强动机
失败	产生羞愧感	生气	产生绝望感	生气	积极努力	产生绝望感

综上所述，韦纳（1985）得出三个基本结论。（1）当个体将成功归因于能力和努力等内部因素时，会产生骄傲、自豪感，增强自信心和动机水平；将成功归因于任务容易、运气好、别人帮助等外部原因时，则满足感较少。当个体将失败归因于能力弱、不

努力等内部原因时，会产生愧疚感；将失败归因于任务太难、运气不好或教师评分不公正等外部原因时，则较少产生愧疚感。无论成败，归因于努力比归因于能力会产生更强烈的情绪体验。努力而成功会让人感到愉快，努力而失败的人也应受到鼓励，不努力而失败会让人感到愧疚，这与我国传统的观点是一致的。（2）在取得同样的成绩时，能力低者应得到更多的奖赏。（3）能力低而努力的人应受到最高评价，而能力高但不努力的人则应受到最低评价。

国内学者（陈琦和刘儒德，1997）在研究中得出与韦纳相似的结论，并归纳出我国学生的特点：（1）中学生理想的归因模式按主次顺序排列为努力、方法、能力、教师水平、家庭环境、任务难度和运气；（2）重点班学生更多考虑能力因素，普通班学生更多考虑努力程度；（3）评价别人注重努力程度，评价自己注重能力因素；（4）总体上，重努力因素胜于重能力因素，但随年龄增长，对能力因素越来越重视。

韦纳的归因理论在教育上的意义在于它能从学生的观点显示出学习成败的原因。了解学生的自我归因可预测其今后的学习动机。学生的自我归因未必正确，却十分重要，教师应注意了解和辅导。长期消极归因有碍学生健康成长。教师的反馈是影响学生自我归因的重要因素，学生的自我归因并不完全以考分高低为依据，在很大程度上受到教师对其成绩的评价和态度的制约。

韦纳的归因理论是对成就动机理论的重要发展，该理论阐明了认知对成就动机的重要作用。韦纳对成败的原因按照三个维度进行分类，具有高度概括性；其研究结论既有科学性，又有实践价值，为教育实践提供了可行的方法和途径。但该理论也有不足。首先，人对行为结果的归因是复杂多样的，六因素三维度归因是否能完全解释人类的归因尚待验证；其次，按照哪些维度对归因进行分类也值得进一步研究；最后，在可控性上，努力程度是否就完全可控，其他因素是否就不可控，也有争议。因此，对各种原因的稳定性和可控性都应持辩证的观点去看待，且不同原因的稳定性和可控性并非截然分为相对的两极。

六、自我价值论

科温顿（Covington）提出的自我价值论（self-worth theory）是从学习动机的负面着眼，探讨有的学生"为什么不肯努力学习"的问题。[1]

---

① COVINGTON M V. The self-worth theory of achievement motivation: Findings and simplications [J]. Elementary School Learning, 1984 (85) 5-20.

　　科温顿认为，自我价值感是个人追求成功的内在动力，学生自幼就体验到成功使人感到满足、自尊心提高、产生自我价值感，而成功的需要使人克服困难，因此，能力、成功、自我价值感三者之间就形成了一个前因后果的连锁关系：能力使人成功，成功使人产生自我价值感。多次经历之后，对自我价值感的追求，自然就成了个人追求成功的内在动力。学生之所以肯努力学习追求良好的成绩，是因为他希望从求学成功的经验中提升其自我价值。遗憾的是，学生往往视成功为能力的展现，而非努力的结果。将成功归因于能力可使人感到更大的自我价值。但成功者永远是少数，学生为了维护自我价值或逃避失败的痛苦，就在心理上形成一种应对考试成败压力的对策：不承认自己能力差，也不认同努力即可成功，以达到既维护自我价值又可逃避失败的目的。这就是科温顿学习动机自我价值论的中心论点，它可用来回答"为什么学生有能力但不用功读书"的问题。

　　科温顿认为，学生对能力与努力的归因随年级升高而变化。研究发现：（1）低年级学生一般相信努力是好学生的首要条件，且认定聪明的学生都更努力；（2）他们相信凡是努力的都是好学生，努力会使人更聪明；（3）他们相信教师喜欢努力的学生，都向"努力才是好学生"的标准去认同；（4）他们虽然将能力与努力看得同样重要，但考试失败后并不感到羞愧；（5）小学高年级（五、六年级）学生在具备多次竞争的成败经验后，对能力与努力两个因素与成败的关系有了新的看法，不再把努力和能力看得同等重要，认为努力而获得成功表示能力低，能力低的人才努力。高年级学生认同能力而不认同努力的态度，就是他们学习动机降低的原因。

　　学生在长期的经验中体验到，付出极大努力后仍然失败时，会感到羞愧和痛苦，而且会因怀疑自己的能力不如别人而丧失自尊心和自信心；反之，未经努力且遭到失败则心理上受到的挫折较小，而且自己还可用"未努力"来掩饰和安慰自己。因此，学生为了逃避努力之后仍然失败带来的羞愧与痛苦，不认同努力是成功的原因，但又担心教师对他存有不努力的坏印象而影响其成绩，于是想出种种办法来应对：在教师面前摆出一副努力的样子，但不必太认真；最重要的是随时准备好一套说辞为自己辩护，用以取得教师的谅解（Covington，1983）。

　　科温顿的自我价值论有助于对学校现实问题的解释。其研究结果显示，学校教育存在着两个严重的问题：一是能力强的学生未必有强烈的学习动机；二是学生的学习动机随年级的升高而降低。埃克尔斯等（Eccles et al.）曾收集1964～1983年有关学习动机的专题研究，根据对25篇重要研究文献的分析发现，不但学生对知识性科目（数学、语文等）的学习动机逐年递减，就是对学校的态度、自我观念等人格因素也都随年级升高而向负面发展。^① 因此，学校教育应着眼于教育目的，实实在在帮助学生在课业上获得成功而免于失败。自我价值论的意义就在于把指导学生认识学习目的、培养学生的学习动机视为学校教育最重要的目的。

科温顿的自我价值论以实证研究为基础，得到了许多后续研究的证实，有一定的科学价值，且切中教育中的现实问题，有极强的实用价值。但还缺乏系统完整性，从总体上看，它仅仅是成就动机理论和归因理论的补充。

第三节 学习动机培养

学习动机是在好奇心的基础上，通过后天环境和教育的影响逐步形成的，它不仅是学习的推动力量，而且也是一个人比较稳定的个性特征。学习动机复杂多样，不同的学习动机在培养方式方法上也应有差别。这里我们着重介绍成就动机、成败归因及自我效能感的培养。

一、成就动机的培养

科尔布的实验研究结果表明，训练不仅能够提高学生的成就动机水平，而且能够提高学生的学习成绩。^② 此后，在北美出现了许多以中小学生为对象进行的成就动机训练。近年来，我国教育界也开展了一系列成就动机的研究和实际训练。

成就动机的训练一般采用直接训练和间接训练两种形式。直接训练指学生直接接受研究者的训练；间接训练指教师先接受研究者的训练，再去训练学生。

成就动机的训练过程通常可分为以下六个阶段。

（1）意识化。与学生谈话、讨论，使他们意识到与成就动机有关的行为。

（2）体验化。开展游戏或其他活动，让学生体验成功与失败，了解目标与成败的关系、成败与情感的联系，特别是了解为了取得成功所必须掌握的行为策略。

（3）概念化。让学生在体验的基础上理解与成就动机有关的概念，如成功、失败、目标等。

---

① ECCLES J, Midgles C, Adlee T. Grade – related changes in the school environment：Effects on achievement motivation ［M］. In J. Nieholls（Ed.），Advance in motivation and achievement（Vol. 3）. Greewich，CT：JAI Press，1984.

② KOLB D A. Achievement motivation training for underachieving high – school boys ［J］. Journal of Personality and Social Psychology，1965（2）783 – 792.

（4）练习。在实际操作上是（2）和（3）的重复，多次重复可以使学生将感性知识与理性知识紧密地结合起来，不断加深体验和理解。

（5）迁移。让学生把学到的行为策略应用到专门设计的特殊学习场合，这一学习场合要具备自选目标、自己评价、能体验成败等条件。

（6）内化。使取得成就的要求内化为学生自身的需要，学生可以自如地运用所学到的行为策略。

国内研究者（隋光远，2005）用定性和定量相结合的研究方法对中学生学业成就动机归因训练的效果进行了追踪研究。结果显示，与对照组相比，受训者在任务选择、行为强度和坚持性方面均表现出较高水平，成功期望较强烈，对成功或成就倾向于做能力、努力归因。这表明成就动机归因训练对改善动机具有长期效果。①

二、成败归因训练

归因训练的基本假设是，只要学生相信努力将带来成功，就会坚持不懈地努力学习。因此，归因训练的关键在于使学生反复体验学习的成败，同时引导他们学会并养成将成败的原因归于努力与否的归因倾向。归因训练的过程一般分为四个阶段：（1）了解学生的归因倾向；（2）创设情境，让学生在活动中取得成败体验，特别是要让学生体验到努力就能取得成功；（3）让学生对自己的成败进行归因；（4）引导学生进行积极归因，即增强学生对下一次活动成功的期待，引起良性的情绪体验，并由此对下一次成就行为产生有积极影响的归因方式。归因训练不能一蹴而就，对后三个阶段要反复练习，训练时间从三天到两个月不等。在此期间按照训练程序和训练课程，有针对性地采取说服、讨论、示范（观察学习）、强化矫正等方法进行训练，逐渐使学生形成积极的归因倾向。为了使训练结果长期保持并迁移到其他学习活动中去，还应在训练后找适当的时机进行多次强化训练，才会取得良好的效果。

归因训练的作用被许多研究所证实。德韦克曾对一些数学成绩差而又缺乏自信心的学生进行了训练，其做法是让他们解一些数学题，如果答对了则告诉他们这是努力的结果，如果不会做则告诉他们是努力得还不够。经过训练后，学生不仅形成了努力归因，而且增强了学习信心和积极性，学习成绩也提高了。② 申克认为，在归因训练中，一方

① 隋光远. 中学生学业成就动机归因训练效果的追踪研究 [J]. 心理科学，2005（1）52–55.
② DWECK C S. The role of expectations and attribution in the alleviation of learned helplessness [J]. Journal of Personality and Social Psychology, 1975（31）674–685.

面要使学生感到自己的努力不够，把失败的原因归因于努力因素；另一方面要对他们的努力给予反馈，让其知道因努力而获得了相应的结果，使他们感到自己的努力是有效的，这样才能使学生坚持努力去取得成就。[①] 国内研究者杨秀君和孔克勤（2005）以初中生为被试进行了归因训练的实验研究，也得出了类似的结果：归因训练可以帮助学生的归因向积极方向转化，有助于提高学习成功感，并可以促使学生的行为向积极的方向转化。[②]

有些学生在学习上的困难仅靠努力是不能克服的，如果他们用了最大的努力仍然不能取得进步，就会陷入更大的无助感之中。因此，不分条件、对象，把学习上的成败全都归因于努力程度并不合适，甚至还可能带来一定的负面影响。研究发现，当学生学习失败时，引导他们把失败归因于学习方法不对比归因于努力程度不够更能提高学习积极性。因为把失败归因于学习方法，既可以使学生继续努力，又能使他们考虑如何增强认知技能、掌握正确的学习方法、使用各种学习策略和养成良好的学习习惯。因此，应重视学习方法的归因训练。

总之，归因训练的目的不在于帮助学生找出造成学习失败的真正原因，而在于增强学生学习的信心和积极性，把学生引导到努力学习和讲究学习方法上去。

三、自我效能感的培养

自我效能感的培养应从影响自我效能感的因素入手。

(一) 直接经验培训

直接经验对自我效能感的影响最大。通过加强直接经验，培养学生的自我效能感应注意以下三点。(1) 不断成功的经验会使人建立起稳固的自我效能感，而且还会泛化到类似情境中去，多次失败的经验则会降低人的自我效能感。(2) 除能力因素外，一些非能力因素（主要是任务难度、努力程度、外力援助等）也会影响自我效能感的建立。如果任务难、努力程度不够且无外力援助，则成功会增强自我效能感，而失败却不会降低自我效能感；反之，成功则不会增强自我效能感，而失败会降低自我效能感。(3) 个体的成败归因方式对自我效能感形成有直接影响。根据以上三点，在对学生进行训练时要

---

① SCHUNK D. Self-efficacy perspective on achievement behavior [J]. Educational Psychologist, 1984 (19) 48－58.

② 杨秀君，孔克勤. 抱负水平指导和归因训练对提高学习成功感的影响研究 [J]. 心理科学，2005 (1) 99－103.

选择难易适中的任务，并引导学生通过努力去获取成功，成功后要引导和帮助他们对成功作出积极的归因。

（二）间接经验培训

当学生看到与自己水平相仿的示范者取得了成功，就会增强自我效能感，认为自己也能完成同样的任务；反之，若示范者失败了，就会降低自我效能感。间接经验对自我效能感的影响是通过两种认知过程实现的：一是比较，即学习者把自己与示范者进行比较，参考其表现来判断自身的效能；二是信息获取，即学习者从示范者的表现中学到了有效解决问题的策略、方法，或了解到解决问题的条件，从而增强自我效能感。

间接经验培训的要点是：（1）示范者与学习者的一致性程度要高；（2）示范行为真实可靠且难度适中，学习者经过努力能成功；（3）示范的行为有价值，能激起学习者模仿的积极性。

（三）说服教育

说服教育即通过书面或口头说服性的建议、劝告、解释及自我引导等方式来增强学生的自我效能感。该方法使用简便，被广泛应用。使用时应注意：（1）要选择在学生心目中有地位、受尊重的人；（2）说服要有可信度，令学生心悦诚服；（3）要用学生的直接经验或间接经验来支持说理。

申克以算术成绩极差的小学高年级学生为被试进行自我效能感培训研究。在为期一周的训练中，每次训练先让学生自学教材，然后由示范者演示如何解题，示范者在解题时一边算一边大声说出正确的解题思路，最后让学生自己解题。在学生自己解题之前，让他们把所有的题看一遍，并判断自己有多大把握解出每道题，以此了解学生解题的自我效能感。结果表明，通过培训，学生的自我效能感逐渐得到增强，而且解题的正确性和遇到难题的坚持性也都得到了提高。①

思考题

1. 什么是学习动机？它对学习结果有何影响？

2. 内部学习动机和外部学习动机的区别与联系是怎样的？

3. 强化动机理论的主要观点是什么？在教学中应如何利用该理论激发学生的动机？

---

① SCHUNK D. Self-efficacy and school learning [J]. Psychology in the School, 1985 (22) 208-223.

4. 需要理论的基本观点是什么？在教学中应如何提高学生的自我效能感？

5. 成就动机理论的主要观点是什么？在教学中应如何激发学生的成就动机？

6. 归因理论的基本观点是什么？应如何引导学生进行积极而正确的归因？

7. 学生的自我效能感对其学习行为有何影响？如何通过目标的设定来提高学生的自我效能感？

8. 现实中我们可以看到，有些学生虽然聪明，但是不爱学习。从自我价值论的角度应该如何解释？

9. 培养学生的学习动机应该遵循什么样的原则？

10. 通过什么样的方法可以培养学生的内部学习动机？

11. 通过什么样的方法可以培养学生的外部学习动机？

本章荐读

奥苏贝尔的学习动机分类

根据学校情境中的学业成就动机，奥苏贝尔把学习动机分为认知内驱力、自我提高内驱力和附属内驱力。认知内驱力是指要求了解、理解和掌握知识以及解决问题的需要，这种动机指向学习任务本身（为了获得知识），满足这种动机的奖励（知识的实际获得）是由学习本身提供的，属于内部动机；自我提高内驱力是指个体因自己的胜任或工作能力而赢得相应地位的需要，自我提高内驱力并非直接指向学习任务本身，而是把成就看作赢得地位与自尊心的根源，属于外部动机；附属内驱力是指个体为了获得长者（如家长、教师）的赞许或认可而表现出把工作、学习做好的一种需要，是一种间接的学习需要，属于外部动机。

在儿童早期，附属内驱力最为突出；到了儿童后期和少年期，附属内驱力的强度有所减弱，来自同伴、集体的赞许和认可逐渐替代了对长者的依附；到了青年期，认知内驱力和自我提高内驱力成为学习的主要动机。

（参见奥苏贝尔，等. 教育心理学：认知观点 [M]. 佘星南，宋钧，译. 北京：人民教育出版社，1994：610－612）

第七章

问题解决与创造力培养

【内容摘要】

问题解决是一种高级形式的学习活动，它是对不同类型知识的综合运用。创造性是个体利用一定内外条件，产生新颖独特、有社会和个人价值产品的心理品质，是个体差异和个性化的重要表现，同时也是个体获得成功的一个重要因素。本章将阐述问题解决的概念及相关的理论模式，介绍问题解决的过程与通用模式，并重点介绍创造性的概念，以及创造力培养的方式方法，以期为促进学生创造性的发展和培养提供心理学依据。

【学习目标】

帮助读者通过学习掌握问题解决的策略和技巧，并发展创新思维和创造力，以解决现实和复杂的问题。

【关键词】

问题解决　问题解决过程　创造力　创造力培养

➡ 第一节　问题解决

一、问题与问题解决

（一）问题及其分类

1. 什么是问题

"学问"一词表明，有"学"便有"问"，有"问"才有"学"。那么，什么是能催生"学问"的问题？如前文所述，无论是加涅将学习按水平从低到高依次分为连锁学习、辨别学习、具体概念学习、定义概念学习、规则学习与解决问题的学习六种类型，还是奥苏贝尔将意义学习由简到繁分为符号表征学习、概念学习、命题学习、概念和命题的运用、问题解决与创造五种类型，其内都蕴含一个共通的精义思想：应将问题解决和概念与原理的简单应用或在熟悉情境中的应用区别开来，因为后两种应用的结果并不能让人习得新的概念、新的规则（包括高级规则）或新的解决问题的策略。所以，现在教育心理学界一般认为，"问题解决"的英文是"problem solving"，这里讲的问题是指疑难问题（problem），即给定信息与目标之间有某些障碍需要被克服的刺激情境。它只能是那些通过一定的思维方式、间接运用已有知识来解决的情境，而不是指个人直接运用已有知识（即仅凭记忆）就能解决的问题（question）。例如，"你吃早餐了吗"这类问题你只要从记忆中提取出信息即可，无须思维活动的参与。这类问题用英文表示是简单问题（question）。而"早餐为什么有利于身体健康"这类问题，你记忆中未必有现成的答案，于是你感到困惑，设法寻求问题的解决，这就产生了问题解决的思维活动。这类问题才是难题（problem）。信息加工心理学家（Newell & Simon，1972）认为，所有的问题都含有三个基本要素或成分：（1）一组给定的已知条件。也就是一组已知的关于问题条件的描述，其中一般包含不完全的信息或令人不满意的状态，这是问题的初始状态。（2）期望达到的目标。指关于构成问题结论的描述，也就是问题要求的答案或目标状态。（3）障碍。在给定的已知条件与期望达到的目标之间存在一些障碍，解决这些障碍的方法不是显而易见的，必须通过一定的思维活动才能找到答案，达到目标状态。这三部分加在一起定义了问题空间（problem space）。你可以将解决问题看成走出迷津（问题空间），从你所在的位置（初始状态）到你想要去的位置（目标状态），做一系列的转弯（允许的操作）。

2. 问题的种类

为了便于人们认识不同问题的不同性质，进而采用不同的措施予以解决，根据不同的标准，心理学家将问题分为不同的类型。个体一旦知道问题有不同的类型，在有选择的情况下，便可根据自身条件选择那些自己最善于应对的问题去解决它；若无法选择，则要有针对性地加强训练，提高自己解决问题的能力。

（1）界定清晰的问题与界定含糊的问题。根据问题的明确程度，可分为界定清晰的问题（well-defined problem）和界定含糊的问题（ill-defined problem）。界定清晰的问题是指初始状态（initial state）、目标状态（goal state），以及由初始状态如何达到目标状态的一系列过程都很清楚的问题。界定含糊的问题是指问题的初始状态或目标状态没有清楚的说明，或者两者都没有明确的说明，这些问题具有很大的不确定性。

（2）对抗性问题与非对抗性问题。根据在问题解决时问题解决者是否有对手，可分为对抗性问题（adversary problem）与非对抗性问题（non-adversary problem）。在解决对抗性问题时，人们不仅要考虑自己的解题活动，而且还要考虑受对手解题活动的影响，如象棋、围棋、桥牌、扑克等游戏都属于对抗性问题。非对抗性的问题是指解决问题时没有对手参与的问题，如解决代数问题、几何问题等都属于非对抗性问题。

（3）语义丰富的问题与语义贫乏的问题。根据在问题解决时解题者具有的相关知识的多少，又分为语义丰富的问题（semantically rich problems）和语义贫乏的问题（semantically impoverished problems）。如果解题者对所要解决的问题具有很多相关的知识，这种问题称为语义丰富的问题。如心理学家解决心理学方面的问题，这种问题对他们而言就是语义丰富的问题。假若解题者对要解决的问题没有相关的经验，这种问题对他们而言就是语义贫乏的问题。

（4）常规问题与非常规问题。按照解决问题的手段可以将问题划分为常规问题和非常规问题。常规问题是指那些用常规手段即可以解决的问题。只要问题解决者按照人们惯用的手段和方法，按固定程序操作就能够使问题得到解决。解决常规问题主要依赖从他人那里模仿得来的方法和手段。非常规问题是指那些需用非常规手段才能解决的问题。非常规问题的特点是不能按照人们惯用的解决问题的方法和程序予以解决，而必须寻找新的方法和程序解决问题。解决常规问题虽然不能直接创造价值，但它却是积累经验、建构合理的认知结构所不可缺少的。常规问题对于培养人的思维习惯甚至积累创造能力都是非常必要的。而且人们不理解或不能解决常规问题，也就不可能很好地解决和把握非常规问题，因为常规问题与非常规问题的区分本身就是相对的。

（5）封闭性问题与开放性问题。将问题分为封闭性问题和开放性问题是按照解决问题的答案是否唯一划分的。封闭性问题也叫闭锁性问题，是指解决的问题只有唯一固定的答案。开放性问题是可以有多种答案的问题。封闭性问题培养学生的集中思维，开放性问题则培养学生的发散思维。集中思维和发散思维都是创造思维所必需的两种互补性思维。但目前中国教育中过多地看重集中思维或求同思维而忽视发散思维或求异思维，这是必须努力改善的。

（6）呈现型问题、发现型问题和创造型问题。美国芝加哥大学心理学教授盖泽尔斯曾经按层次和水平将问题分为呈现型、发现型和创造型三类。呈现型问题是一些给定的问题（由教师或书本提出），答案是现成的，求解的思路也是现成的，问题解决者只要按图索骥就能获得标准答案，不需要也没有机会去想象或创造。因此，布鲁纳（1960）将"呈现型问题"称为"虚假性问题"。因为问题解决者不能主动参与建构问题，并且这类问题的答案常常是唯一的，容易压抑求异、质疑的精神，妨碍创造性的发挥。发现型问题是一些由问题解决者自己提出或发现的，而不是由教师或教科书给定的问题。发现型问题虽然并不一定产生创造性见解，这种问题也并没有超出人类认知的视野，但要通过学生自己的独立思考才能获得。因此，它比呈现型问题的层次更高，也更有价值，训练学生思维的主要是这类问题。创造型问题是人们从未提出过的问题。爱因斯坦所说的"提出一个问题比解决一个问题更重要"，指的就是这类问题。爱因斯坦相对论的创立就是从这样一个问题开始的——如果我以光速 C 和光线一道运动，我观察到的光线是不是仍将是静止在空间的振动着的电磁波呢？在爱因斯坦之前从未有人提出这样的问题，这一问题本身就具有科学创新的价值，是对牛顿以来经典物理学的一次突破。

(7) 真问题与假问题。从真与假（或伪）的角度看，问题有真伪之分。真问题指现实生活里真实存在的问题。一旦找到真问题并予以解决，将会增进人们对该问题的认识和增强解决类似问题的能力。正如李政道所说："一个人想做点事业，非得走自己的路。要开创新路子，最关键的是你会不会自己提出问题，能正确地提出问题就是迈开了创新的第一步。"① 假问题指现实生活里本不存在，而是个体虚拟出来的问题。解决假问题不但不能增进人们的认识，还会浪费人的心智资源。遗憾的是，目前一些学生在做研究（如毕业论文）时，不去努力观察、体验生活，不去认真追踪本学科研究的最新发展动态，只关起门来"闭门造车"，找一些假问题作为自己的研究选题。

（二）什么是问题解决

问题解决是指人们在日常生活和社会实践中，面临新情境、新课题，发现它与主客观需要的矛盾而自己却没有现成对策时，按照一定目标，运用各种心智操作，使问题获得解决的过程。问题解决通常是经过思维的中介作用而达到的。

问题解决的历程固然因问题的难易与问题解决的人数等的不同而有一定的差异，但不论学习的领域如何，也不论问题的情境怎样，仍有相同之处；换言之，问题解决具有四个基本特点：(1) 指解决初次遇到的新问题。如果不是第一次试行解答，而是第二次、第三次甚至多次解答过，就称不上问题解决，只能说是一种"练习"。(2) 目的指向性。问题解决具有明确的目的性，它总是要达到某个特定的终结状态。(3) 一系列的心智操作过程。问题解决的过程必须将以前的知识重新组织，经过一系列的心智操作过程才能完成。如果仅仅是照套学习过的原理就能解答，则只是一个原理和概念的具体运

① 卞毓方. 管窥李政道 [J]. 读者，2010（22）18.

用，不能算作问题解决。（4）问题一旦解决，人的问题解决能力将有所提高，能获得新概念、新规则（包括高级规则）或新的问题解决策略，它们在以后的问题解决或学习中可以直接加以运用，而不需再重复其证明过程。可见，问题解决是一种高级形式的学习。

二、问题解决的模式

（一）20 世纪 80 年代之前的问题解决模式

1. 教育学家关于问题解决模式的见解

1910 年杜威（Dewey）在其著作《我们怎样思维》一书中，按逻辑分析提出了解决问题的五步模式。第一步，困惑。开始意识到问题的存在，产生困惑感。第二步，诊断。识别出问题，确定疑难的关键所在，并将之进行界定。第三步，假设。收集材料并对之整理，提出各种解决问题的可行方案，形成种种假设。第四步，推断。对各种假设分析评鉴，推断种种假设可能出现的结果，接受和拒绝试探性的假设，并从中选择最佳方案。第五步，验证。进行验证，证实、驳斥或改正假设，形成和评价结论。① 杜威的五步模式是从人类特别是学生的问题解决的实验与教学中概括出来的，虽然受到一些学者的中肯批评，但杜威的"五阶段说"在当时冲击了以知识传授为主的教育模式，强调让学生行动起来，在做中学，从而受到教育界人士的广泛重视。同时，"五阶段说"描述了问题解决的一般过程，且简便易行，具有较强的可操作性，产生了巨大、持久的影响。

2. 心理学家关于问题解决模式的见解

在许多心理学家看来，问题解决的过程实际上也就是学习过程，因此，前文所讲的桑代克所主张的尝试错误说和柯勒所主张的顿悟说都可看作问题解决的模式。稍后，英国心理学家华莱士在 1926 年提出了与杜威见解类似的四阶段模式，经常被引用于创造性问题解决的过程中，这四个阶段分别是准备阶段、酝酿阶段、明朗阶段和验证阶段。此后 40 余年的时间里，心理学家关于问题解决的研究进展甚小。导致出现这种情形的内因主要是，早期的心理学研究者缺乏学习分类观，混淆了人的学习与动物学习的区别，以及人类低级学习与高级学习的区别，自然不能有效地研究问题与解决问题。随着 20 世纪 60 年代以来对学习分类研究的不断深入，人们逐渐清晰地意识到人的学习与动

---

① 杜威. 我们怎样思维. 经验与教育：2 版［M］. 姜文闵，译. 北京：人民教育出版社，2005：88 – 93.

物学习之间的异同以及人类低级学习与高级学习之间的异同，认识到不同类型的知识在解决不同问题过程中的不同作用，进而将问题作了简单问题（question）与难题（problem）之分，从而使问题和问题解决的研究有了新突破。

（二）20 世纪末关于问题解决的模式

1. 信息加工的问题解决模式

从信息加工视角研究人类问题解决的三位代表性人物是纽威尔、肖和西蒙，他们在1958 年建构了"通用问题解决程序"。他们认为，问题解决就是搜索问题空间，寻找一条从起始状态通向目标状态的道路，或应用算子（operator）使起始状态逐步过渡到目标状态。信息加工理论将问题解决看成信息加工系统最初的信息经过加工转换成最终的信息状态的过程。信息加工理论从信息加工转换的角度来分析问题解决的过程，对人们理解问题解决的本质是有一定意义的，但毕竟人类信息加工与计算机信息加工还是有本质区别的。所以现代认知派心理学家兴利除弊地发展了自己的观点，他们既不利用动物也不借助于计算机，而是研究人类解决某类问题的实际过程。他们并非仅仅停留在对表面现象的描述上，而是在认知层次上，在综合试误说、顿悟说和信息加工论的基础上，使用诸如"认知结构""图示激活""问题表征"等术语对问题解决的各阶段进行更深入的描述，更真实地反映了人类解决问题的动态过程，对问题解决技能的培养和教学具有更好的指导意义。

2. 吉尔福特智力结构问题解决模式

1986 年美国著名心理学家吉尔福特在智力三维结构模型的基础上探讨了人类问题解决全过程。他在《创造性才能》一书中提出了智力结构问题解决模式（structure of intellect problem – solving model）。这一模式是以记忆储存为基础，因为记忆为问题解决的心理操作提供各种信息，记录问题解决过程中的各种情况，并且对其不断进行评价。在记忆储存的基础上，来自环境和来自身体的信息经注意过滤器后，利用记忆储存对进入大脑的信息进行认知，即辨别其存在，认识其性质。然后找出问题解决的办法，即运用求异与求同两种思维形式。来自记忆储存的许多信息沿途都在受到评价，因此，在获得理想的问题解决办法之前，可能会有一系列循环往复的过程。这个模式的突出特点不仅在于它以智力结构模型为基础，结合信息加工过程，还在于它将问题解决和创造性有机地连在一起，使其成为一种有独特价值的问题解决模式。

（三）问题解决的通用模式

从上述几个富有代表性的问题解决模式中可以看出，早期心理学家所关注的问题解决大多集中在固定的问题或有明确答案的问题上，大多没有将问题解决看成一种创造活动，而是看成寻找固定答案的程序活动。大概正因为如此，奥苏贝尔和罗宾逊将问题解决列为有意义学习的第五级，低于创造性学习。许多问题解决者由于受这样一种观点的支配，忽视问题解决过程中的创造性因素，似乎问题解决与创造的关系不大。因此，在问题解决模式中过多地强调记忆，尤其是长时记忆在问题解决中的作用，忽视了最不应当忽视的思维在问题解决中的作用，仅吉尔福特的智力结构问题解决模式对此有所改变。我们认为由于问题解决者的固定偏见所形成的定势，使问题解决模式没有很好地体现创造成分，对人的创造性的培养没有发挥其应有的作用，这是应当加以改变的。同时，从上述问题解决的各种模型可以看出问题解决的过程是分阶段的。中国心理学界在研究各种观点之后一般倾向于把解决问题的通用思维过程分为发现问题、明确问题、提出假设和检验假设四个阶段。这四个阶段在解决简单问题的时候可能并不明显，往往在发现问题的同时就明确了问题，在提出假设的时候就进行了推论性检验。但是在解决比较复杂的问题时，特别是解决创造性问题时，它们是明显存在的。不过，它们的出现不是简单的、线式的，而是反复的、交错的，并可能会出现多次的反复循环。

1. 发现问题

问题解决是从发现问题开始的。问题只有在被发现之后才能引起人们解决问题的思维活动。问题本身是客观存在的，有的问题较为明显，容易被发现；有的问题则比较隐蔽，不易被人发现。有人善于提出问题，有人对问题熟视无睹。研究表明，发现问题的能力是个体思维发展水平的重要标志。提出问题比解决问题更重要，因为后者仅仅是方法和实验的过程，而提出问题必须找到问题的关键、要害。一个人能否敏锐地发现问题，往往决定着他活动的水平和效率，甚至事业的成败。就个体而言，能否发现问题主要取决于三个因素。（1）个体活动的积极性。主体活动的积极性越高，接触面越广，就越能发现常人所发现不了的问题。（2）个体的求知欲望。有强烈求知欲望的人，不满足于对事物的一般了解，喜欢刨根问底，常能在别人习以为常的现象中发现问题。（3）个体的知识经验。知识经验越丰富，视野就越开阔，就越容易发现问题；知识经验不足，就会影响问题的发现。

需要指出的是，据笔者多年的读书经验与育人经验，中国学子在解决问题过程中最关键的一步是发现问题。问题一旦被正确发现或准确提出，在很多情况下解决起来就是一个相对容易的事情。因为在当前中国的教育中，许多问题可能都被家长或老师限定了，造成一些学生"不想"、"不敢"或"不会"发现问题。

所谓"不想发现问题"，其含义是一些学生虽然已拥有发现问题的能力，但是为了偷懒或不给自己添麻烦，遇到事情时不愿多想，巴不得没有问题，即便有问题，也不愿提出来。对于这类学生，若想增强其问题意识，有效方法之一便是适当地采取各种强化措施激发学生自觉发现问题的意识，使学生愿意去发现问题。所谓"敢发现问题"，其含义是一些学生虽然已拥有发现问题的能力，但是迫于教师或家长等权威施加的有形或无形的压力，明知有问题却不敢提出。一些学生通过观察学习逐渐意识到"听老师的话"的"好处"，老师怎么说，他就怎么做，即便真有问题，也"不敢"提出来。对于这类学生，若想增强其问题意识，有效方法之一是逐渐健全学校的相关规章制度，既保证教师的合法权利不受侵犯，也要保证学生的合法权利不受侵犯，让学生能过上安全、健康、快乐的学校生活，只有这样做，才有助于学生敢于提出自己的问题。

所谓"不会发现问题"，其含义是一些学生缺乏发现问题的能力，虽然想提出问题，却不知道怎样发现问题。对于这类学生，就要教会他们一些常用的有效发现问题的方法。这些有效发现问题的常用方法有五种。（1）增加学识法。通过好学增强自己的学识，这是发现问题的有效方法之一。"学然后知不足"。一个人通过学习，获得的知识越多，就越容易发现一个事实：不同学人对同一个问题经常会提出一些不同见解，甚至相互矛盾的见解。在这种情况下，自然就容易发现问题了。同时，一旦自己的学识增多了，就能善用追问策略，例如，追问他人所用某个概念的定义、追问他人作出某个判断的理由、追问他人所说几个不同事情之间的联系，这样自然容易发现新问题。（2）培育好奇心、想象力与怀疑精神。想方设法培育个体的好奇心、想象力与怀疑精神，凡事多想或多问几个"为什么""怎么样"，是帮助学生做到善于发现问题的又一个有效方法。（3）缺点列举法。缺点列举法的基本假设是世界上任何事情都不可能十全十美，都存在这样或那样的缺点，都有值得改进的地方，尤其当一个事物本身还不够好或一件事情做得还不够好时更是如此。缺点列举法就是通过发现事物的缺陷，列举缺点，从而发现问题的方法。缺点列举法既可以个人运用，也可以集体运用。个人运用，首先是寻找目标，然后发现缺点，进行改进。集体运用，也是先要寻找缺点，然后集体攻关，具体步骤：第一步，围绕某一主题开一次小型会议，集体列举缺点，列举得越多越好。会议的成员一般在5～10人。第二步，对列举缺点进行编号，记录并分出主次。第三步，提出改进措施。（4）希望点列举法。希望点列举法是从人们的希望出发，并依据希望提出问题的方法。它与缺点列举法的根本区别是，缺点列举法从事物的原型出发进行列举，而希望点列举法从个体的愿望出发进行列举，这样，后者比前者具有更高的要求、更大的主动性和灵活性。希望点列举法既可以个人运用，也可以集体运用。在集体运用时可遵循下列步骤。第一步，按照事先认定的主题召开希望点列举会议（每次5～10人）。倘若与会者会前有所准备当然更好。第二步，发动与会者提出各种各样的希望点，并将即时记录公布于众，以便避免重复，促进相互启发。时间可由主持会议的人依据具体情况而定。列举的希望点越多越好。第三步，会后整理，从中选出当前可能实现的若干项进行研究，制订出具体的革新方案。希望点列举法应用的范围很广，但在集体应用时应当注意，切忌批评指责别人的观点，而自己希望的都可列举，多多益善。（5）学会换一种思路或角度看待问题。在思考某一问题时，有时沿着惯常思路去思考不易发现问题，这时，换一种看问题的角度或思路就更易发现问题。

2. 明确问题

问题解决的第二个阶段是明确问题。明确问题就是认清问题的关键。只有认清问题的关键，思维活动才会有明确的目标，才能有条不紊地围绕问题的核心展开。要明确问题就必须分析问题。任何问题都包括要求和条件两个方面，这是问题构成的最普遍的形式。要求是指问题解决要达到的目标，条件是指问题解决过程中所能利用的因素和必须接受的限制。分析问题就是要分析问题的要求和条件，找出它们之间的联系，把握问题的实质，确定解决问题的方向。如果对问题的要求和条件理解得不正确，解决问题的思维活动就会误入歧途。

3. 提出假设

问题解决的第三个阶段是提出假设。提出假设就是提出解决问题的可能途径、方法和策略。学生提出的解题设想、教师制订的教学计划、医生选定的治疗方案，在正式实施之前都具有假设的性质。提出假设是具有创造性的阶段，也是解决问题的关键步骤。没有假设，问题就无法解决，提出假设是科学发展的必由之路。一般而言，对同一个问题个体往往会提出多种假设，这就需要进行选择，以确定最佳方案。最佳方案的产生不在于假设的数量，而在于假设的合理性即假设的质量。不过，质量和数量是紧密地联系在一起的。良好的假设常常是从众多的假设中挑选出来的，所以思路开阔、能够提出多种假设的人一般是善于解决问题的。提出假设的数量和质量取决于两个条件。一是个体思维的灵活性。思维越灵活，越能多角度地分析问题，就越能提出众多合理的假设。二是个体已有的知识经验。与问题解决相关的知识经验越丰富，就越有利于扩大假设的数量并提高其质量。

4. 检验假设

问题解决的最后一个阶段是检验假设。检验假设就是通过一定的方法来确定假设是否合乎实际、是否符合科学原理。检验假设的方法主要有两种。一是直接检验，即通过实践来检验。实践是检验真理的唯一标准。一个假设在付诸实施之后如获得预期的结果，它就是正确的；否则，它就是不正确的。二是间接检验，即通过推论来检验。直接检验虽然可靠，但局限性很大，有些假设不可能或不允许进行直接检验。例如，军事指挥员的作战计划、外科医生的手术方案、教师课前对教学程序的安排等，一般都不能采取实践检验的策略。在确定这些计划、方案和安排的时候，都必须进行可行性检验。这种检验是在当事人头脑中用推论的方式进行的。通过推论淘汰错误的假设，保留合理的假设，选择最佳的假设，这是人们在问题解决过程中最常用的检验方法。当然，间接检验的结果是否正确，最终还是要由直接检验的结果来证明的。

➡ 第二节　创造力的培养

一、创造与创造力

"创造"在学术界是一个颇有争议的概念，有人侧重创造的过程，有人侧重创造的结果，也有人强调其所发生与发展的来源。目前比较趋于一致的看法是，创造（creativity）是指人们运用新颖的方式解决问题，并能产生新的、有社会价值的产品（包括物质的和观念的产品）的心理过程。它是问题解决的最高形式。与此相对应，创造力指人们根据一定目的，运用各种信息，生产出某种新颖、有社会价值的产品的能力。要准确理解创造与创造力这两个概念，必须抓住它们的两大核心特质，这两大核心特质是它们与其他相近概念的根本不同，也是从概念上判别创造与创造力的基本标准：（1）新颖性（originality）。新颖性意味着创造性思维和产品相对于创造者自身或创新环境而言应具有新颖、独特的品质。依"新"的程度不同，可以将创造分为两种：第一，真创造，指最终产生了对人类来说是新的和有社会价值的成品的活动，如重大发明、创造和革新等；第二，类创造（类乃类似之义），指思维成品对个人来说是新的而对人类来说是已知的创造。类创造与真创造的创造过程在本质上是相同的，所不同的是产品的层次差别。从整个人类的视角看，类创造是手段，真创造才是目的。假若对"新"作上述理解，那么创造和创造力就不仅表现在较为罕见的真创造之中，也表现在更为常见和普遍的类创造之中，相应地，创造和创造力就不再是什么神秘的事情，就不再像过去那样被认为是极少数人的天赋或极少数天才的专利，而与多数人无缘，恰恰相反，任何身心健康的人都有创造力。正如吉尔福特（Guilford）所说：迄今人们获得的最有意义的认识之一是，创造力再也不必假设为仅限于少数天才，它潜在地分布在整个人口中间。① 于是，培养学生的创造力或创造精神就成为教育所追求的重要目标之一。（2）适宜性（appropriateness）。适宜性可归纳为创造性思维和产品对创造者自身或问题情境具备"有用性"（useful）或是对创新环境有价值。这意味着创造性思维和产品要"有社会价值"，否则，精神病患者的一些奇异想法也是"创造"了。当然，这里所说的产品是指以某种形式存在的思维成果，它既可以是一种新概念、新设想、新理论，也可以是一项新技术、新工艺、新产品。另外，由于"社会价值"不好认定，斯腾伯格等（Sternberg et al., 1996）干脆主张创造力是指个体产生新颖且有适宜性思想或产品的能力。其中，当产生的新思想或产品仅对当事人或当事人所属小集团具有实用价值但对多数人或整个社会却造成伤害时，这种创造力就叫作负创造力；如果产生的新思想或产品不但不会损害他人的正当权益，还能长久地增进他人或自己与他人及整个社会的福祉，这种创造力就叫作正创造力。②

与创造、创造力密切相关的一个概念是创造性思维，创造性思维是创造（力）的核心，创造性思维就是创造性或创造力。所谓创造性思维（creative thinking），是指个体在已有经验的基础上，发现或发明新的且有价值的事物或方法的一种思维方式。创造性思维具有以下四个特点，对创造性思维质量的高低，一般也是通过这四个指标来评价的。（1）流畅性。流畅性（fluency）指单位时间内产生观念数量的多少，所以也称思维的丰富性。在同样的单位时间（如1分钟之内），一个人产生的观念越多，其思维流畅性越高。（2）变通性。变通性（flexibility）也叫思维的灵活性，是指摈弃旧的思维习惯开创新的解决问题的方法的能力。变通性用来衡量思维活动能否触类旁通、举一反三，是否具有变异性，能否多角度、多方向思考问题的灵活程度。（3）新颖性。衡量创造性思维质量高低的最重要指标是新颖性（originality），也译作"独特性"。新颖性是指对问题能提出超乎寻常的、独特新颖的见解的能力。这体现了创造性思维的新奇程度。在评价一个人创造性思维能力大小时，除了要看他思维的流畅性与变通性外，更要看他的思维结果是否新颖、独特。例如，对砖头的用途，就流畅性来看，也许一个人能想出许多砖头的用途；从变通性来看，也能从不同角度来列举，但如果所想出的这些用途都太一般、太普通，那依然不能说他的创造性思维是高质量的。而在"曹冲称象"中，曹冲把石头作为称象的工具，就显得十分独特了。（4）敏感性。

---

① 贡喆，刘昌，沈汪兵. 有关创造力测量的一些思考 [J]. 心理科学进展，2016，24（1）31.

② STERNBERG R J, LUBART T L. Investing in creativity [J]. American psychologist, 1996, 51（7）677 – 688.

敏感性是指能及时把握住独特、新颖观念的能力。创造性的观念常常不是任何人都可以随心所欲加以控制的，它需要我们有敏锐的感受性。富有创造性思维的人也是善于评价和及时把握独特、新颖观念的人。例如，发明家对新点子非常敏感，而保守者对新事物不敏感。

二、创造力培养

要想培养人的创造力，就必须解决两个问题。一是想不想（或敢不敢）创新的问题，实际上这要解决的是创新意识的问题。假若一个人没有创新意识，或者即便有强烈的创新意识，但不敢于创新，那么哪怕他有像爱因斯坦般的创新能力，也是不会去从事创新活动的。二是能不能创新的问题。它要解决的是创新的能力问题。假若一个人空有创新的意识，但没有将之付诸实践的相应能力，那么他至多也只能停留在做"白日梦"的幻想阶段。在崇尚个人主义的西方发达国家（像美、英、法等国家），它们几乎没有什么限制人的创新意识的文化氛围或制度，相应地，在这些国家培养人的创新性思维的关键就落在解决"能不能创新的问题"上，因此，这些国家才盛行诸如"头脑风暴法"之类的旨在提高人的创造力的方法。当代中国教育界乃至全社会，若想真正将党中央、国务院提出的教育创新的精神落到实处，关键措施之一就是通过制度创新为保持和培养个体的创新意识营造一个良好的外部环境，然后通过种种措施去提高个体的创造意识和创新能力。基于这种思考，培养学生创造力的完整路径是先环境后个体；在个体层面，动机与心理素质要兼顾，"一个都不能少"。

苏联著名心理学家维果斯基的"社会文化历史"理论、斯金纳的学习理论和班杜拉的观察学习理论，均认为家庭文化、学校文化和社会文化对儿童认知发展能够产生深刻影响，当家长在为家庭设计管理制度、班主任在为班级设计管理制度、校长在为学校设计管理制度，以及国家各级领导干部在设计各级国家管理制度时，若努力设计一整套有利于个体生成创造力的管理制度，那么就容易让生活在这个家庭、班级、学校或国家的个体及其后来者通过观察学习很好地继承这个有利于个体生成创造力的管理制度，营造有利于个体生成创造力的文化氛围，自然而然地就更容易生发出创造力。反之，若家长、班主任、校长或国家各级领导干部想方设法设计一整套旨在压抑个体创造力生成与发展的管理制度，那么生活在这个家庭、班级、学校或国家的个体不但不容易激发出创造力，即便将非常有创造力的爱因斯坦式的人才放进来，久而久之，其创造力也会被压抑得无影无踪。

（一）个体：培养具创造力的主体

为了提高学生的创造力，要想方设法调动学生的主体性与积极性，这就要求教育不能仅仅注重知识的传授与学习，还要注重正确价值观、态度、情感的教育与学习；为了保证学生有良好的创造力，则要从培育创造动机与相应的心理素质入手。

1. 动机：培养人的创新意识

第一，以"正面教导"的方式代替过去"反面警告"的教育方式。合理合宜的做人方式是要做人中人，这就少不了要教会人掌握一定的社会行为规范。而以怎样的方式去教会人掌握一定的社会行为规范是大有学问的。纵观古今中外的教育方式，概括起来大致有两种。一种是以"反面警告"的形式教，即明确告诉人们不要做什么，一旦一个人知道了什么不能做，并按这些规则去约束自己的言行，那么他一定就会成为一名合格的社会成员。中国传统的教育方式多是这种模式。另一种是以"正面教导"的方式教，即明确告诉人们什么该做，一旦一个人知道了什么该做，也就意味着他已知道与此规则相反的事情就不能去做。假若一个人按这些该"做"的规则去引导自己的言行，他也一定会成为一名合格的社会成员。现代西方发达国家由于普遍信奉人本主义教育观，多采取这种教育方式去教育儿童。虽然，从学理上看，这两种教育方式是殊途同归的，但是，大量事实表明，这两种教育方式培养出来的人的心理习惯与行为方式是不太一样的：在"不"的声音中长大的个体容易养成尊重权威、自我克制、长于记忆等心理习惯与行为方式，从整体上看缺乏创新精神；在正面教育的方式下培养出来的个体容易养成自己做主、自我负责、长于创新的心理习惯与行为方式。要培养个体的创新意识，宜以"正面教导"的方式替代过去的"反面警告"的教育方式。

第二，激发学生的问题意识。创造动机、创造活动源于问题意识。问题意识就是对问题的敏感性、感受性。英国科学哲学家波普尔认为，科学的第一个特征就是"它始于问题，实践及理论的问题"。"科学只能从问题开始"，"科学知识的增长永远始于问题，终于问题"。[①] 牛顿在他的《光学》的结论部分，一连提了 31 个问题。法国著名作家巴尔扎克说，"打开"一切科学的钥匙都毫无异议地是问号，我们大部分伟大发明都应该归于"如何"。胡适 1932 年 6 月为北京大学毕业生开的三味"防身药方"中，第一味就是"问题丹"。他说："问题是知识学问的老祖宗；古往今来一切知识的产生与积聚，都是因为要解答问题。""试想伽利略和牛顿有多少藏书？有多少仪器？"[②] 他们不过是有

---

① POPPER K. The Logic of Scientific Discovery［M］. London：Hutchinson & Co. , 1959：27.

② 胡适. 赠与今年的大学毕业生［M］//华东师范大学教育系. 中国现代教育文选：修订版. 北京：人民教育出版社，1982：280 – 287.

问题而已。有了问题之后他们自会造出仪器来解答他们的问题。没有问题的人们，关在图书馆里也不会用书，锁在实验室里也不会有什么发现。而脑子里没有问题之日，就是你的知识生活寿终正寝之时。因此，学校教育必须向学生强化问题意识，让学生的头脑充满问号，而不是充满句号。问题意识有两个基本的来源：一是好奇心；二是怀疑精神。

2. 心理素质：培养高创造力所需要的心理素质

培养高创造力所需要的心理素质，从正面说，就是培养促进高创造力发展的心理素质；从反面讲，就是要人去除妨碍高创造力发展的负面心理因素。

（1）培养学生养成良好的心态。从一定意义上说，心态决定行为。大量研究表明，创造力高的人往往乐观自信，意志坚强；相反，缺乏创造力的人往往自信心不足，缺乏意志力。既然如此，平日的教育就要注重培养学生养成积极的心态，消除消极的心态，这不仅是心理健康教育的要求，也是培养学生创造力的要求。为了让每一位学生都尽可能养成良好的心态，切实可行的做法之一是，根据学生的特点，分类培养学生。依据加德纳（1983）的多元智力理论，每个人的智力类型是不一样的；同时，人的智力发展水平也是不一样的；再者，人的能力表现还有早晚的差异。因此，教育不能贪图省事，不能片面追求效率，用一个"模子"来培养人，要做到"能谈辩者谈辩，能说书者说书，能从事者从事"（《墨子·耕柱》），鼓励学生"八仙过海，各显神通"。学生有了学习的乐趣，有了成功的体验，一般都能逐渐养成良好的心态。

（2）运用思维规律培养和开发创造力。创造思维是由五对思维要素构成的，即发散思维与聚合思维、直觉思维与分析思维、纵向思维与横向思维、逆向思维与正向思维、潜意识思维与显意识思维。显然，在这五对思维成分中每一对都相辅相成、相互补充才能产生创造。因此，教师在教学中就要充分运用这些成分的互补律来培养学生的创造能力。

（二）加强教学的创造性

第一，要尽可能超越给定信息。创造力的核心就是要超越给定信息或已知信息。创造就是利用已有信息创造出新信息、新产品、新成果。创造性教学与其他教学的一个根本不同就在于，它旨在培养学生利用给定信息获取新信息的能力，而不是把获得给定信息当成目的。所以教师的教学在时间、条件许可的情况下，要帮助学生最大限度地超越给定信息，利用给定信息创造新信息。当利用的给定信息越少而获得的新信息越多时，创造教学便获得了最大成功。

第二，发挥直觉在教学中的作用。传统教学之所以不能很好地开发学生的创造力，一个重要的原因就是在教学中过分追求因果律，过分重视分析思维的作用。直觉注意的是事物的整体，而不是分割事物，它是心灵对心灵的直接注视。布鲁纳和生命哲学家都大声疾呼：给直觉一个地盘！当前教学给直觉的地盘都太少了，以致学生大脑左半球长期处于高负荷运转状态，而大脑右半球则处于基本闲置状态。因此，教学改革的关键在于给学生提供充分的直觉空间。在生命哲学家看来，要恢复直觉的地盘只能采用矫枉过正的手段，即抛弃一切概念、判断、推理等逻辑思维方式，甚至语言符号。这显然是一种不切实际的过激的观点，但他们主张恢复直觉地盘的思想和主张对现行教学却具有重要的启发意义。现行教学所要做的一项重要工作就是走出理智遮蔽的误区，找回直觉所应占有的地盘。在教学中尤其在人文科学的教学中，要把概念、判断、推理等逻辑思维方式限定在一个适当的范围内，留出充分的时间帮助学生去理解、体验与直觉。在教学中，尤其在人文学科的教学中要尽量避免概念、判断、推理等一花独放的课堂气氛，要使学生学会从联想、想象与直觉中获得欢乐。当然这项工作是十分艰巨的，但对教育教学改革的意义却是巨大的。

第三，帮助学生形成建构主义的知识观与学习观。传统教学之所以不能很好地开发学生的创造力，原因之一就是教育者把知识看成是绝对的、凝固的、静止的、一成不变的，知识是对客观世界准确、真实的反映，知识一旦获得就具有真理性，就可以终身受用，放之四海而皆准。要开发学生的创造力必须改变这种传统的知识观与学习观，妥善借鉴建构主义的知识观与学习观。建构主义认为，知识只是一种解释、一种假设，不是问题的最终答案，不是对现实的准确表征。课本知识只是一种关于各种现象的较为可靠的假设，不是解释现实的模板。科学知识包含真理性，但不是绝对正确的答案，这就是所谓知识相对论。知识取决具体学习情境的学习历程，它不是精确概括世界的法则，而是针对具体情境再创作。总之，知识具有相对性、主观性、参与性、过程性等特点。与此相对应的是建构主义的学习观。建构主义的学习观认为，学习并不是简单的信息积累，而是包含新旧经验冲突而引发的观念转变与结构重组。学习是意义的生成与建构：学习是学习者个人主动建构意义，而不能由他人代替。意义不是简单地由外部信息决定的，而是通过学习者通过新旧知识经验间反复的双向的相互作用过程建构而成的。教学要把学生的经验作为新知识的生长点，引导学生从原有的知识经验中生长出新知识；教学不是知识的传递，是知识的处理与转换。

第四，加强教学的艺术性。艺术比科学更能反映生命的本质，而生命的本质是创造，因此艺术比科学更能体现创造性。艺术能真正摆脱因果律的束缚；艺术能使人享受真正的人生欢乐；艺术能给生命以新的形式；艺术教学可以增加学习者的参与度；艺术可以使真理得以保护和发展。在教学中可以运用多种形式开发学生的创造力。一方面，要使教学活动有新颖性，即教学活动要立意新、内容新、方法新；另一方面，要使教学活动富于变化。即使是新内容、新方法，也要根据不同的教学对象、不同的教学情境灵活地进行教学。因为学生是在不断变化的，同一个学生去年与今年在心理水平、知识视野上都有很大不同，不同年龄、不同年代的学生的差异更大，而且这些差异也处在不断变化中，所以教学也要根据学生特点而变化。

思考题

1. 在你的班里，成绩优秀的同学是不是解题效率特别高，为什么？

2. 在问题解决教学中，应从学科知识着手还是传授一般方法？

3. 试就某一具体学科问题（如语文中的写作、数学中的应用题等），调查学生在解决问题时存在哪些差异。

4. 创造性发展存在着关键期和高峰期。如果已经过了创造性的关键期和高峰期，就不会有什么大的创造性成就了。你怎样看待自己的创造性发展呢？

5. 你认为在现实社会、家庭环境和学校教育中，要培养学生的创造性应具备哪些必要条件？

本章荐读

习近平 2020 年在科学家座谈会上关于对"创造力""好奇心"的谈话（节选）

科技创新特别是原始创新要有创造性思辨的能力、严格求证的方法，不迷信学术权威，不盲从既有学说，敢于大胆质疑，认真实证，不断试验。原创一般来自假设和猜想，是一个不断观察、思考、假设、实验、求证、归纳的复杂过程，而不是简单的归纳。假设和猜想的创新性至关重要。爱因斯坦说过："提出一个问题往往比解决一个问题更重要。"如果选不准，即使花费很大精力，也很难做出成果。广大科技工作者要树立敢于创造的雄心壮志，敢于提出新理论、开辟新领域、探索新路径，在独创独有上下功夫。要多出高水平的原创成果，为不断丰富和发展科学体系作出贡献。科学研究特别是基础研究的出发点往往是科学家探究自然奥秘的好奇心。从实践看，凡是取得突出成就的科学家都是凭借执着的好奇心、事业心，终身探索成就事业的。有研究表明，科学家的优势不仅靠智力，更主要的是专注和勤奋，经过长期探索而在某个领域形成优势。要鼓励科技工作者专注于自己的科研事业，勤奋钻研，不慕虚荣，不计名利。要广泛宣传科技工作者勇于探索、献身科学的生动事迹。好奇心是人的天性，对科学兴趣的引导和培养要从娃娃抓起，使他们更多了解科学知识，掌握科学方法，形成一大批具备科学家潜质的青少年群体。

马克思讲过:"在科学上没有平坦的大道,只有不畏劳苦沿着陡峭山路攀登的人,才有希望达到光辉的顶点。"我相信,我国广大科学家和科技工作者有信心、有意志、有能力登上科学高峰,为实现中华民族伟大复兴、为推动构建人类命运共同体作出应有贡献!

(资料来源:习近平. 在科学家座谈会上的讲话 [EB/OL]. 中国政府网,2020 - 09 - 11)

第八章

教学设计

【内容摘要】

本章内容主要包括教学目标设计、教学方法和策略设计、教学评价设计三个环节。这三个环节在教学设计过程中要依次进行，在内容上又相互联系，密不可分，形成一个完整的教学设计系统。

【学习目标】

本章内容的学习，对于学生未来从事教育、教学工作具有重要的指导意义。从教材的结构上看，本章与"课堂管理"和"教师心理"两章共同构成教学心理的主要内容，并与前面学习心理研究的内容相互衔接，旨在使学生在了解学习心理的基本规律的基础上，进一步掌握教学设计的基本规律。

【关键词】

教学设计　教学目标　行为目标　教学方法与策略教学评价

➡ 第一节　概述

一、教学设计的含义与观点

（一）教学设计的含义

教学设计（instructional design，ID），是根据教学对象，为达到一定的教学目的，运用现代教育心理学、传播学、教学媒体论等相关的理论与技术，在教学之前对教学内容和历程所作的计划、安排。可见，教学设计主要是要解决"教什么"和"怎么教"两个基本问题。具体地讲，教学设计是根据不同的教学目的选择、安排教学内容；然后，在教学目的已经确立、教学内容已经固定的情况下，对内容进行组织，并根据不同内容选择相应的方法和传媒，从而有效地实现教学目的过程。根据加涅等的观点，教学设计具有五个鲜明特征。（1）教学设计的目的在于帮助个别学生的学习。教学设计的目的不在于解决某校全部学生的学习问题，也不在于改进社会风气，而在于解决个别学生的学习问题，在于通过教学使每一个学生都达到教师所要求的教学目标。（2）教学设计应包括短期和长期两个计划。短期教学设计主要是指任课教师个人负责，只在教学之前对所教教材单元的一种预先筹划，其内容相对比较简单；长期教学设计就相对比较复杂，除任课教师之外，还包括与课程专业相关的其他教师，大家按一定的程序，以讨论的方式对教学活动进行计划、安排。（3）教学设计必须具备帮助学生身心健全成长的正面价值。教学设计并不是对学生学习活动的限制，而是在教学目标的引导下，激励学生的学习，促进学生身心的健全发展。（4）教学设计的完成必须有详细的步骤。在教学过程的设计中包括多个前后相连的步骤，从最初对教学目标的分析，到最后对目标是否达成的测评，每个步骤的设计都必须符合一定的要求，并且，每一个步骤的完成都应该有利于下一个步骤的开始。（5）教学设计是以人类的发展心理和学习心理为基础的。教学设计所要关心的，不仅是学生因学习和发展所获得的能力，还要进一步研究人类是如何获得该能力的。因此，教师不仅要深入了解教材，还要考虑在什么样的条件下，才能使学生喜欢并掌握教材中的知识。①

（二）教学设计观

随着心理学的发展和相关学科的进步，出现了一系列教学设计观，主要有三种。一是教学设计的艺术观。顾名思义，它主张将教学设计看成一门艺术。艺术是与科学（主要指自然科学）相对的，它有其自身特点。艺术务求吸引力、感染力，需要充分展示艺术家的个性和创造力。持教学设计艺术观的学者认为，教学的设计要务求吸引力、感染力，教学设计必须充分展示教师的个性和创造性。事实上，对于同样的内容，不同的教师设计会有不同的教学效果，不能把教学当成纯技术性的工作，教师仅具备知识经验是不够的，还应当具备艺术素养和艺术创造性。只有这样的教师才能做好教学工作。二是教学设计的科学观。它把教学设计看成一门科学。这种观点的盛行主要是在第二次世界大战后，行为主义的推波助澜，特别是斯金纳的操作条件反射理论和程序教学的实施使

---

① 张春兴. 教育心理学 [M]. 杭州：浙江教育出版社，1998：438－439.

教学设计的科学观得以广泛推广甚至席卷全球，教学设计的科学观与教学设计的艺术观正好相反。"艺术"不是每一位教学设计者或教师都能掌握的，即使能掌握，掌握的程度也有相当大的差异；"艺术"也很难完全传授给别人，它需要接受者长期的摸索和领悟。教学设计的科学观则完全不同，它认为只要按照科学的本来面目设计出一定的程序、步骤，无论什么样的学生都能达到同样的教学效果。教学设计不是一门艺术，而是一门技术，程序教学就是一个典型的范例。三是教学设计的人的因素观。它指教学设计以人的因素为基本出发点。教师在教学设计中要考虑设计者和学生的特点，把人的因素放在教学设计的首要地位，一切教学内容、教学手段、教学方法、教学措施以及教学情境的安排都是为"人"服务的；同时强调人对环境具有重要的影响作用。持这种观点的学者认为，要提高教学设计的水平，首先必须提高有关人员以及教学机构的组织水平。现代西方人本主义教学观是人的因素观点的代表。此外，还有教学设计的工程学观、教学设计的问题解决观、教学设计的系统观和以学习经验水平为焦点的教学设计观，限于篇幅，这里就不多讲了。

二、教学设计的模型

一个完整的教学设计应该包括哪些因素？各因素在程序上又应该如何安排才最有利于教学目标的达成？对这些问题的思考其实就是对教学设计模式的选择，但在选择教学设计模式之前，教师必须对教学设计要素进行分析。

（一）教学设计的要素分析

1. 教学目标分析

教学目标（instructional goal），是指把教学任务按一定心理意义具体化为教学要达到的目标或结果。换言之，指在教学之前预期教学活动结束之后，学生从教学活动中学到什么，是知识与技能，还是态度与观念。教学设计是从教学目标确定开始的，没有一个清楚的目标就很难判断学生是否有所提高。教学目标的确定不仅给教师的教学和学生的努力指明了方向，也明确了教师测量和评价学生的知识、行为和态度的方式。在这方面代表性的观点是美国教育心理学家布卢姆和加涅等提出的，其中布卢姆等是按教育目标进行分析的，加涅是按教学结果进行分析的，前文第二章已有论述，这里不多讲，只提两点。一是从教学设计的角度看，加涅的五类教学结果可视为教学之前的教学目标（instructional objective），以之作为教学的依据，从而设置教学情境，以达到教学目标。从学生学习的观点看，这五类教学目标也可代表学生的学习结果。二是加涅对学习结果或对教学结果的分类与布卢姆对教育目标的分类的相同之处在于两者都是一种层级结构。

2. 教学任务分析

如果说教学目标的分析是确定通过一定的教学活动之后学生应达到的能力水平，那么教学任务的分析则是要具体说明这些能力或倾向形成或获得的过程和条件。对教学任务分析的看法有不同的观点，但以下几点是共同的。(1) 要确定学生原有的基础。在进入新的学习单元时，学生原有的学习习惯、学习方法、相关知识和技能对新知识的学习的成败起着决定性的作用。同时，由于学生某些习得的知识或技能有严格的先后层次关系，即高一级知识或技能的学习常常以低一级知识或技能的学习为基础，教师在确定教学目标之后，接着必须分析并确定学生的起点状况。如果学生现有的能力起点达不到教学目标所要求的最低水平，就需要对学生采取相应的措施以提高他的能力，或者降低教学目标。(2) 分析使能目标。在现有能力和预计达到的目标能力之间，学生可能还存在着许多没有掌握的知识和能力，而这些知识和技能的掌握又是达到目标能力的前提。以掌握这些前提性知识、技能为目标的教学目标称为使能目标。对使能目标的分析是为了进一步明确教学目标，使教学设计更加具有可行性。(3) 分析支持性条件。任务分析除了必要条件（使能目标）的分析之外，还要进行支持性条件的分析。支持性条件与必要条件的区别在于：必要条件（即使能目标）是构成高一级能力的组成部分。支持性条件虽不是构成新的高一级能力的组成成分，但它像化学中的"催化剂"一样有助于加快或减缓新能力的出现。此外，在以学习陈述性知识为主要目标的条件下，学生原有的基本智慧技能则是学习的支持性条件。如学习地理知识时，学生识图的基本技能；在学习历史知识时，学生的基本阅读技能，都是陈述性知识学习的支持性条件。在任务分析时，教师也要对这些支持性条件进行分析。

3. 教学活动分析

学是一种活动过程，它是由若干要素构成的，对这些要素加以分析，无疑会促进教学工作者对教学任务的把握。在对教学活动要素加以分析的理论中以加涅和斯通最为典型。加涅认为学生的学习过程可以分为八个阶段（详见第二章），以此为依据，教学过程也可以分为八个要素。(1) 建立预期。这一要素是以学习过程引起学习动机阶段为依据的。教师教学的首要任务就是引起学生的动机，促使学生建立期望。也就是教师要将设定的目标期望变成学习者的内部力量，促使他们主动操纵环境，实现目标，获得"报酬"。(2) 引起注意和选择性知觉。这一要素是以学生的了解阶段为前提的，即教师要采用一切办法引导学生觉察，选择那些与学习目标有关的刺激或信息。也就是说，教师要帮助学习者把学习刺激从其他刺激中分化出来，或是把学习刺激的本质部分与其他部分区别开来。(3) 进行编码。这一要素是与学习者的知识获得相一致的。即教师采用某种教学策略和方法帮助学生把所接受的知识信息进行有效储存，以便提取。教师在教学中要恰如其分，用学生最有效接受的方式进行编码，以利于学习者感官通道的接受。(4) 运用记忆规律。这一要素是针对学习者所处阶段而提出的，是要将所学知识或信息储存到长时记忆中去。教师在教学上就是要帮助学生运用各种记忆规律，如有效识记的种种条件、保持和遗忘的特点、正确组织安排复习的各种条件、运用各种有效的记忆方法等，以使学生的知识或信息能够快速、准确、高效地进入长时记忆。(5) 提供线索。这一要素是以学习者处于回忆阶段为依据的。学习的目的、教学的目的不仅是学生在头脑中储存多少知识，还要让学生对已存入头脑（长时记忆中）的知识或信息进行提取和运用。要运用知识就必须提取知识。作为教师要向学生提供利于回忆的线索，使学习者能根据这些线索在记忆库中搜索，从而迅速、准确、高效地提取自己所需的知识或信息。(6) 运用迁移规律。这一要素是以学习者所处的概括阶段为依据的。学生在此阶段是将已学的知识和技能运用于各种新情境。教师要促进这种运用。在此阶段教师的主要任务就是"为迁移而教"，通过适当组织教材内容，适当运用教学策略和方法帮助学生丰富基本知识和提高概括能力，使学生养成一种学以致用的心向，从而促进学习者产生有效的正迁移而避免负迁移。(7) 安排新的作业和操作活动。这一要素是根据学生的作业阶段提出来的。学习者通过作业或操作对自己所学知识或技能作出反应。作为教师，必须安排布置适度、适量的作业或操作活动，促使学生通过作业或操作活动检验自己掌握教学内容的程度，而且作业或操作活动本身也有利于所学知识、技能的掌握和巩固。(8) 运用强化规律。这一要素是与学习者处于反馈阶段相联系的。在此阶段，学习者要将学习结果与设定的目标进行对照，看自己的作业或操作是否达到了预期目的。作为教师，为促进学生的反馈，必须根据强化规律掌握强化的时间、强度、程序、动因等变量，使学生从反馈（即将自己的作业或操作）与初始阶段的预期目标进行对比中获得一定程度的满足感，同时激发或维持学习者的学习动力。

(二) 教学设计的模型

一个完整的教学设计应包括哪些事项？各事项在程序上又应如何安排才能对教师的教学发挥引导作用？这是教学设计模型所考虑的问题。教学心理学家迪克与卡里 (1985) 经过 20 多年的研究所发展成的教学设计系统模式 (systems approach model for design instruction)，是公认的迄今为止最完整的教学设计模型。

该模型包括九个步骤。（1）确定教学目标。教学设计的第一步是确定教学设计的目标，即在教学之前预期教学活动结束之后，学生从教学活动中学到些什么。一般是根据课程的需要、学生的能力与个别差异和教师的教学经验来确定教学目标。（2）进行教学分析。这是指在教学目标的指导下，对学生完成该目标所需要的基本知识和技能进行分析，以指导教学，促进教学目标的达成。在本设计模型里，教学分析和下一步检查起点行为实际上是同时进行，并无先后之分。（3）检查起点行为。在进行教学分析的同时，为了解学生是否确实具有学习新知识的相关知识和技能，就必须对学生的起点行为进行检查。所谓起点行为，是指学生学习新经验之前必须具备的基础性观念和经验。学生个别差异，就是学生在面临新的学习情境时起点行为不同的表现。教师必须对学生的总体情况和个别差异有大致的了解，才有可能为教学目标的实现和教学方法的选择奠定基础。起点行为的检查可以通过口头的方式，也可以进行纸笔测试。（4）制定作业目标。根据对教学的分析和学生起点行为的检查，结合教学目标，就可以制定作业目标，对学生在教学后可能习得的知识技能进行预先估计；同时，附带制定出学习成败的标准。（5）开发测试题目。根据作业目标和教学内容来编制学业成就的测试题。测试题目的编制应不超出作业目标的范围，并且在测验的编制和计分时应遵循标准参照测量的原则。这样，测量结果才能真实反映每个学生的学习状况，有助于教师掌握学生的个人情况，指导日后的教学活动。（6）选择教学策略。为促进学生学习，提高教学的效果，教师应该考虑对教学策略的选择。教学策略是教师在考虑教学内容和课程的情况下，针对不同的学生而对教学媒体的使用、师生互动等教学方式、方法的决策，其目的在于促进学生知识的内化。（7）选定教学内容。教学策略的选择是为一定的教学内容服务的，在实际的教学中，教学内容即指定的教材，其可供选择的可能性是比较小的。但教师在知识的灵活运用、教学媒体的选择、教学方法的采用等方面仍有很大的选择余地。当然，教师还可以考虑根据学生不同的学习状况，补充甚至开发教材。（8）作形成性评价。在学科教学尚未结束之前，为了解学生学习和进步情况所做的测量工作。进行形成性评价有利于教师随时掌握学生的学习状况，获得教学历程中连续的反馈，并据此修正教学过程；同时也有利于学生评价自己的学习，以肯定或修正以后的学习方式。在教学设计时应预先确定形成性评价的时机与方式。（9）作总结性评价。这是指在学科教学结束之后，为了解学生学习结果是否达到预期目标、是否符合作业目标所作的评价。其目的既在于评定教学的效果，又在于评定学生学习的效果。此教学设计模型是基于课程水平来考虑的，各步骤之间构成一个完整的教学系统，虽然略显重复，但有很强的可操作性。当然，真实的教学设计中教师仍要根据实际情况把握教学设计的过程。①

第二节　教学目标设计

一、教学目标的含义和功能

（一）教学目标的含义

传统教学理论认为教学目标有广义和狭义之分。广义的教学目标指教育宗旨（aim）和教育目的（goal）。教育宗旨是学校教育完成特定社会要求的指导原则，是对特定学校的办学方向和育人基本要求的笼统规定，较为宽泛，如"为国家培养德、智、体等方面全面发展的高素质人才"；教育目的指国家、地区和社会对学生在校学习生涯中应达到的教育水平的总括性要求，如"提高学生的阅读技能"。狭义的教学目标是教师将国家和地区的教育宗旨以及学校教育计划分解到具体的教学单元和课时的过程中产生的课堂教学目标，是教师对学生在接受教学之后将产生哪些认知、技能或态度变化的理性预期。

（二）教学目标的功能

作为规定教学活动的重要指标体系，教学目标对教学活动发挥着导向、激励和检测等方面的作用。教师能否制定明确、具体、规范、可操作的教学目标，对教学成败具有相当重要的作用。

1. 指导教学方法、技术、媒体的选择与运用

教学目标对教学方法、技术和媒体的选择具有统摄定向作用。当然，教师还需要经验和理论的支持，才能判断哪些教学方法、技术和媒体是与教学目标相适应的。如果教学目标侧重知识或结果，则宜于选择接受学习，与之相应的教学方法是教师的讲授法。如果教学目标侧重于过程或探索知识和经验，则宜于选择发现学习，与之相应的教学方法是教师指导下的学生发现法。讲授法适于传递信息，讨论法适于改变人的信念或观念，实验操作和演示法有助于纠正学生的认知偏差。所以，离开了目标，就很难比较教学方法的优劣。

---

① 毛晋平. 教学心理学研究的进展［M］. 长沙：湖南师范大学出版社，2004：172.

2. 指引学生学习

教学目标对学生学习的指引作用主要体现在三个方面。（1）教学目标有利于学生明确学习的意义、要求和价值，增强学习热情。在开始上课时，教师若能将学习的类型（知识、技能、态度）和掌握要求清晰地告诉学生，则可把学生吸引到当前的学习课题上，使其在正确学习理念的支持下，接受新的学习任务。（2）教学目标有利于学生抓住学习的主要内容，减少盲目性。以学生上课做笔记为例，不明确学习目标的学生把握不住教师讲授的重点，很可能全盘记录，表现出明显的学习盲目性。（3）依据学生个别差异所设置的教学目标可指导学生自我调控学习（self-regulated learning），增强教师教学的针对性，激发学生学习的主动性。优秀教师习惯于在设置一个适合全体学生（通常是以中等生为假想对象）的普遍教学目标外，还为基础较好和较差的学生设计分层目标，从而指导这些学生自行调整学习条件和掌握要求。

3. 促进课堂行为和交流

课堂教学是教师有效监控条件下的多向互动的过程。如果明确了教学目标，教师在课前就可大致预测课堂上会出现什么样的情况，从而选择和创造那些能帮助学生掌握重要目标的活动，在讲授过程中也会有意识地监控自己的教学行为，使自己的言行朝这一方向去努力。这不仅使预期的变化更容易达到，而且会增进师生之间的交流。

4. 指导教学结果的测量与评价

单元教学结束后，为考察教学效果，教师通常需要获得评价信息。作为对学生学习结果的具体描述，教学目标是唯一最可靠和最客观的评价依据。教师只要紧密围绕教学目标提问和编制测验，就足以保证评价的效度。而其他因素，如教学内容的科学性与新颖度、教学语言和媒体的直观性、教学监控的适宜度、学生参与的广度与深度等只能充当辅助指标。

二、教学目标的分类

确定教学目标是教学设计的首要环节。能否科学"定标"，关键看教师能不能谨慎地思考并圆满回答教学目标"究竟有哪些和该怎么表述"两大问题。在众多教学目标分析的理论中，布卢姆关于目标分类的理论和加涅对学习结果分类的理论最具代表性，两者对教师分析和设计教学目标都具有重要的借鉴和参考价值。

（一）布卢姆的目标分类

20世纪50年代，布卢姆等（1956）曾领导一个委员会对教育目标进行了系统的分类研究。他们把教学活动所要实现的整体目标划分为认知、情感和动作技能三大领域，并从实现各领域的最终目标出发，确定了一个细化的目标序列。

1. 认知领域（cognitive domain）的目标分类

认知领域的目标分类公布于 1956 年。认知目标包含由低级到高级、由简单到复杂的六级水平。

2. 情感领域（affcctive domain）的目标分类

情感领域的教育目标由克拉斯沃尔（Krathwohl）于 1964 年公布，主要与学习者的态度目标、感情目标及价值目标有关。依据价值内化（internalization）的程度，情感领域的目标可细分为接受、反应、价值化、组织和价值体系个性化五级目标。

3. 动作技能领域（psychomotor domain）的目标分类

动作技能领域的教学目标分类比情感领域的教学目标分类公布得更晚，而且出现了好几种分类法。这里介绍辛普森（Simpson）1972 年的分类。该分类将动作技能教学目标分为七级。[①]

（1）知觉，指学生运用感官获得信息以指导动作。它包括刺激辨别、线索选择和动作转换，主要了解某动作技能的有关知识、性质和功用等。

（2）定向，指学生对稳定的活动的准备，包括心理定向（心理准备）、生理定向（生理准备）和情绪准备（愿意活动）。知觉是其先决条件。

（3）有指导的反应，指学生在教师的引导下作出反应，包括学生跟随模仿和自行尝试错误。

（4）机械动作，指学习者的反应已成为习惯，能以某种熟练和自信水平完成动作。这一阶段的学习结果涉及各种形式的操作技能，但动作模式并不复杂。

（5）复杂的外显反应，指较为复杂的或包括多种不同反应的动作技能已初步形成，动作的熟练性以迅速、连贯、精确和轻松为指标。

（6）适应，指技能的高度发展水平，学生能修正自己的动作模式以适应特殊的装置或满足具体情境的需要。

（7）创新，指个人的动作技能达到熟练程度之后，能够从事超个人经验的创新设计，即技能达到创造性发挥的地步。这是动作技能形成的最高境界。

布卢姆的教学目标分类理论并非尽善尽美，但有助于我们从多角度、多层次去思考

① SIMPSON E J. The classification of eduational objectives：Urbana Ⅱ［M］. University of Illinois Press Psychomotor donain，1972：141 - 145.

学校的教育教学目标问题。它提醒教师：有效的教学不仅要考虑认知领域目标的实现，还要促进学生态度和情感的发展，使学生能够积极地参与各学科的学习；除了发展学生的认知和情感外，教师还要发展学生的各种身体运动技能，以使其拥有健康的体魄。[1]

（二）加涅的学习结果分类

加涅在其所著《学习的条件和教论》一书中，将教学可能产生的结果分为五类：智慧技能、认知策略、言语信息、运动技能和态度。

（1）智慧技能，指学生运用符号或概念与环境相互作用的能力。智慧技能构成了学校教育的最基本和最广泛的结构，从造句这样最基本的语言技能到科学、工程和其他学科的高级技术性技能。按智慧技能的复杂程度，它有辨别、具体概念、定义概念、规则和高级规则五个层次，每个层次的学习又与学习条件有关。其学习结果属于程序性知识。

（2）认知策略，与思维方式和解决问题有关，指学会怎样学习。例如，学习者学会使用一种归纳方式来解决问题，关于怎样使用归纳的知识就是一种认知策略。问题解决通常是陈述性知识和程序性知识的综合运用。

（3）言语信息，即学生能以命题或句子的形式来表达所获得的事实性知识。这与布卢姆提出的知识水平是相似的。例如，学生学会了某种物理或化学的原理，在需要的时候，他们在头脑中能重新找到这些原理。其学习结果属于陈述性知识。

（4）运动技能。虽然加涅没有提到布卢姆或辛普森的动作技能，但运动技能和动作技能是同一种学习结果。

（5）态度。加涅所说的态度与布卢姆所说的情感领域是相似的。

与布卢姆依据测量学标准所划分的目标分类体系不同的是，加涅等"在对学习结果进行划分时，不仅考虑了结果的测量，同时阐明了每类学习的学习过程、条件及相互间的层次关系"。

（三）国内学者对教学目标的分类

我国研究者在借鉴和改造布卢姆等的教学目标分类理论的基础上，逐步提出了自己的分类。（1）关于认知领域的教学目标分类，将布卢姆的六级分类转化为中学的记忆、理解、应用、创新四级分类和小学的记忆、理解、运用三级分类。（2）关于情感领域的

---

① 莫雷. 教育心理学［M］. 北京：教育科学出版社，2007：314.

教学目标分类，以行为分类和内容分类相结合的思路，将克拉斯沃尔的五级分类转化为中小学的接受、反应、爱好、个性化四级分类，提出中小学情感教育的内容包括情感健康、学习情感、个性情感、社会情感四个方面。（3）关于动作技能领域的目标分类，将辛普森的七级分类转化为中小学的知觉、定势、熟练、自动化四级分类，并结合学科特点作了初步验证。

➡ 第三节　教学内容设计

教学内容是教学目标的具体化，是实现教学目标的基本保证。教学内容设计是教学设计的重要一环。一般来说，教学内容的设计总是依据一定的理论观点，对教学内容从宏观和微观两个层面进行设计。教学内容设计的理论是教学内容设计的前提。教学内容的宏观设计就是确定教材内容的取舍和排列顺序的过程。教学内容的微观设计就是在教学对象和教材固定的情况下，科学谨慎地分析教材，重组并改进教学内容。

一、教学内容设计的理论

（一）教学内容的螺旋式组织

布鲁纳（2011）认为，教材应该把反映该学科发展水平的最基本的概念和原理作为主体，以达到较强的迁移。在学习的早期阶段就应该使用这样的教材，让学生尽早有机会在不同程度上去接触和掌握某门学科的基本结构，但这样的教材只有与儿童的智力发展水平相适应，才能使基本概念和原理的教学顺利进行。儿童的智慧发展有表演式再现表象、映象式再现表象和象征式再现表象三种水平或阶段。学科的基本概念和原理均可分别从动作的、表象的、符号的三种不同智慧发展水平出发，加以编撰和组织。年龄不同的儿童，其智慧发展阶段也不同，对他们就应使用不同水平的教材。随着年龄的增长，教学涉及的基本概念和原理可能相同，但教材的具体直观程度逐渐降低，而抽象程度不断提高，从而体现了教材的螺旋式上升的特点，使学生一步步地在较高的认知层次上掌握教学的内容。

（二）教学内容的累积式层级组织

加涅等（1999）把人类学习分为八类，即信号学习、刺激—反应学习、连锁学习、言语联结学习、多重辨别学习、概念学习、原理的学习和问题解决的学习，它们依次按简单一复杂程度组成一个层级系统。该系统中每个简单层级的学习都是复杂层级学习的先决条件，复杂层级的教学都必须以简单层级的教学为基础。教材内容的组织可采取累积层级方式进行，先安排简单层级的教学，然后在此基础上进行相应的复杂层次的学习。

（三）教学内容的认知同化组织

奥苏贝尔（1970）依据认知同化的理论，提出了教学内容的渐进分化和综合贯通的组织原则。渐进分化指按概括性和包容性大小的顺序依次呈现教材，即首先呈现某学科的最一般和最概括的观念，然后按细节和具体性逐渐分化，使学生能将下位观念类属于原有的上位观念。综合贯通是强调学科本身的特定结构、方法或逻辑的整体性，注意学科中处于同一包容水平的概念、原理和章节的异同，清晰地指出它们之间的联系与区别，从而消除学生认知结构中原有知识之间的混淆与模糊，帮助学生真正理解这门学科。可利用"组织者"的编排技术贯彻渐进分化和综合贯通的组织原则。

二、教材的内容分析

（一）教材内容的宏观驾驭

1. 钻研课程标准，准确把握教学内容在课程体系中的地位和作用

在开始整个课程的教学之前，教师通过钻研课程标准，既可以领悟所授课程在学校课程中的地位、教学主旨和要求，又能对课程所覆盖的主要课题、要目或章节及其教学要点做到心中有数。在对具体内容的教学时，教师通过钻研课程标准，可以深化对不同层次的事实、概念、原理和规则等教学内容纵横联系的认识，准确把握每一教学单元及其基本概念、基本原理和基本方法的地位和作用，避免"只见树木，不见森林"的教学失误，有分寸地处理好每一个教学内容。

2. 了解教材的组织方式，分析教学内容的编排意图和特点

如果明确了教材所依据的编排理论，就能更加有效地把握教材编排的意图和特点，这样，就更易于驾驭教材。教学实践表明，在单元教学的过程中，教师若能将所属篇章乃至全书的整体结构告诉学生，反复强调核心概念、原理和规则，既有利于学生所学知识的结构化，又能激发学生学习的主动性，减少其学习行为的盲目性，增强他们对学习过程的满意度。例如，教师在设计初中"数的开方"时，是这样分析"平方根"一节内容的：教材有层次地引导学生逐步掌握平方根的概念。为了让学生对这一重要概念有比较充分的认识，教材的第一课不出现二次根号，主要集中解决平方根的概念，突出三点：（1）平方与开方的互逆关系；（2）正数的平方根有两个值；（3）负数没有平方根。第二课介绍算术平方根，突出解决平方根和算术平方根的区别与联系，以及正确熟练地使用二次根号。知识呈现由直观到抽象，由浅入深，使学生有充分时间逐步深化对平方根概念的理解和对正数的平方根有两个值的认识。

3. 紧扣学科核心概念，确定教学中的重难点

在从宏观上把握课程体系以及新知识的地位和作用之后，教师应紧扣学科核心概念，区分教学内容中的重难点。一般来说，教学内容中的重难点往往是课程体系中起上下联系和纵横贯通作用的联结点，即教学必须突破的基本概念、原理、规则和方法。可见，教师分析教学重点和难点的过程，也就是依据课程标准和单元教学目标，逐步分解和剖析教学内容中的基本概念、原理、规则和方法的过程。例如，对于小学"数的整除"单元，求最大公约数和最小公倍数是重点。求最小公倍数是学习通分的重要基础，而求三个数的最小公倍数是本节的难点，在用短除开方形式找出三个数公有的质因数作为除数后，如果其中两个数有公有的质数时，还应继续分解，并将没有分解的数移下来。学生对此理解有一定的困难，也容易出现错误。为此，本节的教学设计，应侧重于以多种教学方法的最优组合，使学生明确三个数的最小公倍数必须包含它们全部公有的质因数和各自独有的质因数，运用分解质因数的方法，求出它们的最小公倍数。

（二）教材内容的重组与改进

虽然所有教材都把大多数学生作为适宜的学习对象，但实际上任何版本的教材要完全适应所有学生是相当困难的。因此，教师在进行教学内容设计时，既要立足教材，又要具有改进和完善教学内容的勇气，实现教学内容的重组和最优化组织。我国教师在教材处理方面摸索出了一些独到的方法，如"简、详、增、匡、慎"的五字法。尽管学科特点和学生特点以及教学目标的差异影响教材处理的路径和方法选择，但是教师在重组和改选教材时，可依据以下思路通盘考虑。

第一，依据学生的知识准备和认知发展水平，灵活调控教学内容的深度与广度，力求使新知识的教学既要有利于发展学生的潜在水平，又要与学生的现有水平相衔接。当教材内容明显超出学生的现有水平时，需要适当降低目标要求，进行铺垫式教学或分散高难教学任务。

第二，增强教学内容的新颖性和多样性，适当补充贴近学生日常学习和生活实践且有新意的材料，或者利用直观多样的教学媒体，以支持、丰富、强化和巩固教材所介绍的新知识，克服教材内容的陈旧性和单一性。

第三，突出重点，化解难点。对多数学生熟悉理解的内容，教师只作提示和点拨，引导学生调动自身认知结构中的有关知识即可；对重点则不惜变换教学方式方法，提供丰富多样的教学活动，增强练习与反馈，确保学生理解并掌握；对难点则应分析其产生的原因，提出针对性的解决措施。

第四，教学内容的组织、排列、呈现方式要恰当，不同内容之间应过渡自然，衔接紧凑；对教学活动与练习的安排应与教学目标和内容相适应，练习的方式方法应根据内容精心设计。

第五，注重知识与技能传授的同时，充分挖掘教材中蕴含的有利于开发学生智力、形成良好情意品质的因素，实现传道、授业与育心育德的有机结合。

（三）教材内容结构的微观研析

面对具体的教材单元，为确定适宜的教学目标，选择合适的教学方法，教师需要对教材内容的类型和性质进行准确的判断和层次分析，弄清教材的内容和逻辑结构。这种结构分析可以依据加涅关于学习结果分类体系的论述，灵活采用归类分析、图解分析、层级分析和信息加工分析的方法。

归类分析法是教师对教材所呈现的言语信息进行归类的分析方法，以鉴别为实现教学目标所需学习的知识点。归类时教师可用图示或列提纲的方式，把教材内容归纳成若干方面，形成内容体系和范围。

图解分析法是一种用直观形式展示教材内容要素及其相互联系的分析方法，主要适用于对认知类教学内容的分析。图解分析的结果是一套简明扼要、提纲挈领的图表或符号，它从内容和逻辑上高度概括了教学内容。如历史教学中，可以用几条带箭头的线段及简洁的数字、符号来剖析一次著名战役的全过程，其起因、时间、地点、参战各方人数、结果等均可反映在图中。此方法的优点是使教师容易觉察内容的残缺或多余部分以及相互联系中的割裂现象。

层级分析法是用来揭示教学目标所要求掌握的从属技能的一种任务分析方法。其基本过程是，从已确定的教学目标开始逆向分析，要求学生获得教学目标规定的能力，他们必须具有那些次一级的中介能力和再次一级的支持性条件。通过层级分析，教师可以建构出知识点的难度梯级图。

信息加工分析法是用来揭示掌握教学目标所必需的心理操作过程的分析方法。其特点是按信息流程图的方式揭示达到终点目标所需的心理操作步骤。

第四节 教学方法设计

通过教学目标和内容的设计，教师能够确切地知道"要到哪里去"。但怎样才能准确高效地到达目的地呢？这需要进一步作教学手段设计。教学手段设计的关键在于科学地选择和有效运用教学方法和教学媒体。

一、教学方法选择的影响因素

在教学设计中，当教学目标和内容确定下来之后，教学方法的设计便成为决定教学成败的关键因素之一。需要指出的是，任何一种教学方法都是为促进学生学习和提高学生学习满意度服务的，其本身无所谓优劣、好坏，只有对特定教学目标、教学内容、教育对象以及教育情境适宜程度之别。教师在选用教学方法时可综合考虑以下四个因素。

（一）教学目标的要求

现代教学理论表明，根据不同的教学目标选用不同的教学方法是走向教学最优化的重要一步。因此，围绕目标的实现来选择方法是一条重要的原则。根据教学目标来选择方法要考虑以下两方面。

1. 特定的目标要求特定的方法去实现

教学目标不同，所需采用的教学方法也不同。在选用教学方法时，教师首先要考虑它与教学目标的协调性。

2. 教学目标的多层次化要求教学方法的多样化

特定的方法只能有效地实现某一或某几方面的目标，完成某一个或某几个环节的任务，要保证教学目标的全面实现，教学中往往要求选用几种能互补的方法，并把它们有机结合起来。另外，每种方法都有优缺点，都有助于实现一定的教学目标，因此，我们在选用不同的教学方法时要尽可能地扬长避短。如选用发现法，要注意克服其费时、费力的缺点；若用讲授法，则要努力调动学生学习的积极性、主动性。

（二）教学内容的特点

除了教学目标，不同教学内容也制约着教学方法的选择。即便是同样的教学目标，学科性质不同、具体内容不同，所要求的教学方法也往往不一样。例如，同样是为了培养操作能力，物理、化学多采用实验法，而音、体、美则常采用练习法。

（三）教师的素质与个性特点

首先，不同个性的教师使用同一种方法的效果会有差异。这里的个性主要是指在教师个性心理特征基础上表现出来的教学风格、对不同课堂气氛的喜欢程度、与学生的亲疏程度等。例如，一位平时总是表情严肃的教师在使用游戏法、角色扮演法时，可能就不如一位平时和蔼可亲的教师采用这类方法的效果好。其次，教师的素质差异也制约着教学方法的选择。如果一位教师善于根据自身特点，选用某种教学方法来弥补自身素质的不足，会收到意想不到的效果。例如，一个口语较差的英语教师可采用视听法，利用电教设备，如录音机播课文、读单词，以取得良好的教学效果。因此，作为教师，要正确地选择教学方法，不仅要正确地认识自身的素质、教学风格，而且还要善于扬长避短，根据自己的特点选用恰当有效的教学方法。

（四）学生的年龄特征和学习特点

教学方法的选择还应考虑学生的年龄特征和学习特点。对处于不同年龄的学生及思维水平不同的学生要采取不同的教学方法。例如，发现法和讨论法对于小学低年级学生或思维水平较低的学生，往往不能达到预期的教学目标。角色扮演法对于低年级学生来说，更有利于激发他们的学习动机和兴趣。学生的思维类型差异和个性差异决定了他们的学习特点，影响着他们对不同方法的好恶和适应性。如有的学生必须在教师讲解后才能清晰地把握知识，也有的学生要通过亲自动手操作后才印象深刻，还有的学生则对经过充分讨论或自己发现的知识才能过目不忘。

总之，教学方法的选用必须以教学目标为轴心，综合考虑学科特点、学生特点、学生类型、教师素质、教学环境、教学时间及技术条件等诸多因素，以反映学生的主体性要求、促成学生最有效学习为宗旨，充分发挥教学方法设计的整体效应。

二、几种主要教学方法的比较

一个世纪以来，学者们根据教学方法的活动主体、实施条件、目标、形态、作用等因素的不同，提出了大量的教学方法。比如，克鲁克香克（2003）从优秀教师所需具备的复合技能角度出发，鉴别了29种教学方法。在实际教学中，教师最为熟悉和常用的教学方法主要有讲授法、讨论法、自习法、发现法、直接指导法、个别化教学法和合作学习法七种。下面着重介绍讲授法、讨论法和自习法。

（一）讲授法

讲授法属于接受性教学模式的范畴，它是指教师对学生进行信息陈述和展示。讲授的形式可以多样化：可长可短，可中断，也可持续进行；可以是正式的，也可以是非正式的；可以是现场的，也可以是报告式的。精彩的讲授对讲授的准备、实施和结束环节都有一定的要求。在准备环节，教师应确定讲授的概述性和详细的教学目标，广泛收集与讲授课题有关的信息，并对信息传递的方式进行策划。在实施环节，首先，教师应巧妙导入课题，吸引学生的注意，呈现、描述学习的类型和目标。其次，使用先行组织者、例证或图解，为学生提供清晰的、结构化的、渐进式呈现的信息。再其次，在讲授过程中应加强对学生学习的监控，教师应要求学生做课堂笔记，促进学生之间的互动，要求他们提出从一般到具体的见解，对所学内容进行反思并学会运用。最后，要控制讲授的容量、时间和范围。讲授的内容既不要太多，也不能太少，对最重要部分的讲授应安排在头 15 分钟之内，讲授时应避免跑题。在结束讲授时，教师应对所讲内容进行复习和总结，检查学生对新知识的理解程度。

讲授法之所以备受教师的青睐，是因为它有多方面的优点。首先，从效能上看，教师通过精彩的讲授能够把教学涉及的大量新信息、新内容较快地向大多数学生传输。其次，"使用讲授法可能也满足了教师与工作相关的需要，如控制需要、学生成功需要、时间管理需要"[1]。最后，精彩的讲授还有助于发展学生的倾听、做笔记等学习技能。但讲授法也因其固有的下列局限而招致较多的批评。其一，讲授法对教师的素质和教学风格有较高要求，如教师应是友善的、幽默的、口语流畅的。其二，它主要是一种单向的教学交流，学生间的相互作用较少，学生不容易卷入其中，教师也不能及时地获得学生的反馈信息。如果教师运用不当，容易导致注入式或填鸭式教学。其三，它更适合于传递信息，但不利于促进学生的思考。其四，对有些学生来说，听讲 15 分钟后注意力就会迅速下降，进行到 30 ~ 40 分钟时，学生所能接受的信息量就相当有限。其五，它容易使那些缺乏良好的注意、记笔记技能或记忆技巧的学生遭遇学习挫折。

（二）讨论法

讨论法是通过为学生提供一种交谈情境，促成学生之间或师生之间分享信息、观念或见解的教学方法。在教学情境中，讨论法的实施方式比较灵活，既可在教师与学生之

---

[1]　克鲁克山克. 教学行为指导［M］. 时绮, 译. 北京：中国轻工业出版社, 2003：178.

间进行，也可只发生在学生之间；既可以全班参与，也可以分组或举办小型座谈会；教师既可以积极主动地作为讨论的引导者或参与者，也可以仅仅作为一个观察者。讨论法对教师和学生都有一定的要求。它不仅要求教师（引导者）能控制自己的讲述，而且要求他是一个富有技巧的促进者、人际关系学家、澄清者和总结者；它要求学生能有效地进行思考，说出他们对某信息、观点、主题或问题的想法，并通过思考和有效的互动获得心智和社会性的发展。教师在运用讨论法时，在准备阶段，应确定好讨论的目的和程序，在分析学生对讨论的准备程度的基础上确定讨论的实施方式、教师应扮演的角色以及讨论的时限。在实施阶段，首先，教师应确信学生已理解了讨论的目的、任务和要求，提醒他们在讨论中要遵守的行为准则；其次，教师要加强对学生的组织，鼓励学生积极参与讨论并学会倾听和尊重他人的发言；最后，教师只有在完成讨论任务和相关信息发布以及组织发动任务之后，方可让学生自由讨论。在结束阶段，教师除应对学生经讨论所得的发现、结论、解决方案进行总结外，还要评价学生参与讨论的态度、表现及学习效果。

讨论法既可以发挥教师的主导作用，又能有效地凸显学生的学习主体地位。其优点主要有以下几点：一是，组织得当的讨论一般是富有动机激发性的，能激发和维持学生的学习兴趣；二是，学生在群体思考、人际互动的过程中相互启发，相互砥砺，既可以提高学生的交流能力，又可以发展其分析性和批判性思维，加深对所学知识的理解；三是，讨论在转变学生的态度和促进道德判断上也是有效的，有助于促进学生社会性的发展。但是如果讨论没有得到好的引导，可能会导致无目的的和浪费时间的低效学习。

（三）自习法

自习法是指教师要求学生独立地完成与课堂作业或实践性练习有关的自由学习方法。教师让学生自习的目的主要是为其提供复习、实践以及学会怎样学习的机会。自习法是相当有价值的教学方法，故经常被教师运用。因为"教是为了不教"，学校教学的最终目标是教会学生学会学习，以逐步减少他们对学校和教师的依赖。需要指出的是，自习法既不是完全放任学生，也不是教师和学生互不相干，各干各的事，其有效运用同样有赖于教师的引导和调控。在准备阶段，教师应该确定作业的性质和类型，确保所提出的作业目标符合学生的兴趣和能力水平。在实施阶段，教师应清晰地陈述作业的目的、要求、步骤和时间限制。在结束阶段，教师应及时收集作业，对其进行批改和评价，为学生提供详细的反馈，必要时进行补救教学。自习法的最大优点是可以提高学生对所学知识的理解和巩固程度，可以培养学生的学习自主性。其缺点主要是它的实际教学效果受教师和学生对它的理解和运用程度的影响。如果学生对自习的目的和要求不明白，或者认为它们不合理，就会消极应付或抵制作业任务；如果教师引导、调控或评价不当，也会影响学生的学习成效。

思考题

1. 为什么说教学设计比传统的备课对教师的要求更高？
2. 如何设置和陈述教学目标？
3. 教师应怎样分析和处理教材？
4. 教学方法和媒体的选择受到哪些因素的制约？

本章荐读

中共中央办公厅、国务院办公厅印发《关于进一步减轻义务教育阶段学生作业负担和校外培训负担的意见》（节选）

工作目标。学校教育教学质量和服务水平进一步提升，作业布置更加科学合理，学校课后服务基本满足学生需要，学生学习更好回归校园，校外培训机构培训行为全面规范。学生过重作业负担和校外培训负担、家庭教育支出和家长相应精力负担1年内有效减轻、3年内成效显著，人民群众教育满意度明显提升。

提高作业设计质量。发挥作业诊断、巩固、学情分析等功能，将作业设计纳入教研体系，系统设计符合年龄特点和学习规律、体现素质教育导向的基础性作业。鼓励布置分层、弹性和个性化作业，坚决克服机械、无效作业，杜绝重复性、惩罚性作业。

提升课堂教学质量。教育部门要指导学校健全教学管理规程，优化教学方式，强化教学管理，提升学生在校学习效率。学校要开齐开足开好国家规定课程，积极推进幼小科学衔接，帮助学生做好入学准备，严格按课程标准零起点教学，做到应教尽教，确保学生达到国家规定的学业质量标准。学校不得随意增减课时、提高难度、加快进度；降低考试压力，改进考试方法，不得有提前结课备考、违规统考、考题超标、考试排名等行为；考试成绩呈现实行等级制，坚决克服唯分数的倾向。

（资料来源：中共中央办公厅 国务院办公厅印发《关于进一步减轻义务教育阶段学生作业负担和校外培训负担的意见》[EB/OL]. 中国政府网，2021-07-24）

第九章

课堂管理

【内容摘要】

本章分四个部分讨论课堂管理问题。第一部分对课堂管理作一概述，主要讨论课堂管理的概念、功能、目标以及课堂管理的基本模式；第二部分着重介绍课堂学习与管理，涉及的内容主要包括课堂学习以及相应的管理和创新策略；第三部分从课堂物理环境、课堂社会心理环境两个方面探讨积极课堂环境的营造问题；第四部分主要介绍课堂纪律管理问题，包括课堂纪律的概念、类型、发展、维持策略以及对课堂问题行为的应对方法等内容。

【学习目标】

首先，了解课堂管理的基本概念和主要功能。了解不同类型课堂纪律问题。(1) 了解课堂管理的含义，可以用自己的话阐述；(2) 了解课堂管理的功能与目标；(3) 理解并分析不同的课堂管理模式；(4) 理解并设计课堂教学环境；(5) 掌握不同的课堂管理模式；(6) 了解课堂纪律与课堂纪律问题；(7) 掌握制定纪律策略的方法。其次，理解不同课堂管理模式的理论基础和实施效果及其对学生行为与学习成效的潜在影响。最后，掌握课堂物理环境与社会心理环境的营造方式，掌握具体维护课堂纪律和有效的应对策略。

【关键词】

课堂管理　课堂学习　课堂环境　课堂纪律　问题行为

➡ 第一节　概述

什么是课堂管理？它的功能和目标是什么？良好的课堂管理是什么样的？课堂管理受哪些因素的影响？具有哪些基本模式？这是我们探讨课堂管理首先要了解的问题。

一、课堂管理的概念

尽管课堂管理一直是教育心理学的一个重要研究领域，但对于什么是课堂管理，不同的研究者所持的看法却不尽相同。例如，美国全国教育研究会在 1979 年的年鉴中所下的定义是，创设和维持一种教学和学习能够发生的环境所必需的措施和程序。著名的课堂管理专家多伊勒（1986）给出的定义是，教师用于解决课堂秩序问题所采取的行动和策略。台湾教育心理学家张春兴（1998）认为，课堂管理是指在师生互动的教学活动中，教师对学生学习行为的一切处理方式，包括消极地避免学生违规行为的发生与积极地培养学生遵守团体规范的习惯，借此形成良好的教学环境。

近年来，越来越多的研究者对课堂管理采用一种宽泛的定义，把创设和维持课堂秩序、设计有效的教学、建立学生团体、应对学生个体的需要、建立课堂纪律和处理学生的不良行为都纳入课堂管理的范畴。例如，琼斯强调通过识别下述五个主要特征来把握课堂管理的实质：

（1）理解当前关于课堂管理和学生的心理、学习需要的理论和研究；

（2）创设积极的师生、同伴关系；

（3）根据个别学生和学生团体的学习需要，运用能够促进最佳学习效果的教学方法；

（4）利用组织和团体管理方法，最大限度地使学生把注意集中在学习任务上；

（5）利用各种咨询和行为手段，帮助那些存在长期或严重的行为问题的学生。[①]

显然，这种理解已经把教学纳入课堂管理的范畴，属于对课堂管理的广义的看法。为了把课堂管理与课堂教学相区分，我们在这里从狭义角度来理解课堂管理，即把课堂管理看成"为了创建和维持一种有利于学生学习和取得成就的课堂环境而进行的管理活动"（1995）。

课堂管理是一项十分复杂的活动，这是由课堂教学的特性决定的。多伊勒（1986）指出，课堂教学具有以下特性：

（1）多维性，涉及各种事件和人；

（2）同时性，在课堂教学中许多事情是同时发生的；

（3）直接性，事件的发生比较迅速，更迭比较快，限制了人们对事件的反思；

（4）不可预见性，对于课堂上发生的事件及其结果，教师通常难以预料；

---

① JONES V F, JONES L S. Comprehensive dassroom Management: Creating Communities of Support and Solving Problems [M]. Boston: Pearson Education. 2004: 35.

（5）公开性，所发生的事件往往被许多学生乃至所有学生直接看到；

（6）历史性，所出现的事件和行为具有过去和未来，前因与后果。

二、课堂管理的功能

课堂管理在课堂教学中具有不可替代性。概括起来，我们可以把课堂管理的功能分为以下三个方面。

（一）维持功能

所谓维持功能，是指课堂管理能够在课堂教学中，持久地维持良好的学习环境，有效地排除各种干扰因素，使学生充分地参与到学习活动中。课堂教学是一个动态的过程，在教学过程中难免会遇到各种与课堂教学目标相违背的因素的干扰，如在课堂上学生不注意听讲、说话、打闹等。为了保证教学目标的实现，教师必须有意识地排除这些消极因素的影响，使教学得以顺利进行。维持功能是课堂管理的基本功能。

（二）促进功能

课堂管理的促进功能是指良好的课堂管理能够增强、提升课堂教学的效果，促进学生的学习。在课堂教学中，教师可以主动地创设能促进教学的课堂环境，促进师生互动、学生之间的合作，满足学生合理的需要，调动学生积极性，最大限度地发挥学生潜能。这一系列管理活动，都有助于提高课堂教学的质量，促进学生的学习。

（三）发展功能

近年来，越来越多的研究者把课堂管理视为教学的一部分，认为课堂管理本身可以教给学生一些行为准则，促进学生从他律走向自律，帮助学生获得自我管理能力，使学生逐步走向成熟。课堂管理本身所具有的这种教育作用，就是课堂管理的发展功能。

三、课堂管理的目标

课堂管理的根本目的是创设良好的学习环境和条件，促进学生有效地学习，美国教育心理学家沃尔福克（1993）指出，要达到上述目的，需要把课堂管理分解成以下三个具体的目标。

第一，增加学生的学业学习时间。魏因斯坦和米格纳诺（1993）把为学生规定的学习时间分为五个层次：一是规定的总的学习时间，即分配给学生的学习时间；二是在校时间，它指学生在学校里生活和学习的时间；三是实际的学业时间，它指学生在学校中实际可用于学习的时间；四是参与学习的时间，它指学生投入在学习任务上的时间；五是学业学习时间，它指学生真正用于完成学习任务，真正学习和理解相关内容所用的时间（见图9－1）。

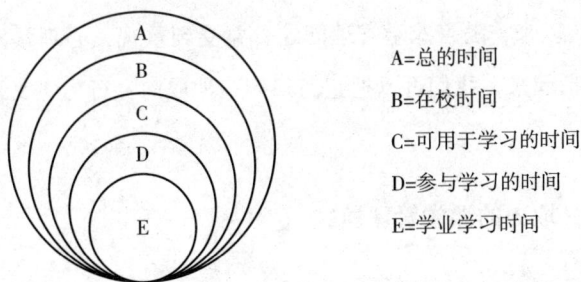

A＝总的时间
B＝在校时间
C＝可用于学习的时间
D＝参与学习的时间
E＝学业学习时间

图9－1　学习时间的层次分布

研究发现，在当今课堂教学中，由于教师在这方面的注意不够，致使无谓浪费时间的情况比较突出。魏因斯坦和米格纳诺（1993）的调查表明，在美国大多数州的学校中，学生用于学业学习的时间，只占规定学习时间的1/3。此外也有人指出，某些教育者每年浪费的教学时间多达50～60天（Moore，1995）。教师对教学时间的浪费表现在以下几个方面：（1）开始上课时经常用5～10分钟维持课堂纪律、安排座位、发放学习材料；（2）在教学过程中停下来处理个别学生的纪律问题；（3）采用多媒体教具时，浪费一些时间；（4）过多的考试、测验；（5）提前下课；（6）安排学生从事一些与教学无关的活动。为此，研究者主张把学生学习时间的安排作为课堂管理的一个重要任务。

第二，增加学生参与学习活动的机会。成功的学习需要学生在课堂上积极参与学习活动，加强与教师和同伴的交流。但是每一种学习活动都有其参与结构（participation structures），即关于谁可以发言、讲什么、何时讲、对谁讲、讲多长时间的限定规则。课堂管理的目标之一就是优化课堂学习活动的参与结构，尽可能多地给予每个学生参与学习的机会。

第三，帮助学生形成自我管理的能力。近年来，越来越多的研究者主张把培养学生的自我管理能力作为课堂管理的一个重要目标。因为"尽管中小学教师的课堂管理非常有效，但他们往往忽视了将学生自我管理能力的培养作为一项重要的目标。结果这些学生发现，当他们从这种管理良好的课堂中毕业并需要独立工作时会遇到困难"[1]。当然，

① WOOLFORK A E. Educational Psychology [M]. Boston：Allyn and Bacon，1993：189－190.

鼓励和引导学生形成自我管理能力需要一定的时间和精力，但是这种努力是值得的，因为"我们相信，当教师学会与学生分享课堂管理、尊重学生，并且把学生看作是自我指导的学习者的时候，他就能够成功地培养出更加负责任、自治和独立的学生"。①

四、课堂管理的基本模式

20 世纪 50 年代以来，随着课堂管理问题日益受到重视，心理学家逐渐提出了各种课堂管理模式。概括起来，我们可以把它们归为三种取向：行为主义取向、人本主义取向、教师效能取向。

（一）行为主义取向的课堂管理模式

课堂管理中的行为主义模式是以教师为核心来实施的。这种模式的基本理念是，学生的成长和发展是由外部环境决定的，他们在课堂中所表现出来的不良行为，或者是通过学习获得的，或者是因为没有学会正确的行为。在课堂管理中，教师的责任是强化适宜的行为并根除不适宜的行为。典型的行为主义取向的课堂管理模式有斯金纳模式和坎特模式。

1. 斯金纳模式

斯金纳模式又称行为矫正模式。1971 年，斯金纳在其出版的《超越自由和尊重》一书中系统地表达了利用行为矫正模式管理课堂的思想。

斯金纳认为，人类的所有行为本质上都是对环境刺激作出的反应。行为能否得以维持，取决于其后果。如果行为之后伴随的是积极后果，那么这一后果就会强化该行为；如果行为得不到强化，就会减弱，这种情况叫作消退；如果行为的后果是得到惩罚，那么该行为也会减弱。

在课堂管理中，教师要想使学生在课堂中表现出适宜的行为，就必须奖励和强化适宜的行为，忽视学生的不良行为。为了维持良好的课堂环境，教师必须做好以下三个方面的工作。

第一，清楚地讲明规则。事先讲明课堂行为规则，让学生明确什么行为是人们所期望的，什么行为是不当的。这样可以帮助学生确立好的行为准则，预防一些问题行为的出现。

---

① RIDLEY D S, WALTHER B. Creating Responsible learners：The Role of a Positive Classroom Environment [M]．Washington, DC：American Psychological Association, 1995：57.

第二，忽视不良行为。忽视某种行为，等于使这种行为失去强化，而失去强化的行为会逐步消退。学生在课堂上作出某些捣乱行为有时是为了吸引别人的注意，如果教师给予注意和批评，恰恰达到了学生的目的，因此难以有效制止这种行为；反之，如果教师不给予注意，学生反而因为达不到目的而自行减少这种行为。

第三，对遵守规则的行为给予奖励。奖励作为一种正强化通常可以使学生的良好行为表现得以维持和加强。教师对学生的奖励可以采用多种方式，如口头表扬、物质奖赏、安排自由活动的时间、给予某种权利等。

2. 坎特模式

20 世纪 70 年代，坎特等（1976）及其同事基于对课堂上教师的几千小时的观察，提出了自己的课堂管理模式，该模式被称为果断纪律模式。果断纪律（assertive discipline）模式也是行为主义指导下的课堂管理模式，但与强调行为强化的行为主义模式的侧重点不同，它希望借助有效制定和实施课堂秩序来进行课堂纪律的管理。

坎特认为，教师作为教育者具有以下几项基本权利：（1）维持一种最佳学习环境；（2）期望适宜的行为；（3）从学校的管理者和学生的家长那里获得帮助。这些权利和责任非常重要，它们为教师建立课堂环境提供了一个蓝本；同时，它们也和学生的权利密切相关。而学生作为学习者具有以下权利：（1）要求教师通过限制自我破坏和不当行为获得发展的权利；（2）从教师那里获得形成良好行为的适当支持的权利；（3）根据自己对结果的认识来作出反应的权利。

（二）人本主义取向的课堂管理模式

与行为主义不同，人本主义取向的课堂管理者认为，学生有自己的决策能力，他们可以对控制自己的行为负主要责任。在课堂管理中，教师不应该要求学生百依百顺，而是应该关注学生的需要、情感和主动精神，向学生提供最好的机会去发掘归属感、成就感和积极的自我认同，以此来维持一种积极的课堂环境；出现问题行为时，教师应更多地运用沟通技能，引导学生分析问题的性质和后果，自己把问题解决。典型的人本主义取向的课堂管理模式有格拉塞模式和基诺特模式。

1. 格拉塞模式

格拉塞在《没有失败的学校》（1969）一书中也提出了自己的课堂管理模式。该模式被称为现实疗法或控制疗法。

格拉塞强调建立和强化课堂行为准则的重要性。他主张课堂规则和学生行为的处理应通过一种特殊的过程——班会来建立。在班会过程中，教师是讨论的民主促进者，而不是权威。所有的决定都通过多数原则来确立。当规则需要调整或遇到特殊情况时，要通过再次召开班会来讨论修订。

格拉塞提出了现实疗法的基本程序：（1）联系学生；（2）正确对待学生面临的行为问题；（3）谨慎使用表扬；（4）引导合作；（5）表达愤怒。

2. 基诺特模式

基诺特在《教师与孩子：家长和教师之书》（1972），一书中强调教师用明智的方式与学生进行和谐的沟通的课堂管理模式，也称为明智信息（sane message）模式。

基诺特强调教师与学生之间沟通的课堂管理策略。这种模式强调的是教师应如何以尊重和同理心与学生交流，以促进积极的行为变化和情感发展。以下是基诺特模式的几个核心原则。（1）尊重和反馈：教师应对学生表达尊重，通过具体描述而非评价或标签来回应学生的行为，避免使用贬低或刻板的标签。（2）表达情感而非责备：在处理问题行为时，教师应表达自己的情感和需求，而非指责学生。这种方式鼓励学生理解他们的行为如何影响他人。（3）使用"I"语句：使用第一人称来表达感受和期望，如"我感到失望，因为……"，这有助于减少对学生的直接攻击感，促进理解和合作。（4）避免负面标签：基诺特强调不使用如"懒惰""不礼貌"这样的负面标签，而是具体描述行为，帮助学生理解具体问题。（5）鼓励自主和合作：基诺特鼓励教师支持学生的自主性，与学生合作解决问题，而不是单方面施加规则或限制。基诺特的方法不仅是课堂管理的策略，更是一种哲学，强调通过建设性的沟通和情感支持来培养学生的责任感和自尊心。这种方法对于建立一个积极、支持性的学习环境至关重要。

（三）教师效能取向的课堂管理模式

与行为主义和人本主义取向的课堂管理观不同，教师效能取向的课堂管理模式关注的是教师课堂管理技能的提高。持这一取向的研究者认为，课堂管理得好与不好，取决于教师的管理技能；通过培训，提高教师的课堂管理技能，可以达到改善课堂管理质量的效果。典型的教师效能取向的课堂管理模式有戈登模式和库宁模式。

1. 戈登模式

戈登模式又称教师效能训练模式（teacher effectiveness training，TET），由美国心理学家戈登提出的这一模式深受人本主义哲学的影响，关注学习者的个体性和学生个人的权利，强调学生观点的重要作用。

在其1974年出版的《教师效能训练》一书中，戈登阐述了以下基本观点。

首先，行为只要不干预他人满足自己的需要，都是可以接受的。每个人都有自己的问题，学生必须自己找到问题的解决办法。

其次，教师作为课堂管理者，应该与学生合作，帮助学生满足自己的需要，而不要施加自己的观点。教师应该具有七个方面的熟练技能，包括行为观察、识别问题的责任人、显示理解别人、能被别人理解、表示赏识、面对面的交流技能、双赢的问题解决策略。

再其次，教师在改进师生关系时，要区分影响师生关系的三类问题状态：教师自身问题、学生自身问题和师生共有问题，然后根据各类问题对师生关系的影响程度，采取相应的改善策略。

最后，除了需要不能得到满足外，其他的都不是问题。如果他人是需要不能得到满足的原因，就可以使用 I 信息（I 即主格的我），这是冲突解决的第一步；接下来，那些存在冲突的人需要找到尽可能多的问题解决方法，分析它们，从由选出一个；然后，分别采用自己的解决办法，比较对问题的解决效果。此时，不要寻求外部的支持和帮助，这是要求人们发挥主体性，自己分析问题，寻找问题的解决办法。

2. 库宁模式

库宁在其 1970 年出版的《课堂中的纪律和团体管理》一书中提出了用来防止和应对不良行为的管理策略。

库宁认为，课堂管理本质上是一种团体管理。在这种团体管理中，存在着一种涟漪效应：当你纠正一个学生的行为时，也会改变其他学生的行为。当教师使学生处于警醒状态、使其自身对学习负责的时候，学习才能取得最佳效果，这时的课堂秩序也是最好的。对于学生的不良课堂行为，最好采取预防的办法。对一个教师而言，预防不良行为的发生比纠正错误行为更为重要。

库宁用洞悉全局（withness）一词描述教师对学生的不良行为作出及时而适当的反应。他强调，在课堂里同时出现几件事时，教师需要具备洞察全局的能力，随时掌握教室的每个角落里发生的事情。同时，教师还应该具备同时处理几件事的能力。

库宁还专门提到了两个可能导致课堂纪律问题的不当做法。一是突兀，即不能流利地、有逻辑地从一种活动（使学生感到唐突，没有准备）过渡到另一活动（某种活动尚未完全结束时就突然做另外的事，这往往会造成学生的不良行为）。二是慢慢腾腾，即由于过度详尽的叙述或分析而出现了拖拖拉拉和浪费时间的现象。由于不良行为带来的连锁反应或过度停留于某个主题，而可能出现其他的不良行为。

前面介绍了三种取向的课堂管理模式。行为主义取向的课堂管理模式强调对学生的外部控制，强调借助各种约束来抑制学生的不良行为；人本主义取向的课堂管理模式强调对学生的尊重，强调采用引导的方式来帮助学生形成自律，克服行为问题；教师效能取向的课堂管理模式强调教师掌握一些有效的课堂管理技能，尽可能调控好课堂，避免问题行为的出现。上述课堂管理模式究竟孰优孰劣，目前专家们很难形成一致意见。例如，教师效能训练模式的创立者戈登强烈反对坎特的果断纪律模式，但实践表明坎特的果断纪律模式也很有效。事实上，不同的管理模式适用的条件不同，针对不同的学生，它们各自发挥的作用也不同。因此教师在教育实践中，不能把这三种取向的课堂管理模式对立起来，而应注意发挥它们各自的优势，相互补充，结合运用。[①]

第二节 课堂学习与管理

课堂学习是学生在校学习期间起主导作用的中心环节，其他环节的进行都要以它为基础，课堂学习的好坏是决定教学质量的关键。学生的课堂学习过程中，课堂学习时间安排不可忽视，它对学生的课堂学习起着至关重要的作用。在课堂学习过程中，教学效果和学习效率会有明显的差异，而有效的课堂管理及对课堂行为问题的妥善解决和引导，将使学生的学习活动更加积极而有效率。

一、课堂学习时间

课堂中的时间因素，同学生在课堂中的学习行为及学业成绩有着极为密切的关系，因而也是课堂中不容忽视的重要内容。心理学家认为时间是学习过程中的一个决定性因素。因此，时间可以作为一种用以研究教师行为与意图及学生学习活动的分析维度。

（一）课堂时间的研究

1. 卡罗尔的学校学习模式与课堂时间研究

把时间作为课堂上的一种心理学习变量，可直接归因于美国学者卡罗尔（1963）的学校学习模式。卡罗尔把时间作为学校学习中的中心变量，并构建了一个包含五个要素的模式，每个要素均与时间相关，具体为所需时间、所许可时间、所用时间。就某一特定学习任务而言，学生学习程度是学生所用时间与所需时间之间的比例函数。

$$学习程度 = f(所用时间 / 所需时间)$$

---

① 莫雷. 教育心理学 [M]. 北京：教育科学出版社，2007：351 - 352.

所用时间是指学生定向于学习任务并积极专注于学习的时间，而学生积极专注于学习的时间和掌握学习任务所需时间均取决于某些特定因素。具体来说，所需时间取决于能力倾向、理解教学能力和教学质量三个因素，所用时间由所许可时间和毅力两个因素组成。学生所需时间少，则能力倾向较高；所需时间多，则能力倾向较低。

卡罗尔的学校学习模式为教学时间与教学成效之间关系的研究作出了开拓性贡献。他明确地把教学时间作为影响教学成效的独立变量并为教学时间开辟了专门研究领域，而且就教学时间与教学成效之间的关系提出了第一个理论模式。

2. 布卢姆的掌握学习模式与课堂时间研究

如果说卡罗尔提出了学校学习层次与时间变量关系的概念模式，那么布卢姆则试图把这一要领模式转化为工作模式，即寻找一种教学策略，这种策略一方面可依照学习者不同需要提供相应足够的学习时间，另一方面又减少学习迟缓者所需的学习时间。布卢姆把学生学习结果和学习时间的差异归因于学生的认知状态、学生的情感准备状态和教学质量三个变量。认知准备状态是指学生掌握已学过的、完成新学习所必需的基础知识技能的程度；情感准备状态指学生参与学习过程的动机激发程度；教学质量指教学适合学生的程度。布卢姆掌握学习策略的要义即向学生提供所需的足够的学习时间，提供适应准备状态的教学，最终达到对学习任务的掌握水平，并逐渐减少学习时间。

布卢姆的掌握学习模式提供了缩减掌握学习任务的学习时间，提高可得到的分配时间利用率的有效教学策略。他更强调了时间因素对学习过程中其他因素的依赖和与其他因素的密切联系，把时间与学生特征、学习内容等密切结合在一起。这样，学习时间就不再是一个独立的变量，而是随学生的认知特征、情感特征、教学质量而变化。

（二）课堂时间的优化管理策略

课堂教学效率实质上就是在单位时间内花费最少的精力，获得最有效的成果。要提高课堂教学的效率，就必须坚持时间优化意识，注重课堂时间管理的策略。

（1）坚持时间效益观，最大限度地减少时间的损耗。

（2）把握最佳时域，优化教学过程。

（3）保持适度信息，保持知识的有效性。

提高学生的专注率，增加学生的学业学习时间。[①]

[①]　李红. 教育心理学 [M]. 武汉：武汉大学出版社，2007：410.

二、班级集体的管理

在课堂学习时间管理中，还有一项重要的管理任务，那就是对班级群体的管理。班级群体是由学生按照特定的目标和规范建立起来的集体，它无论对学生的学习还是社会性发展都有极为重要的影响。班级群体有正式群体和非正式群体之分，下面分别介绍两类群体的特征及对其的管理问题。

（一）班级中的正式群体

1. 正式群体的概念

所谓正式群体，是指在校行政部门、班主任或社会团体的领导下，按一定章程组成的学生群体。它通常包括班委会、团支部和少先队组织等，负责组织开展全班性的活动。这一类群体是班主任的"左膀右臂"，在班级管理中起着十分重要的作用，一个班级的好与坏在很大程度上取决于正式群体。

2. 正式群体的特点

（1）组织的法定性。即正式群体是基于班级管理的需要而设立的，是由同学选举或班主任任命的，其存在是名正言顺的。

（2）约束的全体性。即正式群体对班级全体成员均具有约束力，这与非正式群体只对群体内部具有约束力是有本质区别的。

（3）正式群体是班主任相对信任的群体，是与班主任联系较为密切的群体，正式成员要经常向班主任汇报班级的工作，是班主任联系学生的纽带。

3. 对正式群体的管理

（1）选好正式群体中的领导。领导在正式群体中居于核心地位，其能力和声誉往往直接决定了群体的工作能力和影响力。教师在选择正式群体中的领导时，要注意选择那些学习成绩优良、组织能力、目标意识和责任心强的学生，这样的学生既有威信，又可以较好地组织开展班级管理工作。在选择正式群体的领导时，应尽可能采用民主选举或竞选的办法，这样可以把学生信赖的领导推选出来，使他们一开始就有良好的群众基础。

（2）注意引导支持。班级中的正式群体通常要代表教师行使班级管理的某些权利，在班级管理的过程中，如果方法不当也会给班级建设带来某些消极影响。因此，教师对他们也要注意引导帮助。例如，对于班委会可以提出如下要求：一是严格要求自己，起模范带头作用；二是大胆负责，努力学习和开展工作；三是团结同学，做他们的知心朋友；四是明确分工，团结协作。此外，教师还要注意定期召开班委会，听取他们关于班级管理情况的反馈，必要时可以为他们出谋划策，提出班级管理的某些具体建议。

（3）适当授权，鼓励学生的自主管理。当教师学会与学生分享课堂控制、尊重学生，并且把学生看作自我指导的学习者的时候，教师就能成功地培养出更加负责任、自治和独立的学生（Ridley & Walther, 1995）。正式群体中的许多成员都具有较强的管理和组织能力，他们渴望自治和独立，他们也想拥有更多的班级管理权利。既然如此，教师就应该给予他们更多的参与管理的机会，让他们共享制定课堂纪律规范的权利。当学生参与到课堂规范的制定后，他们往往更愿意遵守这些规范。

（二）班级中的非正式群体

在同伴交往过程中，一些学生自由结合、自发形成的小群体，被称为非正式群体，它是同伴关系的一种重要形式。很多研究都发现，大多数班集体都有一些小群体，而大多数学生又都在某个小群体中充当一定的角色，这就构成了班集体中的非正式群体。

非正式群体可以分成不同的类型，根据成员间需要的性质，可将非正式群体划分成情绪型、爱好型和利益型三种类型。在情绪型的非正式群体之中，成员之间享有共同的情感，彼此能友好相处，相互支持。在爱好型的非正式群体中，成员在某些方面具有共同的兴趣爱好，经常在一起活动。利益型的非正式群体成员间有共同的利害关系，结合在一起则能够趋利避害。

1. 非正式群体的特点

一般而言，班级中的非正式群体具有以下特点。

（1）成员之间相互满足心理需要。非正式群体多是由于心理需要而自愿结合在一起的，成员之间或是有共同的观点，或是受过类似的挫折，或是兴趣爱好相投，或是有着共同的利害关系，或是由于性格互补。因此，非正式群体的成员之间情投意合，交往频繁，传递信息迅速，相互认可、相互支持。

（2）具有较强的凝聚力，但有可能存在排他性。非正式群体的成员之间具有强烈的情感联系，相互之间都以感情为重，对自然产生的领导言听计从，每个成员对非正式群体都有一定程度的归属感，但有的小群体的某些成员对其他小群体有排压的倾向与行为。

（3）行为上具有一致性。非正式群体具有共同的行为规范，这些规范是约定俗成的，而且成员往往具有共同的行动目标，并为实现共同目标而力求行动协调一致。

（4）成员的角色和数量不固定。虽然非正式群体中有领导者或中心人物，但不固定，随着情境的变化，会涌现出由成员认可的新领导者。非正式群体没有固定的数量，成员的流动性也很大，自由参加，自由退出。

2. 对非正式群体的管理

班级中的非正式群体有积极和消极之分。积极的非正式群体的目标、价值取向和行为规范与班集体的要求相一致，它对班集体的活动有促进作用。例如，学生自发组织起来的学习小组和兴趣小组，往往对班级教学和他们的学习有促进作用。消极的非正式群体的目标、价值取向和行为规范与班级的要求不一致，它往往对班级管理和学生的发展产生干扰作用。

对于班级中的非正式群体的管理，要注意以下几点。

（1）摸清非正式群体的性质。评判非正式群体是积极的还是消极的，主要的依据是看他们的目标、价值取向和行为规范是否与班集体的目标、价值取向和行为规范相一致。

（2）对积极的非正式群体给予鼓励和帮助。教师应积极为他们创设有利条件，充分发挥其影响，使之成为实现班级目标的积极力量。

（3）对消极的非正式群体给予适当的引导和干预。具体的措施包括，对群体中出现的不良行为，要给予严肃批评和坚决制止；通过调整座位、减少他们的课外联系等方式，使群体的集体活动减少；采用分别谈话、各个击破的方式，使群体中的成员逐步减少，最终使群体解散。消极的非正式群体也并非一无是处。群体中的领导者往往具有较高的威信和一定的组织能力，教师对他们进行适当的教育后，他们可以在班级管理中发挥较好的作用，有的甚至可以较好地胜任班干部。这类群体的成员之间的信息沟通渠道比较通畅，教师也可以借助他们来了解学生的思想动态和对班集体的一些意见。[①]

➡ 第三节 课堂环境管理

教学是教师、学生、情境三者交互作用的活动过程。作为一种情境因素，课堂环境对教学效果的影响极为重要。因此长期以来，人们一直把课堂环境管理作为课堂管理的一个重要方面。课堂环境可以分为硬环境和软环境两个方面，前者主要是指课堂中的物理环境，如座位、光照、活动区域等；后者主要指课堂中的社会心理环境，如课堂气氛、学习目标定向等。本节分别从上述两个方面来讨论课堂环境的管理问题。

---

① 莫雷. 教育心理学［M］. 北京：教育科学出版社，2007：358.

一、课堂物理环境

课堂物理环境是指课堂内的温度、色彩、空间大小、座位编排方式等时空环境和物质环境。近年来，课堂中的物理环境对学生的影响越来越受到心理学家的重视。研究发现，如果物理环境设置与教学目标和教学活动相匹配，则有利于教学目标的完成；反之，则可能妨碍教学目标的完成。

(一) 座位安置及其影响

1. 座位安置的基本形式

目前，教师对学生的座位安置主要有四种方式：剧院式、分组式、半圆式、矩形式（见图9-2）。

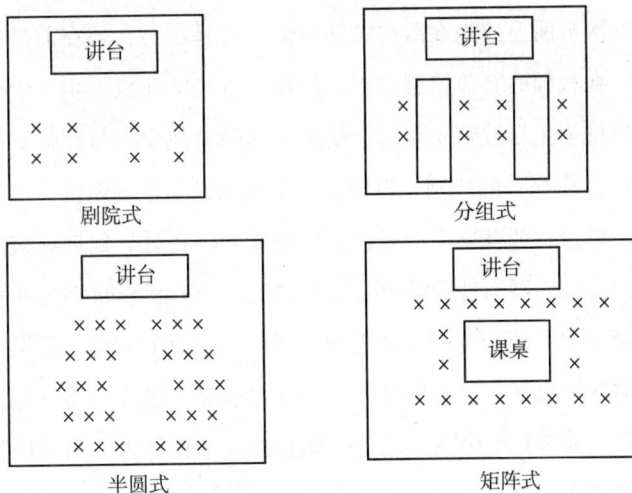

图9-2　学生座位的四种安排方式

剧院式又称秧田式，它是指把学生们纵横排列在教室里，学生单独或成对占据一张课桌的座位安置方式，这是座位安置最为常用的一种方式；分组式是指把学生分为几个学习小组，每个组的学生坐在一起的座位安置方式，它在当前的小班教学中最为常用；半圆式是指把学生按照两个半圆形状纵排在教室里的座位安置方式（有时也可以按一个半圆的方式横排在教室里），这种安排可以使学生彼此不会遮挡，有利于观看教师的板演，也有利于分成两组进行学习辩论；矩形式则是所有学生把课桌集中在一起，环坐在教室里的方式，它在班级座谈中最为常用。

2. 座位安置的基本原则

由于不同的座位安置对教学和学生的学习有不同的影响，教师在座位安置方面应该有适当的考虑。为了发挥座位安置的积极作用，在座位安置时应遵循以下基本原则。

（1）服务于教学原则。这四种座位安置方式分别具有不同的优点。温斯坦和米纳诺（2003）在多功能课室设计方案的研究中提出，剧院式的位置安排有利于减少学生之间的学习干扰，比较适合在高年级所采用的讲授式教学；分组式有利于学生之间的互动，比较适合开展合作学习式的教学；半圆式的安排使教室中间的空间增大，有利于教师走下讲台及时处理个别学生的纪律问题，也有利于给予学生个别化的指导；矩形式则比较适合学生的集体讨论和教师的教学演示。这就要求，教师在安置学生的座位时，应综合考虑学生的特点、教学的方式和班级纪律等多方面的因素，要把座位安置与自己的教学结合起来，以发挥座位安置对教学的促进作用。

（2）定期变换原则。研究表明，在通常情况下，教室中坐在前排和中间地带的学生，与教师交往的次数明显比坐在后排的学生多。这是因为，处在前排到中间地带的学生与教师距离近，在教师的有效控制之下，教师可以经常注意学生，学生也表现出积极的交往行为；而后排学生与教师距离远，受到教师的关注少，与教师交往的机会和次数比较少。本着"机会均等"的原则，教师应该定期调换学生的座位，使每个学生都有均等地与教师交流的机会，都有享受"好位置"的机会。此外，定期调整座位也有助于促进不同学生之间的交往，增加他们结识新朋友的机会，有利于同伴关系的发展。

（3）减少干扰原则。座位安置还要考虑的另外一个重要方面，是尽可能减少课堂中的学习干扰。在通常情况下，每个班级都或多或少地有一些容易违反纪律、干扰课堂秩序的学生。这些学生如果集中坐在一起，往往会出现不良行为的相互助长现象，这对课堂教学的消极影响很大。为了避免出现这类情况，教师在安置座位时应尽可能把他们分开，分别安排在教室的不同位置，以减少他们对课堂的干扰。

（二）其他物理环境因素及其影响

在课堂教学中，还有一些物理环境因素也会对学生的学习产生影响，比较突出的因素包括教室空间的大小、温度、光照、噪声等。

教室空间大小对课堂教学的影响表现为两个方面，一方面，狭窄的教室空间会让学生产生压抑感，影响学生学习时的情绪，也不利于教师在课堂上巡视、了解学生对教学内容的掌握情况。

美国心理学家爱泼斯坦（1981）等于1981年做过一项实验，让被试在3周内3次处于拥挤之中，发现被试普遍感到紧张不安，心情烦躁、易于发怒。

另一方面，教室空间过大、过于空旷，不利于学生集中注意力，也会影响课堂教学的效果。

教室一旦确定，教师就不能左右其绝对空间的大小，但是有经验的教师善于营造其相对空间。比如，对于空间较小的教室，他们尽可能把座位集中安置，留出适当的活动空间，便于学生的走动和教师的课堂巡视；对于比较空旷的教室，他们通常要进行设计，比如开辟一些活动角落，摆放一些学生的作品、学习用具或者作出某些装饰等。

不合适的温度、光照和噪声也往往会使学生产生消极的情绪反应，不能把自己的注意力充分集中在学习任务上，自我控制能力下降。

因此，教师不能忽视教室里的温度、光照和噪声等因素，在条件允许的情况下，应尽可能使教室的温度适中、光照适度，把噪声降低到最低程度，使学生产生一种愉悦的感觉和积极的情绪，从而减少不良的课堂行为。

二、课堂中的社会心理环境

与物理环境相比，课堂中的社会心理环境对课堂教学的影响更大。其中，课堂气氛和课堂目标结构是最突出的两个影响因素。

（一）课堂气氛

课堂气氛通常是指在课堂上占优势地位的态度和情感的综合状态，它是学习的重要社会心理环境。

1. 课堂气氛的类型

我国心理学工作者根据师生在课堂上表现出来的注意状态、情感状态、意志状态、定势状态以及思维状态，将课堂心理气氛划分为积极的、消极的和对抗的三种类型（见表 9-1）。

表 9-1　　　　　　　　　　　　　课堂气氛的类型

师生的心理	积极的	消极的	对抗的
注意状态	师生对教学过程表现出注意的稳定和集中，全神贯注甚至入迷	呆若木鸡，打瞌睡（在教师要求较严厉的情况下）；分心，做小动作（在教师管理课堂能力较差的情况下）	学生注意指向与课程内容无关的对象，而且常常是故意的；教师为了维持课堂纪律而被迫中断教学过程

师生的心理	积极的	消极的	对抗的
情感状态	积极愉快；情绪饱满；师生感情融洽	压抑的、不愉快的（在教师要求较严厉的情况下）；无精打采、无动于衷（在教师管理能力较差的情况下）	激情，学生有意捣乱，敌视教师，讨厌上课；教师不耐烦，乃至发脾气
意志状态	坚持，努力克服困难	害怕困难，叫苦连天；设法逃避	冲动
定势状态	学生确信教师讲课内容的真理性	对教师讲的东西持怀疑态度	不信任教师
思维状态	学生智力活跃，开动脑筋，从而迸发出创造性；教师的语言生动、有趣、逻辑性强，学生理解和解答问题迅速准确	思维出现惰性，反应迟钝	不动脑筋

资料来源：黄秀兰. 试论课堂心理气氛与教学效果 ［J］. 应用心理学，1986（2）18－20＋23.

积极的课堂气氛是恬静与活跃、热烈与深沉、宽松与严谨的有机统一。在这样的课堂气氛下，学生思维活跃，课堂发言踊跃，课堂纪律良好，时刻注意听取教师的讲授或同学的发言，并紧张而积极地思考。师生之间、学生之间关系和谐融洽，师生双方都有饱满的热情，配合默契。课堂里听不到教师的呵斥，看不到僵局和苦恼的阴影，有的是教师适时地提醒、恰当地点拨、积极地引导，学生产生了满意、愉快、羡慕、互谅、互助等积极的态度和体验，课堂心理气氛宽松而不涣散，严谨而不紧张。

消极的课堂气氛通常以学生的紧张拘谨、心不在焉、反应迟钝为基本特征。在这样的课堂气氛下，学生注意力分散、情绪压抑、无精打采、小动作多，有的甚至打瞌睡。对教师的要求，学生一般采取应付的态度，很少主动发言。有时学生害怕上课或上课时紧张焦虑。师生关系不融洽，学生之间不友好，学生产生了不满意、压抑、烦闷、厌恶、恐惧、紧张、高焦虑等消极的态度和体验。

对抗的课堂气氛则是一种失控的课堂气氛。在课堂教学活动中，学生过度兴奋、各行其是、随便插嘴、故意捣乱；教师则失去了对课堂的驾驭和控制能力。因此，教师有时不得不中止讲课而维持秩序。

2. 积极的课堂气氛的营造

积极的课堂气氛的营造是一项系统工程，需要教师的精心组织和主动创设。为了营造积极的课堂气氛，教师通常需要做好以下几个方面的工作。

第一，建立和谐的课堂人际关系。这是创设积极课堂气氛的基础。师生关系融洽，教师热爱、信任学生，学生尊重、敬仰教师，可以使课堂气氛愉快、活跃，学生思维积极，发言踊跃。同学之间团结友爱，容易使课堂形成互相尊重、体谅、友好的学习风气。反之，师生之间、学生之间的关系紧张，则会使课堂气氛压抑、沉闷乃至走向失控的局面。

第二，运用灵活多样的教学方式。灵活多样的教学方式可以较好地吸引学生的注意力，不断激发学生的学习兴趣和探究动机，进而营造出一种积极、活跃的课堂氛围。例如，教师注意变化教学的导入方式，可以使学生每次上课都有一种新鲜感，学习的动机、学习时的积极情绪得以增强；每堂课上，教师注意采用提问、讨论、直观演示、讲解相结合的教学方法，可以使学生一直维持较高的学习参与水平，避免课堂气氛单调、沉闷。

第三，采用民主的领导方式。教师的领导方式可分为专制式、民主式和放任式。在专制的领导方式下，课堂里的一切由教师作决定，学生没有自由，只是听从教师的命令，教师完全控制学生的行为。在民主的领导方式下，教师在课堂中重视学生集体的作用，教学计划和决策由全体成员共同讨论、共同分享，教师力图使自己成为一个帮手和促进者，对学生进行帮助和指导，鼓励个人和集体的责任心和参与精神，对学生的表现给予客观的表扬和批评。在放任的领导方式下，教师在课堂中既不严格管理，也不给予强烈支持，而是采取一种不介入的、被动的姿态，没有清楚的目标，没有建议或批评，教师仅给学生提供各种材料，给学生充分的自由，学生处于放任状态，允许学生在没有指导和忠告的情况下随便做什么。显然，为了营造积极的课堂气氛，教师应该更多地采用民主的领导方式。

第四，给予学生合理的期望。罗森塔尔和雅克布森（1968）的研究表明，教师的期望存在"自我实现的预言"效应。也就是说，教师的期望或明或暗地传递给学生后，学生会按照教师的期望方式去塑造自己的行为。一般说来，对学生的高期望会使学生向好的方向发展，教师对学生的低期望则会使学生越来越差。教师在课堂教学中往往会通过一些特定的行为来向学生传达他们的期望信息，如果教师在传达期望信息时，能够采取恰当的方式，对学生形成适度的高期望，也可以调动学生学习的积极性，促进积极的课堂气氛的形成。

（二）课堂目标结构

课堂目标结构是指一个班级中由奖赏机制决定的占主导地位的学习目标取向。根据学生之间的互动情况，课堂目标结构可以分为竞争、合作和个人主义三类。

在竞争性目标结构中，学生认识到他们的奖赏取决于与他人的比较，只有他人失败时自己才能取得成功。在这样的课堂中，学生的目标是尽可能做得比他人好。在合作的目标结构中，学生认识到他们必须与他人合作才能获得奖赏。在这样的课堂中，一个学生的成功依赖于其他同学的成功，学生的一个重要目标是鼓励和促使其他学生的成功。在个人主义的目标结构中，学生认识到奖赏取决于自己的努力，不需要关心他人是否取得成功，他们的目标是达到自己或者教师提出的学习标准和要求。

一般而言，竞争、合作、个人主义都是开展班级群体学习的手段，它们适用于不同的学习情境，并没有绝对的优劣之分。在我国的课堂教学中，教师所营造的多为竞争和合作的课堂目标结构，对于这两种目标结构的积极和消极作用，教师必须清楚地予以把握。

1. 竞争的利与弊

课堂中竞争性目标结构的好处在于：（1）可以活跃课堂气氛，避免学生按部就班地学习所产生的单调感，增加了他们学习的乐趣；（2）能激发个人的成就动机，提高个人的成就标准和抱负，发掘学生的学习潜能，提高学习效率；（3）能使学生在与他人比较中，较好地发现自己的优势和不足，对自己的能力作出更符合实际的评判。

竞争性目标结构也有不利的一面，具体体现在：（1）从学生个体角度看，对那些学习成绩一贯优异，不需要太多努力就能成功的学生，竞争缺乏激励作用；对那些学习成绩一般，但又想在群体中获得好名次的学生，竞争会产生过分的心理压力；对于那些学习能力较差的学生，竞争会使他们遭受更多的失败，使其丧失学习的自信心；（2）从学生群体角度看，频繁的竞争会使学生间产生对立、失去信任，使班级出现紧张、不安、不团结等消极的气氛；（3）经常不断的竞争还会降低学生学习的内在动机，使学生的注意力过多地集中在赢得他人的赞许方面，从而忽视学习活动本身所带来的认知乐趣。

为了弥补竞争性目标结构的不足，教师应该注意对学生进行分类管理：对学习成绩优异者，教师要注重激发其内部动机，启发他们从求知的角度，以自己为竞争对象，不断进步；对学习成绩中等的学生，教师要引导其进行正确归因，调整过高的动机水平，对学习付出更多的努力，以获得理想的成绩；对学习能力较差的学生，教师要给他们提供额外的帮助，如补习基础知识，安排更多的时间学习，对取得的进步及时强化，帮助他们树立信心。

2. 合作的利与弊

合作对学生学习的积极作用在于：（1）能促进集体的学习成功，增强集体凝聚力，建立起一种友爱、协作的人际关系；（2）有利于学习中的集思广益、优势互补，进而提高学生的学业成绩；（3）有利于学生习得团体规范，发展形成社会交往技能；（4）有助于个体学生减少失败体验，改善他们的自尊和学习的自我效能感，增强学习积极性。

但是合作的课堂目标结构也有不足之处，这表现在：（1）为了帮助学得慢的学生，学得快的学生可能在一定程度上放慢学习进度，从而影响自身的发展；（2）能力强的学生或活泼好动的学生有可能支配能力差或沉默寡言的学生，由此造成沉默寡言的学生更加退缩；（3）教师相对难以把握学生的个体差异，因为在合作学习中，能力较中等和较差的学生的学习状况很容易被集体的学习成功所掩盖。

学生之间的合作与竞争是对立统一的。在课堂的集体活动中，有时可能同时发生合作与竞争，有时可能交替出现，教师不能片面强调合作，也不能片面强调竞争。有效的课堂管理应该协调合作与竞争的关系，使两者相辅相成，成为促进课堂管理功能和调动学生积极性的有益手段。

第四节 课堂纪律管理

课堂纪律管理是课堂管理的重要组成部分。在课堂教学中，难免出现各种课堂问题行为，干扰教学活动的正常进行。有效的课堂纪律可以通过营造良好的课堂秩序、减少学生的不当行为来促进学生的学习。

一、课堂纪律的含义

课堂纪律是指为了保障或促进学生的学习而为他们设置的行为标准和施加的控制。课堂纪律有助于维持课堂秩序，减少学习干扰，也有助于学生获得情绪上的安全感。在纪律良好的课堂中，学生能够专注于教师为他们设置的学习任务和课堂活动，很少有干扰这些任务和活动的行为（1986）。

根据形成途径，课堂纪律一般可分为以下四类。

（一）教师促成的纪律

所谓教师促成的纪律，主要指在教师的帮助指导下形成的班级行为规范。这类纪律在不同年龄阶段的学生中所发挥的作用有所不同。刚入学的儿童由于不知道如何在一个大的团体中学习和游戏，需要较多的监督和指导，其课堂纪律主要是由教师制定的。随着年龄的增长和自我意识的增强，学生开始反对教师的过多限制，对教师促成的纪律的要求降低，但是它始终是课堂纪律中的一个重要类型。

（二）集体促成的纪律

所谓集体促成的纪律，主要指在集体舆论和集体压力的作用下形成的群体行为规范。从儿童入学开始，同伴集体就在儿童社会化的过程中扮演着越来越重要的角色。随着学生年龄的增长，同伴集体对学生个体的影响会越来越大，他们开始以同伴群体的集体要求和价值判断作为自己的行为准则，以"别人也都这么干"为由从事某件事情。班集体的纪律、少先队的纪律、兴趣小组的纪律等，都属于这类纪律的范畴。

（三）自我促成的纪律

所谓自我促成的纪律，简单说就是自律，它是在个体自觉努力下由外部纪律内化而成的个体内部约束力。自我促成的纪律是课堂纪律管理的最终目标。当一个学生能够自律并客观评价他自己的和集体的行为标准时，便意味着能够为新的更好的集体标准的发展作出贡献，同时也标志着学生的成熟水平向前迈进了一步。

（四）任务促成的纪律

所谓任务促成的纪律，主要指某一具体任务对学生行为提出的具体要求。这类纪律在学生的学习过程中占有重要地位。在日常学习过程中，每项学习任务都有它特定的要求，或者说特定的纪律，例如课堂讨论、野外观察、制作标本等任务都有各自的纪律要求。任务促成的纪律是以学生对任务的充分理解为前提的，学生对任务的意义理解越深刻，就越能自觉遵守任务的纪律要求，即使遇到困难挫折也不会轻易退却，所以，学生完成任务的过程，就是接受纪律约束的过程。

二、维持课堂纪律的策略

课堂纪律管理是一项日常而又复杂的工作。为了维持良好的课堂纪律，教师应注意采用以下一些策略。

（一）建立积极、有效的课堂规则

课堂规则是课堂成员应该遵守的课堂基本行为规范和要求，它所传递的是教师对学生的期望，所代表的是每个学生的课堂行为准则，具有规范、指导和约束课堂行为的效力。要管理好课堂纪律，教师必须注意建立制度化的课堂规则，明确规范学生在课堂中的行为。

制定课堂规则有以下原则和要求。

（1）课堂规则应由教师和学生充分讨论，共同制定。由学生参与讨论制定的课堂规则，会在很大程度上满足学生的需要和愿望，容易被学生接受和内化，从而自觉遵守。

（2）课堂规则应少而精，内容表述以正面引导为主。由于课堂规则是所有学生均应共同遵守的课堂行为规范与要求，因此它应该最简明、最基本，具有普遍适用性的特点，不宜太多及过于具体，一般以 5～10 条为宜。所制定的课堂规则主要陈述的是应该怎么做，而不要与违规惩罚措施结合在一起。研究表明，惩罚定向的规则常常会引导学生关注消极方面，反而淡化学生的积极动机与态度，无助于培养学生高水平的、具有社会价值的道德。

（3）课堂规则应及时制定、引导与调整。教师应抓住学年开始的机会制定课堂规则，向学生提出自己的期望，并引导学生掌握如何遵守课堂规则。在此后的课堂管理实践中，如果发现既定的课堂规则不够完善，教师还要注意与学生一起讨论修改、补充该规则。

（二）合理组织课堂教学，维持学生的注意和学习兴趣

维持学生的注意和学习兴趣，既是课堂纪律管理的重要目标之一，又是课堂纪律管理的有效策略之一。教师合理地组织课堂教学结构，维持好学生的学习兴趣，把学生的注意力始终维持在学习活动中，使学生失去违纪的机会，从而使课堂纪律大大改善。

为了维持学生在课堂学习中的注意和兴趣，教师可以从以下几个方面着手。

（1）增加学生的课堂参与。这要求教师的教学内容符合学生的需要，生动有趣；教学方法灵活多变，能激发学生的好奇心和参与热情。例如，教师采用设置悬念、精心提问和小组讨论的方法，不断变换刺激角度，就可以收到这样的效果。

（2）保持动量。保持动量是指课堂教学要有紧凑的教学节奏，避免被打断或放慢，使得学生总有学业任务。它要求教师课前做好充分准备，如确定教学目标、精心设计教案、有效选择教学策略、认真备好教具等；课堂上要合理安排教学进度和节奏，选择适宜的课堂密度、课堂强度、课堂难度和课堂速度。

（3）保持教学的流畅性。教学的流畅性是指教学活动之间过渡平缓、自然，具有很好的信息连续性。教师要保持教学的流畅性，必须注意处理好教学的过渡问题。过渡是课堂管理的"缝隙"，也是课堂秩序最容易出问题的时候。在教学过渡中，教师应该首

先考虑采用自然过渡的方法，这要求在教学内容上要保持高度的逻辑性，使学生的思维能够因循逻辑转移过来。如果前后两个教学活动之间难以采用自然过渡的方法，如讲解之后让学生做练习，教师可以采用明确提示的方法，直接告诉学生下一项学习任务是什么，然后督促学生立即转入学习活动中。

（三）注意做好课堂监控

为了维持良好的课堂纪律，教师还必须注意加强对课堂的实时监控。库宁（1977）指出，良好的课堂纪律在很大程度上依赖于教师对纪律问题的预防，而预防的最好方法就是对课堂情况做好监控，做到明察秋毫，让学生知道自己随时关注课堂中发生的每一件事情。

一旦课堂上出现一些纪律问题的苗头，教师可以采用提示的方法加以控制。提示可以采用非言语的形式，如目光接触、手势、身体靠近和触摸等；也可以采用言语提示的方式，如"请注意听讲""老师板演时请不要讲话"。需要注意的是，采用言语提示时，教师应该做正面提示，直接告诉学生应该怎么做，而不要纠缠于对学生的不良行为的评判，因为正面提示表达了对学生未来课堂行为更积极的期望。例如，说"请注意认真听讲"就要比说"别做小动作"要好一些。

（四）培养学生的自律品质

自律是学生纪律性发展的最高阶段，也是课堂学习纪律管理的最终目的。促进学生形成和发展自律品质，是维持课堂纪律的最佳策略之一。

学生自律是在他律的基础上形成的，是外部行为规范内化成为自己的行为准则的结果。学生把外部规范内化成自己的行为标准，首先，必须知道这些规范有哪些，有什么意义。在自律品质的培养过程中，教师要对学生遵守课堂纪律提出明确要求，加强课堂纪律的目的性教育。其次，自律是个体有意识地对自己的行为进行自我监控和调节的活动，因此，要形成和发展学生的自律品质，必须发展学生的自我调控能力。教师应引导学生对学习纪律持有正确、积极的态度，让学生产生积极的纪律情感体验，培养学生自觉遵守纪律的良好习惯和意志力，引导学生进行自我分析、自我检查、自我反思、自我评价、自我监督、自我锻炼，并通过自我鼓励、自我奖赏、自我誓言、自我命令、自我禁止等自我强化手段，维持合理的课堂学习行为，消除课堂学习纪律问题，以实现自我监控，从而形成和发展自律品质。最后，学生的自律是在课堂环境中，通过与其所属集体成员的互动而形成的。因此，集体舆论和集体规范是学生自律品质形成和发展的有效手段。教师应充分利用集体舆论、集体规范的行为动力效应、助长效应、从众效应，来引导、规范和约束学生的课堂学习行为，以发展学生的自律品质。

三、课堂问题行为及其应对策略

在课堂教学中，学生难免会出现各种问题行为，干扰教学活动的正常进行。课堂纪律管理的一项重要任务是澄清并有效地应对这些问题行为。

课堂问题行为是指学生在课堂中发生的，违反课堂规则，妨碍及干扰课堂教学活动正常进行的行为。课堂问题行为具有普遍性，是教师经常遇到而又非常敏感的问题，处理不好，就会损害师生关系和破坏课堂气氛，影响教学效率（陈时见，1998）。

1. 问题行为的类型

学生的问题行为一般可分为两类：一类是品行方面的问题行为；另一类是人格方面的问题行为。

品行方面的问题行为，是指那些直接指向环境和他人的不良行为，如攻击性行为时，教师可以分别采用两种方式：一是表扬出现问题行为的学生的良好行为。例如，学生上课爱做小动作，教师就在这个学生认真学习时表扬他；如果学生常擅自离开座位，教师就要在他们坐在座位上认真听讲时表扬他们。二是表扬其他学生的良好行为。一般是选择他邻座的同学或他最要好的同学加以表扬，这样可使行为不当的学生意识到，教师已经知道了他的行为表现，他应控制不当行为。表扬良好行为不仅可以中止学生的问题行为，而且也可以使他们知道应该作出哪些合适的行为，因此是一种比较好的问题行为调控策略。

2. 合理运用惩罚

诸多研究均显示，少量的、方式适当的惩罚可有效地减少课堂问题行为。奥·勒利等（1980）提出使用惩罚的七条原则：

（1）偶尔使用惩罚；

（2）使学生明白为什么他要受惩罚；

（3）给学生提供一个可选的方法以获得某种积极的强化；

（4）强化学生与问题行为相反的行为，即当实施惩罚后，如发现学生有积极的表现，应停止惩罚；

（5）避免使用体罚；

（6）避免在教师非常愤怒或情绪不好时使用惩罚；

（7）在某一行为开始而不是结束时使用惩罚。

此外，教师在运用惩罚时要坚持对事不对人的原则，执行惩罚时既要公平一贯，又要灵活体现出差异，如学生第十次捣乱和第一次捣乱所受的惩罚就应有差异。教师在对学生惩罚后，要给予学生积极的帮助，使学生受惩罚后，不仅不再犯错，而且在同样情境下，学会以适当行为代替不良行为。

3. 引导学生参与学习活动，不留给学生违纪的时间

学生在课堂上出现问题行为，有时是因为他们感到"空闲"，无所事事。针对这一点，教师可以安排他们从事某些学习活动，使他们没有产生问题行为的空闲，从而中止问题行为。但是需要注意，过多地给他们安排学习活动、学习任务，会导致其疲劳、烦躁，进而引发问题行为。因此，引导学生参与学习活动也要有一个度的问题。

4. 进行心理辅导

前述三种方法只能有效地中止课堂中的问题行为，而不能从根本上解决学生的问题行为。学生的问题行为都有其心理根源，因此要想从根本上解决他们的退堂行为问题，教师还应该注意对他们进行心理辅导。对问题行为学生的心理辅导应该注意以下几点：第一，给予倾听、接受、移情性的理解，而不要给予批评、指示、约束、强制的教育；第二，通过引导，帮助学生找到产生问题行为的原因，分析问题行为带来的消极后果；第三，帮助学生制定新的适应性课堂行为目标；第四，给予情感发泄机会，疏导学生内心积压的忧郁、愤怒、冲动、不满、攻击、不安等不良情绪，从而消除问题行为背后的情感根源①。

思考题

1. 什么是课堂管理？

2. 陈述座位安置对课堂教学的影响。

3. 试分析合作、竞争、个人主义的课堂目标结构对学生学习的影响。

4. 试分析纪律的发展阶段对课堂管理的启示。

5. 列举维持良好纪律和应对问题行为的策略。

6. 有些教师告诉同事说："在情感上不要太接近学生，否则你可能会受到伤害。你在课堂上的权威会受到削弱。""如果学生把你看成朋友或同伴，你就不会得到他们的尊重。"这种观点的不当之处在哪里？

---

① 莫雷. 教育心理学［M］. 北京：教育科学出版社，2007：374.

本章荐读

《中共教育部党组关于加强高校课堂教学建设提高教学质量的指导意见》

2017 年 12 月 6 日，教育部高等教育司制定印发《中共教育部党组关于加强高校课堂教学提高教学质量的指导意见》提出，健全课堂教学管理体系。高校要建立健全加强课堂教学管理的工作机制，保证各项监督管理措施落实到位。要建立健全学校党委领导、校长和分管负责人全面负责、教务部门和院（系）具体负责的课堂教学管理体系，根据每门课程的育人功能，把社会主义核心价值观的要求，把实现民族复兴的理想和责任融入各类课程教学之中。高校党委要定期研究、校长及分管负责人要经常性研究课堂建设和管理工作，教务部门和院（系）要切实加强课堂教学管理。教师要切实承担起加强课堂教学管理和提高教学质量的主体责任，把更多时间和精力投入课堂教学中，认认真真讲好每一堂课，要坚持教书和育人相统一，坚持言传和身教相统一，坚持潜心问道和关注社会相统一，坚持学术自由和学术规范相统一，努力成为有理想信念、有道德情操、有扎实知识、有仁爱之心的好老师。

完善课程设置管理制度。高校要科学设定人才培养目标，完善人才培养方案，优化课程设置。推动学分制建设，实现课程资源共享，鼓励教师积极开发、引入优质在线开放课程资源，不断提高课程建设水平。建立课程审核、评估、准入和退出机制，进一步提高课程设置与人才培养目标、规格的吻合度。建立课程主讲教师教学责任制。要面向全体学生开设提高思想品德、人文素养、认知能力的课程，充分发掘和运用各学科蕴含的思想政治教育资源，促进思想政治教育与专业知识教育的紧密结合，使各类课程与思想政治理论课同向同行，形成协同效应。

（资料来源：中华人民共和国教育部官网，http：//www.moe.gov.cn）

第十章

教师心理

【内容摘要】

学与教的心理是教育心理研究的核心问题，教师心理特征与成长心理因而成为教学心理研究的重要内容。本章学习内容有助于提高学习者对优秀教师心理素质的理解，进而影响其在今后教育实践中的成长理念。在明确了教师的职业角色心理定位及其形成的心理的基础上，分析了影响教师成长的两个关键心理因素：一是反映在认知、人格和行为上的职业心理特征；二是从专长发展的角度研究了从新手到专家型教师的职业成长心理。最后从职业压力与应对和职业倦怠与干预两个方面阐述了教师职业心理健康的维护与促进。

【学习目标】

了解教师职业角色，明晰教师职业角色的形成及具备特点，明确教师心理素质和特点。

【关键词】

角色与角色期待　教师职业心理特征　教师职业成长心理　教师心理健康

第一节　教师职业角色

师者，所以传道、授业、解惑也。教师是人类灵魂的工程师、教书匠、一桶水、春蚕、蜡烛、园丁、人梯、铺路石……一直以来，教师都是学生学习的引领者、合作者，不同时期，人们对教师所应扮演的角色有着不同的期待，不同的期待形成了不同时代教师的教育观念，奠定了教师的职业角色心理基础。

一、现代教师角色观

社会的进步和教育的变革对教师提出了许多新的要求，教师持有怎样的教育观念，在很大程度上是由教师的角色观决定的。

(一) 角色与角色期待

角色作为心理学概念，是指个体在社会群体中的特定身份和与之相联系的行为模式。教师作为一种社会角色，意味着社会赋予其相应的身份和职责，因而教师的职业活动是以其扮演的社会角色为基础的，这种扮演的最直观表现即"教书育人"。

(二) 对教师的角色期待

社会对每一种社会角色所规定的行为规范和要求，称为角色期待。教师作为一种社会角色，其职业特征决定了社会对教师的角色期待，符合角色期待的个体行为会受到社会的认可与赞许，例如我们经常会说："他是一位真正的好教师。"角色期待的内容会随着社会的变化而变化。在历史上，社会对教师的角色期待就经历了从长者为师到有文化知识者为师，再到教师即"传道、授业、解惑"者的演变历程。在今天，科技和社会的进步促使教育在各方面都发生了巨大的变化，这种变化使得人们对教师的角色期待增添了新的内容。

1. 学习的引导者和促进者

教师一直被认为是知识的传授者，但现代教育心理学的研究表明，学生的学习是一个积极主动的知识建构过程，教师所应充当的是学生学习的引导者和促进者的角色，教师是"催生理解的接生婆"，而不是"知识传送的机器"。因此，一方面，教师应引导学生积极主动地掌握基础知识和基本技能，引导学生在获得科学知识的同时学会如何学习并发展各种能力；另一方面，教师应善于运用心理学和教育学的知识与原理促进学生的学习，能够有效地调动学生学习的积极性，激励学生自主探究，使教学成为一个双向互动、共同学习的过程。

2. 行为规范的示范者

学高为师，身正为范，"其身正，不令而行；其身不正，虽令不从"。在学生道德品质和健康人格的培养过程中，教师的示范是至关重要的。班杜拉（1963）的社会学习理论表明，模仿学习是一种重要的学习方式，"榜样的力量是无穷的"。教师对于学生来说就是一个重要的榜样，尤其是对于正处在成长过程中的中小学生来说，模仿学习是他们的一种重要的学习形式。而且，学生对教师有一种特殊的信任感，他们把自己尊敬与爱戴的教师视为效仿的楷模，有人把这种现象称为"向师性"，并认为这是学生的一种心理特征。身教重于言教，教师要担当起学生楷模的角色，就应当不断反思自己的思想品德、行为作风、处世态度，充分意识到自己的榜样作用，使自己的言行成为学生学习的表率。

3. 班集体的管理者

教师作为班集体的管理者，对班级的各项活动担负着领导者的责任。首先，要通过管理为学生创设一个良好的学习环境，使学生养成自觉遵守纪律的习惯。其次，要通过管理营造良好的集体气氛和舆论，使班集体成为一个人际和谐的群体。最后，要通过管理建立民主的师生关系，使师生关系成为一种教育力量。

4. 心理健康的维护者

学生正处于身心发展的重要阶段，难免会出现一些心理问题和心理障碍。若不及时消除这些心理问题或障碍，轻者会影响学生的学习和生活，重者会导致心理疾病，严重影响学生的身心健康。因此，维护学生的心理健康，促进学生的人格健全是现代教师的重要职责。一方面，教师要掌握心理健康的基本知识和技能，以帮助学生防止各种心理问题的产生，或当学生出现心理失常和心理障碍时能给予及时的帮助；另一方面，应当积极促进学生对社会的适应能力，旨在动态培育学生人格成长完善。

5. 学生成长的合作者

苏霍姆林斯基曾说过："一个好教师意味着什么呢？首先意味着他热爱孩子，感到跟孩子交往是一种乐趣，相信每个孩子都能成为一个好人，善于跟他们交朋友，关心孩子的快乐和悲伤，了解孩子的心灵，时刻都不忘记自己也曾是个孩子。"[①] 现代教师要从权威者的角色转变为与学生平等合作的伙伴，教师要确立师生平等、民主的理念，要尊重学生，重视学生独立人格的养成，重视对学生问题意识、思维品质的培养。认真虚心地听取学生的意见和建议，并能理解和认可学生的不同意见，以真诚的态度与学生友好相处。

6. 教学的研究者

现代教师要从"教书匠"向具有科研意识的"研究者"转变，教师要以研究者的眼光关注学生的发展，以研究者的素养探讨并解决具体的教学问题。教师必须具有探讨教学问题的意识，注意收集资料，勤于动脑思考和反思，善于总结自己的教学经验，不断地反思自己的教育观念、教育行为和教育效果，要改进和调整自己的教学实践，提高自己的专业水平。教师还要掌握基本的教育科研方法，并注重运用所掌握的方法来解决

---

① 苏霍姆林斯基. 帕夫雷什中学 [M]. 赵玮，等，译. 北京：教育科学出版社，1983：21.

自己在教育实践中遇到的问题。

二、教师职业角色的形成

教师职业角色的形成是一个连续的过程。通过教学实践，一位新手型的教师逐渐成长为一名胜任教学工作的熟手型教师，其职业角色的形成主要经历以下三个阶段。

1. 教师角色的认知

角色认知是指角色扮演者对某一角色行为规范的认识和了解，知道哪些行为是合适的，哪些行为是不合适的。角色认知是角色扮演的先决条件，个人能否成功扮演某种角色，首先取决于他对这一角色的认知程度。教师主要通过学习、观摩、职业训练、社会交往等了解自身的责任和义务，并与社会上其他职业角色区分开来。一般来说，从教1~2年的新手型教师就能够形成较完整的教师角色认知。

2. 教师角色的认同

教师角色的认同是指个体亲身体验并接受教师角色所承担的社会职责，用以控制和衡量自己的行为。对教师角色的认同不仅表现为在认识上了解到了教师角色的社会职责，更重要的在于从中获得了情感体验，对教育事业表现出了积极的职业情感。当教师的行为符合角色要求并得到积极的评价，教师才能产生积极的情感体验并在教学实践活动中去强化这种情感体验。对教师角色的认同，是成熟的扮演教师角色的情感基础，在新手型教师向熟手型教师转化过程中可体验到这种情感。

3. 教师角色的信念

教师角色的信念是指教师在角色扮演中，将职业角色的社会要求转化为个体需要，坚信自己对教师职业的正确认识，并将其作为规范自己行为的指南，形成职业的自尊心和自豪感。正如我国特级教师李吉林所言："我是一个普通的小学教师，但我并不妄自菲薄，教师的待遇虽然不高，但在精神上是富有的，因为我们拥有学生。"[1] 就是这种教师意识，教师特有的情感，使他们自觉地为教育事业奉献出毕生的精力，真正是"捧着一颗心来，不带半根草去"[2]。信念坚定并努力实践之，正是专家型教师的显著特点。

三、教师职业角色的特点

教师职业角色有两方面的主要特点。（1）教师职业角色的突出特点是角色组合。任

---

[1] 李吉林. 李吉林文集：卷四 [M]. 北京：人民教育出版社，2006：89.
[2] 张圣华. 陶行知教育名篇 [M]. 北京：教育科学出版社，2021：16.

何一位从事过教学实践的教师都深有体会，教师职业工作的内容并非单一、纯粹的教书工作，要成为一名合格的教师，不仅需要在课堂上传授知识，还需要做许多看起来与课堂教学无直接关系的事情，如疏导学生情绪、塑造学生品格、组织班级活动等。（2）教师角色组合还处于动态变化的过程当中。世界快速发展，时代赋予教学更多更高的责任，人们对教师角色的期待和要求也在发生着变化，相应地，教师角色组合也随之在数量和内涵上有所改变。

➡ 第二节 教师职业心理素质

随着社会的发展，人们不仅关注学生的心理素质，也关注教师的心理素质，这既是教书育人的需要，也是教师自身成长发展的需要。教师的心理素质对学生素质的发展将产生重要影响，它包括教师一般心理素质和教师职业心理素质。教师一般心理素质是基础，它是指教师应具备的基本心理品质，由认知品质、个性品质和适应能力构成。教师职业心理素质是教师一般心理素质和特定职业结合的产物。

一、教师职业心理素质及其特点

关于教师职业心理素质的定义，教育界和心理学界的学者们提出了多种观点。综合各种论述，我们将教师职业心理素质定义为教师职业所要求的、在教师专业发展过程中形成的、在教育教学工作中培养并表现出来的、直接影响教育教学效果的相对稳定的心理品质。

一般而言，职业心理素质具有稳定性、基础性、综合性和发展性的特征。[①]

具体就教师职业心理素质而言，则有以下特点。

（1）教师职业心理素质是多维度而非单一维度的结构，包括多个相互关联的要素。教育是为了促进学生的发展，而发展不仅指获得知识、掌握技能、形成人格品质，还包括懂得生活、适应社会、不断创新等。因此，教师作为学生发展的促进者，应具备该角色所要求的一系列心理素质。

（2）教师职业心理素质处于动态发展之中。社会对教师群体心理素质的要求在不断变化。随着时代发展，学生心理素质教育的含义和内容在变化，作为素质教育的操作者，教师的心理素质在某种程度上制约着学生心理素质的发展。

---

① 张大均. 师范大学生职业心理素质特点与教育［M］. 重庆：西南师范大学出版社，2002：53 - 54.

（3）教师心理素质的形成具有个别化、阶段性特点。随着教师教育实践活动的深入、教师本人专业化程度的提高，教师心理素质在教师步入职业生涯及专业发展过程中逐步形成、不断提高并渗透于日常教育教学行为之中，教师个体心理素质构成的各方面在教育实践中的表现、比例等会有所不同。

（4）教师的心理素质具有可培养的特点。心理素质虽然是内在的品质，但它可以通过外显的行为来表现。因而通过对教师的行为优化训练，就能够提高教师的心理素质。教师心理素质是教师搞好教育工作的重要条件，有显性和隐性两种作用。显性作用是指具备良好心理素质的教师能够更好地向学生传授知识、技能，以及促进学生智能、个性的发展。隐性作用是指具备良好心理素质的教师能潜移默化地影响学生，这是其他任何教育手段都无法替代的。

二、教师职业心理素质的结构

教师职业心理素质主要包括教师的教学效能感、教师的教学能力和教师的人格特点三个方面。

（一）教师的教学效能感

教师的教学效能感是指教师相信自己有能力对学生的学习产生积极影响的一种知觉和信念。它属于教师的教育观念，是教师从事教育工作的心理背景，以及知觉、判断，进而影响其教育行为及教学质量。大量研究表明，教师的教学效能感是学生学习成绩好坏的重要预测变量，是专家型教师区别于新手型教师的重要指标。[①]

教师的教学效能感包括个人教学效能感和一般教学效能感。一般教学效能感是指教师对教与学的关系、教育在学生发展中的作用等问题的一般看法。个人教学效能感是指教师在对自身教学能力的认知基础上形成的关于自我教学能力的信念。该信念一旦形成就渗透到个体的各种活动中，成为稳定的人格特征，影响着个体目标的确立、行为的选择和坚持，并通过行为结果得到不断的激活和强化。个人教学效能感直接决定教师的教学行为，影响教学效果及学生的学习成绩和学习动机等，因而成为心理学家研究教师素质的关注点。

教师的教学效能感具有以下作用：影响教师工作的努力程度；影响教师的工作经验总结和进一步提高；影响教师在工作中的情绪；影响学生的自我效能感，进而影响其学

---

① 罗晓路. 专家——新手型教师教学效能感和教学监控能力研究［J］. 心理科学, 2000（6）741-742.

习能力和学习成绩。此外，教师的教学效能感还影响教师的职业压力应对策略①，在职业压力与职业倦怠之间起调节作用。如有研究者发现，教学效能感高的教师面对职业压力时更可能采取较积极和理智的应对策略，改变职业压力的作用，减少职业倦怠的程度②。刘毅等研究者进一步发现，一般教学效能感和个人教学效能感在职业压力影响职业倦怠过程中所起的调节作用不同，个人教学效能感表现出线性调节作用，一般教学效能感表现出曲线调节作用，两种调节作用的性质取决于不同的压力源。③

教师的教学效能感不是先天形成的，也不是一成不变的，而是教师在教学实践中逐渐形成和发展的。它受环境和教师自身因素影响，如教师的工作发展条件、所处学校的条件、学校风气、师生关系，以及教师的价值观、自我概念等。

（二）教师的教学能力

教师的教学能力涉及教学认知能力、教学操作能力和教学监控能力三方面。

1. 教学认知能力

教学认知能力是指教师对所教学科的知识的概括能力以及对所教学生的心理特点和所使用的教学策略的理解能力。它是教师在长期教学过程中积累的知识经验的基础上形成的。

2. 教学操作能力

教学操作能力指教师在教学中使用教学策略的能力，即教师如何管理组织课堂、引导学生、测评教学效果、组织教材、选择教学技术和方法等方面的能力。教学策略的运用是教师教学能力的重要成分之一，④ 是影响教师教学行为和衡量教学行为水平的另一个重要指标。教师可以把课堂教学策略的训练作为提高自身教学能力的突破口。如有实验研究发现，在中学历史教学中使用奥苏贝尔提出的先行组织者教学策略，能提高学生的学习效果，促进学生知识的学习与保持，而且它对学习的帮助主要是通过提高学生的理解能力而实现的。⑤

① 徐富明，申继亮. 教师的职业压力应对策略与教学效能感的关系研究 [J]. 心理科学，2003 (4) 745 - 746.
② 李志鸿，任旭明，林琳，时勘. 教学效能感与教师工作压力及工作倦怠的关系 [J]. 心理科学，2008 (1) 218 - 221.
③ 刘毅，吴宇驹，邢强. 教师压力影响职业倦怠：教学效能感的调节作用 [J]. 心理发展与教育，2009 (1) 108 - 113.
④ 黄高庆，申继亮，辛涛. 关于教学策略的思考 [J]. 教育研究，1998 (11) 35 - 45.
⑤ 张爱卿，刘华山，刘玲玲. "先行组织者"教学策略在中学历史教学中的实验研究 [J]. 心理发展与教育，2000 (2) 28 - 32.

3. 教学监控能力

教师的教学监控能力是指教师为了保证教学成功，实现预期教学目标，在教学全过程中将教学活动本身作为意识的对象，不断地对其进行积极主动的计划、检查、评价、反馈、控制和调节的能力。可以说，教学监控就是教师以一定的元认知知识为基础，对自己的教学活动进行认知监控的过程和自觉反思的过程。它体现了教师的整体思维水平，通过影响教师教学认知水平和教学行为，最终影响学生学科能力的发展①、学生的学习成绩和学习监控能力的发展②，从而成为教师素质的核心成分。

教师的教学监控能力有多方面的内容和多样化的表现：一是教师对自己教学活动的事先计划与安排；二是对自己实际教学活动进行有意识的监督、评价和反馈；三是教师对自己的教学活动进行调节、纠正和有意识地自我控制。教师在教学过程的不同阶段，其教学监控能力有多种表现形式，包括课前计划与准备、课堂的反馈与调节、课后反思与评价。③

（三）教师的人格特征

影响教师工作成就的因素很多，人格特征是其中不容忽视的重要因素之一。研究表明，教师人格特征影响着教育过程，不仅影响着教师自身的行为、情绪及心理健康水平，而且影响着教育教学效果和学生的发展。教师人格特征对学生的影响主要通过两条途径：一是教师的人格特征影响学生人格的发展；二是教师的人格特征影响学生学业成就的发展。陈益和李伟（2000）通过对南京市五所小学毕业班教师人格特征与所教班级学生学业成绩的相关研究发现，小学教师的某些人格特征与学生的学业成绩有着较高相关，其中兴奋性与学生的语文成绩呈显著负相关，相关系数为 -0.39，聪慧性、稳定性、实验性与学生的数学成绩的相关达到显著水平，相关系数分别为 0.42、-0.36、-0.36，但教师的人格特征对学生不同学科的学习有不同的影响。④

在教育实践中，教师逐渐形成其职业角色所需要的某些人格特征。概括已有的研究，优秀教师的典型人格特征主要有以下三个方面。⑤⑥

①③　申继亮，辛涛. 论教师教学的监控能力 [J]. 北京师范大学学报（社会科学版），1995（1）67 -75.

②　刘宝才，齐国贤. 教学监控与学习监控的培养研究 [J]. 心理发展与教育，1997（3）39 -45.

④　陈益，李伟. 小学教师人格特征和学生学业成绩的相关研究 [J]. 南京师范大学学报（社会科学版），2000（4）76 -81.

⑤　郭成，阴山燕，张冀. 中国近二十年来教师人格研究述评 [J]. 心理科学，2005（4）937 -940.

⑥　蔡岳建，谭小宏，阮昆良. 教师人格研究：回顾与展望 [J]. 西南师范大学学报（人文社会科学版），2006（6）15 -18.

1. 热爱教育事业，热爱学生，富有事业心、责任感

没有爱就没有教育，爱是教师教育学生的基础和开始，这是教师最基本的个性心理品质。首先，教师要热爱教育工作。教师只有热爱教育工作，才会乐于献身教育事业，而这又与教师的责任感、义务感、荣誉感、自豪感等联系在一起。其次，要热爱学生。只有对学生充满诚挚的爱，教师才会真心去关心学生的成长。教师对学生的爱包括了解学生，因材施教；尊重学生，公平对待；信任学生，对学生怀有积极的期待。

2. 情感成熟而稳定，情绪自控力强

由于各种因素的影响，教师会产生不同的内心体验。情感成熟而稳定、较强的情绪自控力是教师顺利完成教育教学工作的重要条件，主要表现为：（1）能够预料行为的后果，控制环境和自己的反应，谋求自我情绪稳定；（2）能够在遇到不良情况产生消极情绪时，既延缓自己消极情绪的发作，又不压抑自己的情绪表现，而是以恰当而有效的方式及时宣泄自己的不良情绪，如选择及时表达愤怒的策略或升华、转移的策略进行自我调节。

3. 耐心、自制、有恒

教育对象是青少年，教师日常工作非常琐碎，这要求教师有耐心、自制和持之以恒的品质。首先，能够坚持不懈地了解和关注学生的成长，对学生严格要求、不断督促与检查。其次，能够控制自己的惰性，穷尽自己的所有资源来获得职业和专业的成长。

⇒ 第三节　教师的职业成长

教师是一种专门化的职业，《中华人民共和国教师法》第三条明确规定："教师是履行教育教学职责的专业人员。"教师的专业发展是教师职业成长的核心问题。20 世纪 90年代以来，关于教师职业成长心理的研究逐渐成为教师心理研究的一个重要课题，研究者从专长发展的角度，采用新手—专家的范式对教师的专业发展进行了深入研究，目的在于发现从新手型教师成长为专家型教师的规律和途径，以促进新手型教师尽快成长为专家型教师。

一、新手型教师和专家型教师的比较

斯腾伯格认为，与新手型教师（novice teacher）相比，专家型教师（expert teacher）就是具有某种教学专长的人，他们在以下三个方面具有共同的特点。

1. 丰富的和组织化的专门知识

专家型教师不但知识丰富，更具有一个组织良好且易于提取的知识实体，拥有更多地从教学过程中获取的知识，这保证了他们能更好地理解和解决问题。例如，在解决物理问题时，专家型教师和新手型教师对物理问题进行分类的方式是不同的。专家型教师对物理问题的深层结构敏感，往往根据与问题解决途径有关的物理原理对问题进行分类；新手型教师则对物理问题的表层结构更敏感，常常根据问题陈述中的实体对问题归类。

2. 解决教学问题的高效率

专家型教师比新手型教师能够更快更有效地解决问题，这是因为他们对基本的教学问题的处理已经自动化了。能够进一步提高教学效率，专家型教师可以将有限的心理资源用于解决教学领域更复杂的问题，表现出高水平的教学行为。同时，专家型教师善于对教学进行自我监控、自我评价和自我调整，他们不断地监控正在进行的尝试，主动对自己的教学行为作出评价，并随时作出相应的调整。

3. 对教学问题的洞察力强

专家型教师在教学中能够有效地鉴别出有助于问题解决的信息，并对信息进行组织和比较，从而更能够创造性地、恰当地解决教学问题。

斯腾伯格在区别了新手型教师和专家型教师在以上三个方面差异的基础上，提供了相应的课堂教学实例加以证明。

二、新手型教师、熟手型教师和专家型教师的比较

在现有一系列研究认为，教师是具有教学专长的专业人员，同其他领域的专家专长发展一样，教师的教学专长的形成也是一个从新手到专家的长期发展的结果。在新手到专家的转变过程中，有一个重要的发展阶段，即熟手型教师。

熟手型教师（proficient teacher）是指能按常规熟练地处理教学问题但教学创新水平不高的教师。熟手肯定是昨天的新手，但不一定是明天的专家，许多专业人员的专长发展往往停滞在这一阶段，习惯于熟手的角色，直至职业生涯结束也未成为专家。因此，熟手型教师是从新手型教师成长为专家型教师的关键阶段。

新手型教师经过了 3~5 年的教学实践，在获取了必需的教学经验后，一般都可以顺利地成长为熟手型教师。熟手型教师在经过 10 年左右的教学专业实践后有可能成长为专家型教师，能否成为专家型教师的关键在于教学专长能否在熟练的水平上得到新的成长。与新手型教师和专家型教师相比，熟手型教师有以下几个特点。

（1）认知：课堂中的教学策略水平较高，已熟练掌握基本的教学操作程序，对课堂教学的调节和控制的水平比新手高，胜任常规的教学，但对教学全过程的监控能力不如专家型教师。因而，熟手型教师的教学创新水平不高。

（2）人格特征：具有随和、关心他人、乐群、宽容的人格特点，但情绪的稳定性和自我调节能力不如专家型教师。因而，熟手型教师的专长发展的自主性不强。

（3）工作动机：成就目标已从新手的以绩效目标为主转化为以任务目标为主，对教学问题的理解比新手更深入，但与专家型教师强烈而稳定的内部动机相比，熟手型教师的内部动机还不强，教师的角色信念还可能动摇，从教学工作中获得的乐趣与满足不如专家型教师。新手型教师虽然以绩效目标为主要工作动机，但由于外部动机强烈，反而在教学行为上比熟手型教师表现得更加有热情。因而，熟手型教师的工作满意度不高。

（4）职业心理：熟手型教师在职业承诺上低于专家型教师，在职业倦怠水平上却高于专家型教师。主要表现为情感投入程度不如专家型教师，教师职业的责任感、荣誉感、义务感和成就感不如专家型教师。因而，熟手型教师的教师职业信念还未牢固确立。

（5）学校情境心理：熟手型教师的心理契约（指教师所感知到的学校与教师的相互责任和期望）低于专家型教师，比专家型教师更少感受到学校领导、同事群体和相关物质条件的支持，比新手型教师和专家型教师都更多地产生苦恼、烦闷、抑郁、无助、疲倦、焦虑等消极情绪。因而，熟手型教师是心理问题较多的一个教师群体。

三、促进从新手型教师到专家型教师的成长

新手型教师和专家型教师的比较研究，目的就在于了解他们之间的差异，从而找准促进新手型教师尽快成长为专家型教师的"目标靶"，为培养更多的专家型教师服务。

（一）成长的历程

1. 富勒的关注论

富勒根据教师所关注的焦点问题，提出教师专业发展阶段理论，该理论把教师的成长分为三个阶段。[①]

（1）"关注"生存阶段。新教师非常关注自己的生存适应性问题，关注对课堂的控制是否被学生喜欢，关注领导和同事对自己的评价。例如，"学生喜欢我吗?""同事们

---

① 任淑琦，李克军．基于教师发展阶段理论的高校新教师发展探微［J］．河北教育（综合版），2023，61（1）38－41.

怎么看我?""领导是否觉得我干得不错?"由于这种生存忧虑,有些教师可能会把大量的时间花在如何与学生搞好个人关系上,想方设法控制学生,而不是更多考虑如何让他们获得学习上的进步。

(2)关注情境阶段。教师关注的是教学和在这种情境中如何完成任务。当教师感到自己完全能够生存时,他们越来越关注学生的成绩,从而把精力放在如何教好每一堂课上。例如,"内容是否充分得当?""如何呈现教学信息?"以及"如何掌握教学时间?"

(3)关注学生阶段。教师关注的是根据学生的差异而采取适当的教学,促进学生的发展。教师认识到学生们的先前知识和学习能力是不同的,同样一种材料、同样一种教学方法,不一定适合所有学生,于是教师针对不同的学生确定不同的学习目标、选择不同的学习内容、采用不同的教学方法。事实上,有些教师从来没有进入这一阶段。

2. 费斯勒的职业生涯周期阶段论

费斯勒等在个案研究、深入访谈和追踪研究的基础上,建构了一个教师职业生涯周期模型。该模型将教师的职业生涯分为八个阶段:[1]

(1)职前教育期:是教师专业角色的准备阶段,一般指在高等学校里进行的初始培训阶段;

(2)职初期:是任教的头几年,是教师在学校系统中的社会化时期;

(3)能力建构期:是教师努力提高教学技能和能力的时期;

(4)热情与成长期:这时教师的工作能力已经达到较高水平,但专业能力有待继续进步;

(5)职业挫折期:此阶段通常在职业生涯中期,其特征是教师的挫折和幻灭,开始出现职业倦怠;

(6)职业稳定期:这时达到职业生涯的高原期;

(7)职业消退期:这是教师开始准备离开教育岗位的低潮期;

(8)职业离岗期:是指教师离开教学工作后的一段时间。

费斯勒认为,在整个职业生涯中,教师的生涯不是纯粹生命周期的翻版,而是在个人环境和组织环境双重的影响下充满变化的历程。因此,教师的专业发展并非完全按照模型的八个阶段的先后顺序依次进行的。在职业生涯的任何时期,教师的专业发展都可能经历高潮或低谷,并在各阶段来回转换。

---

[1] 王蔚虹. 国外教师生涯周期研究述评 [J]. 集美大学学报(教育科学版),2008(2)37.

（二）成长的促进

连榕等在对新手型教师、熟手型教师、专家型教师研究的基础上认为，应构建促进教师成长的两段式教师教育模式。

1. 构建初级教师教育模式，促进从新手型教师向熟手型教师转变

研究表明，课堂中基本教学技能（课中策略）的熟练掌握是新手型教师转变为熟手型教师的关键，而影响这种转变最重要的心理因素是任务目标定向成为重要的工作动机，以及良好的精神质（随和、关心他人、乐群、宽容）人格特点的形成。因此，在教师教育中，应帮助新手型教师将注意力集中于教学的内在价值的认同上，尽快树立现代教师角色观；应充分发挥新手型教师重视课前准备策略的优势，使之能与课中策略有机地结合起来，促使他们尽快地获得调节课堂教学行为的程序性知识。

2. 构建高级教师教育模式，促进从熟手型教师向专家型教师转变

研究表明，高水平的课后评估和反思能力的获得是熟手型教师转变为专家型教师的关键变量，而影响这种转变最重要的心理因素是良好的神经质（情绪稳定、善于自我调节、理智、重实际、自信、批判性强）人格特点的形成、对教师职业高水平的情感承诺和规范承诺，具有强烈的职业义务感、责任感和成就感。因此，在教师教育中，应重视提高熟手型教师调控自己情绪的能力，加深他们对教师职业的情感认同，形成职业的自尊和自信，使之不断获得成功的体验；重视他们的教师职业角色的自我完善，使熟手型教师尽快走出停滞期而获得新的发展。

（三）成长的途径

1. 基于学习与研究中的专业发展

教师即学习者，通过学习所教学科的知识、教育理论知识、教育实践的基本技术和方法知识、现代教育技术的知识和教育科研知识等来丰富自己的知识底蕴。教师即研究者，主要是以通过对实践性问题的研究来提升对教学的理解。

2. 基于教学实践的专业发展

教师即实践者，实践性知识对教师的日常教学行为起着实际的指导作用，对促进教师的成长具有重要的意义。教师即行动者，通过积极开展"为了行动而研究，对行动进行研究，在行动中研究"来改进自己的教学。

3. 基于教学反思的专业发展

教师即反思者，教师自觉地把自己的教学实践作为认识对象，进行全面而深入的思考和总结，从而不断改善自己的教学行为，提高自己的教学水平，这是教师成长的重要途径。

4. 基于自我发展的专业发展

教师即自主成长者，自我发展倡导的是以师为本的发展理念。它会激励教师在教学实践中通过学习与研究主动地建构自己的知识体系，以获得新的发展。

5. 基于信息化环境的专业发展

教师即信息技术的使用者，教师信息技术素养的提高，会激励自己在教学中自觉地使用信息技术，从而促进教学内容、教学方式和学生学习方式的变革。

➡ 第四节　教师的威信

教师的威信是教师成功扮演社会赋予的角色的结果的体现，而形成的威信又有利于教师角色期待的实现。"亲其师"才能"信其道"，赫尔巴特也曾说过，"绝对必要的是教师要有极大的威信，除了这种威信外，学生不再重视任何其他的意见"[①]。

一、教师威信的内涵及其作用

威信是一种社会心理现象，它是指个人、社会群体或社会组织对于其他人的一种影响力。教师的威信是教师的人格、能力、学识及教育艺术在学生心理上引起的信服而又崇拜的态度反映。教师威信的高低是以他们在学生心目中的地位、他们的教育活动对学生心理产生的影响来衡量；受到学生的尊敬和信赖的教师才是有威信的教师。

教师威信是教师成功扮演教育者角色、顺利完成教育使命的重要条件。教师威信的作用主要表现在他实现了社会对他的角色期待，具体表现在三个方面。第一，有利于教师作为学习的引导者和促进者角色的实现。教师的威信是学生接受其教诲的前提，学生一旦确信有威信的教师的指导是真实而又正确的，就不仅能表现出掌握知识和遵从指导的主动性，而且还能增强在学习和培养自己优良品质上的积极性。第二，有利于教师作为班集体管理者角色的实现。有威信的教师的表扬和批评能唤起学生更多的情感体验。他们的表扬能引起学生愉快、自豪等积极的情感体验，产生要学得更好的愿望；他们的批评能引起学生悔悟、自责、内疚等消极的情感体验，产生自觉改正错误的愿望。第

---

① 王丕. 学校教育心理学 [M]. 郑州：河南大学出版社，1988：376.

三，有利于教师作为行为规范的示范者角色的实现。有威信的老师被学生视为心目中的榜样，学生更愿意模仿其言行举止，教师的示范因而可以发挥更大的教育作用。

二、影响教师威信形成的因素

我国学者官前均（1985）等调查了高中生心目中有威信教师所具备的条件，结果发现教师威信表现在以下几个方面。（1）思想品质：思想好，对自己要求严格，有道德修养，讲文明，生活正派，言行一致，以身作则，为人师表；（2）知识水平：有真才实学，知识丰富，不仅对所教的学科有较广博的知识，而且对其他学科也有较多的了解，一专多长；（3）教学能力：教学方法好，口齿清楚，表达力强，讲课生动、富于启发性，教学效果好；（4）教育热情：热爱教育事业，关心学生，爱护学生，与学生同甘共苦，师生关系融洽；（5）工作态度：尽教师职责，工作认真，要求学生严格，勤勤恳恳，任劳任怨，治学严谨，诲人不倦；（6）教育作风：对人和蔼，平易近人，不体罚学生，不粗暴对待学生，不偏爱某类学生，处事公正，作风民主，能听取学生的意见，常参与学生活动。

由此可见，教师威信的形成过程中，诸多要素相互影响，其中个人主观因素起着至关重要的作用。

1. 教师高尚的思想道德品质、渊博的知识和高超的教育教学艺术是获取威信的基本条件

马卡连柯说过："假如你的工作、学问和成绩都非常出色，那你尽管放心，他们全会站在你这一边，绝不会背弃你。……相反的，不论你是多么亲切，你的话说得多么动听，态度多么和蔼；不论你在日常生活中和休息的时候是多么可爱，但是假如你的工作总是一事无成，总是失败，假如处处都可以看出你不通业务，假如你作出来的成绩都是废品和'一场空'，那么除了蔑视之外，你永远不配得到什么。"[①] 这段论述深刻揭示了教学业绩与教师威信之间的正比关系，即要想建立威信，一定要把课讲好。

2. 教师的仪表、作风和习惯是教师获得威信的必要条件

教师的仪表指教师的仪容、教态、表情举止，它是教师精神面貌的体现。教师的仪表对学生的心理有一定影响，特别对幼儿、中小学生影响较大。利用"微格教学"，通过录像、录音等，让教师看到自己上课时的言语、教态、仪容、表情等，可以有效地纠正教师的某些缺点和不良习惯。

---

① 华中师范学院教育系. 教育学 ［M］. 北京：人民教育出版社，1982：321 - 322.

3. 师生平等交往是教师获得威信的重要条件

教师的威信是在长期与学生平等交往的过程中形成的。在平等交往过程中，一方面，学生容易产生近师、亲师、信师的心理效应；另一方面，教师主动关心、爱护、体谅学生，满足学生理解和求知的需要，师生感情就会融洽，教师就能迅速在学生中建立威信。

另外，在师生交往过程中，教师给学生的第一印象对教师获得威信有较大影响。教师和学生第一次见面，特别是开始几节课会给学生留下深刻的印象，产生首因效应。因此，每个教师都要注意留给学生一个良好的第一印象。

教师威信的建立在不同年龄、不同发展水平的学生中是不同的。一般来说，在小学低年级学生中，教师较容易迅速建立威信；小学高年级学生由于思维水平和判断能力的发展，具备了初步评价教师的能力，希望教师尊重他们；初、高中学生逐步地发展了对教师思想觉悟、知识水平和教学水平的评价能力，他们对教师的评价较多地偏向于理智方面，德、识、才、学四者兼备的教师，才会在他们中获得较高或持久的威信。

三、教师威信的教育功能

教师威信的高低，是直接影响教育教学效果的重要因素之一，会在教育教学中产生以下作用。

第一，教师的威信影响学生的认识，是学生接受其教诲的前提。有威信的教师能使学生产生信任的心理感受，对于他们的指导，学生会更积极主动地接受。而对于威信较低的教师，学生往往持不大信任的态度，甚至会有抵触情绪，因而学习效果一般较差。

第二，教师的威信影响学生的思想品德和行为习惯。有威信的教师常常被学生自觉或不自觉地视为心目中的榜样而加以模仿，所以有威信的教师一言一行都能起到教育作用，这样的"言传"和"身教"无形当中塑造着学生的思想品性。

第三，教师的威信影响学生的情感体验。有威信的教师的表扬能让学生感到愉快和自豪，其批评能让学生感到悔悟、自责和内疚。这样的情感体验有利于强化学生的行为方式，对思想和行为的塑造具有推波助澜的作用，因而能够放大教育的效果。

由此可见，有威信的教师能够在认知、情感和行为上影响学生。不同年龄、性别、个性特点的学生对教师的期望不同，所以教师的威信对于不同的学生来说有不同的深度和广度。

什么样的教师在学生心目中才有威信呢？教师的威信主要表现在六个方面：（1）教育热情——热爱、尊重、关心学生，待人耐心、和蔼、亲切，师生关系融洽；（2）思想品格——文明、真诚、言行一致，有修养，以身作则；（3）知识水平——不仅了解所教学科知识，对其他学科也比较了解，一专多长；（4）教学能力——教学有方，语言表达力强，讲课生动有趣；（5）工作态度——尽职尽责，严格要求，认真勤恳，治学严谨；（6）教育作风——公正无私，不偏不袒，作风民主。不同年龄的学生对这六个方面的重视程度不同。小学生喜欢的教师是教学方法灵活，活泼，开朗，能与学生一起学习和游戏，对学生宽容、热心。小学生不喜欢的教师是教学方法呆板，好训斥人，偏心。中学生（尤其是高中生）喜欢的教师是知识渊博，讲课生动，逻辑性强，品德高尚，有事业心。中学生不喜欢的教师是教学枯燥无味，经常责骂学生，对学生没有同情心，处理问题不公正，自私。其中，初中生更偏重教师对学生的态度，高中生更看重知识与教学方法。这既与学生的身心发展程度有关，也与学生所处的发展阶段及该阶段的发展任务、发展需求有关。

四、教师威信的形成与发展

（一）影响教师威信形成的因素

任何教师在教育教学活动中都有可能建立较高的威信，但实际上并不是每个教师都有较高的威信，这是由于教师威信的形成取决于多种因素，既有非教师自身的因素，如教师的社会地位、学生家长和学生对教师的态度等，也有教师自身的因素，如教师的身心素质。其中教师自身的因素对教师威信的形成起着决定作用，具体表现在以下几个方面。

（1）教育教学技能和心理素质是教师获得威信所必需的因素。随着时代进步和科技发展，社会对教师的教育教学技能和心理素质都提出了更高的要求。教师不仅要有丰富的知识，还要有效地传递知识，这就需要教师提高现代教育技术的应用能力，不断改进教学艺术。同时教育又是一项复杂的、高负荷的工作，面对困难，难免会产生挫折感，这又反过来影响教学工作。因此，教师只有树立终身学习的意识，积极进取，其威信才能提高。

（2）良好的道德品质是教师威信形成的基本条件。教师作为社会文化价值与道德准则的传递者，极易被学生看作代表与具有这些价值和准则的人。一个表里不一、华而不实的教师会对学生产生不良影响。良好的道德品质还体现在教师对教育工作的态度上，具有敬业精神，对自己所教学科有着浓厚兴趣和热情，这样的教师才能得到学生的尊敬。

（3）教师的仪表、生活作风和习惯也在影响威信的形成。教师的仪容姿态、作风、生活习惯并非微不足道的细枝末节。教师仪容不整、生活懒散、不讲卫生，以及自己习惯性的不雅的语言动作会损害教师的威信。教师可以通过录像、录音看到自己上课时的言语、教态、仪容、表情等，从而意识到自己言行的不当之处，并有效地纠正自己的缺点。

（4）教师给学生的第一印象对其威信的形成有重要影响。在前几次见面的关键时期，学生会根据教师的表情、态度、声音、语调等形成初步印象和评价，如果教师给学生的第一印象很好，则有利于今后的交流与沟通；反之，则使学生失望，今后也很难改变这种印象，教师威信就难以建立。因此教师应高度重视第一次与学生见面，力争一开始就从各方面给学生一个良好印象，初步建立起在学生心目中的威信。

（5）师生关系、师生情感对教师威信的获得也有相当大的作用。师生关系并非只限于课堂教育教学中，在日常的生活交往中，教师与学生交流思想、兴趣、情感等，也能增进双方的了解，融洽师生关系，使学生对教师产生亲近感、认同感，从而增强学生对教师的信赖和尊敬。

（二）教师威信的变化

教师的威信一旦形成，就具有相对的稳定性。随着主客观因素的变化，教师的威信也会相应发生改变。引起教师威信变化的因素，既有客观因素，如社会的变迁、学生的发展等，也有主观因素，如教师的知识面、生活态度、教育教学技能等。教师自身素质的提高或降低，决定着教师威信的变化方向。其中，影响教师威信降低或丧失的主观因素有以下几点：一是安于现状，不思进取，求知欲弱，导致知识面窄，既不重视本门学科的发展趋势和最新的科研成果，更不注意了解其他学科的知识，在信息时代这样一个闭目塞听、孤陋寡闻的教师的威信肯定难以维持；二是思想保守，因循守旧，故步自封，导致不敢创新，不能自我扬弃，自以为威信一如既往，实际上威信早已下降；三是随着年龄的增长，教育观念变得消极，教育态度变得冷淡，导致教学质量下降，引起学生反感。总之，教师如果不是经常处于积极的发展状态，行为表现不合乎教师角色的要求，其威信就有可能降低或丧失。教师想要恢复已失去的威信，要比最初获得威信困难得多。因此，教师需要注意维护和发展自己的威信。

（三）教师威信的维护和发展

教师威信的维护和发展包括以下几个方面：一是巩固已有的威信，防止威信的下降和丧失；二是发展不全面的威信为全面的威信；三是发展低水平的威信为高水平的威信。

教师威信的维护和发展，主要取决于教师自身具有的特征。（1）教师要有坦荡的胸怀、实事求是的态度。教师勇于承认自己的错误，并能够为自己的过失承担责任，及时纠正，这不但不会降低威信，还会赢得学生的尊重。（2）教师要正确认识和合理运用自己的威信。要对威信有正确的认识，威信不是威严。只有认识到威信的实质，妥善处理师生关系，才能有效地维护和提高自己的威信。（3）不断进取的敬业精神。教师要有不断进取的敬业精神，不断更新自己的知识，完善自己的各种素质，以满足学生不断发展的需要，从而激起学情，提高其威信。（4）言行一致，做学生的楷模。一般来说，每位教师在学生心目中都有一定程度的威信。在学生看来，教师是知识丰富的人，是举止文明的典范。如果教师的言谈举止和学生心目中的教师形象有云泥之别，其威信就会降低。同时，教师言行一致，则"言传"和"身教"并行，不仅增强教育效力，而且会赢得学生的信赖与尊重，提高威信。

思考题

1. 教师心理素质与教学质量有什么关系？

2. 你身边那些威信高的教师与威信低的教师有何不同？

3. 教师如何在日复一日的教学工作中完善自我、超越自我、自我实现？

4. 你认为有哪些可行的方法可以减轻教师的职业压力，提高其身心健康水平？

5. 教师角色形成经历了哪些阶段？

6. 专家型教师有何共同特点？

7. 熟手型教师有何特点？

8. 分析促进教师成长的不同途径的作用？

本章荐读

"师者，人之模范也。"教师，是人类灵魂的工程师，是人类文明的传承者。教师的一言一行，都能给学生带来极大的影响。习近平总书记高度重视我国教育事业，关心教师教学工作，关注教师队伍建设和权益保障，多次寄语广大教师并提出殷切希望。

2019年3月18日，习近平在学校思想政治理论课教师座谈会上的讲话指出，教师承载着传播知识、传播思想、传播真理，塑造灵魂、塑造生命、塑造新人的时代重任。思政课教师，要给学生心灵埋下真善美的种子，引导学生扣好人生第一粒扣子。

（资料来源：习近平. 思政课是落实立德树人根本任务的关键课程 ［EB/OL］.（2020 – 08 – 31）［2024 – 06 – 08］. https：//www. gov. cn/xinwen/2020 – 08/31/content_5538760. htm）

2020 年 9 月，在第三十六个教师节到来之际，习近平总书记寄语广大教师，希望广大教师不忘立德树人初心，牢记为党育人、为国育才使命，积极探索新时代教育教学方法，不断提升教书育人本领，为培养德智体美劳全面发展的社会主义建设者和接班人作出新的更大贡献。

（资料来源：习近平. 新时代加快建设教育强国的根本遵循 ［EB/OL］.（2023 – 09 – 15）［2024 – 06 – 08］. https：//3g. china. com/act/news/13000776/20230915/45455293. html）

2021 年 4 月 19 日，习近平在清华大学出席师生代表座谈会时的讲话提出，教师要成为大先生，做学生为学、为事、为人的示范，促进学生成长为全面发展的人。

（资料来源：习近平. 教师要当好大先生 ［EB/OL］.（2024 – 05 – 14）［2024 – 06 – 08］. https：//baijiahao. baidu. com/s? id = 1799037381246292564&wfr = spider&for = pc&searchword = 习近平教师要做大先生）

2022 年 4 月 25 日，习近平在中国人民大学同师生代表座谈时的讲话提出，好的学校特色各不相同，但有一个共同特点，都有一支优秀教师队伍。对教师来说，想把学生培养成什么样的人，自己首先就应该成为什么样的人。培养社会主义建设者和接班人，迫切需要我们的教师既精通专业知识、做好"经师"，又涵养德行、成为"人师"，努力做精于"传道授业解惑"的"经师"和"人师"的统一者。

（资料来源：习近平. 习近平在中国人民大学考察时强调：坚持党的领导传承红色基因扎根中国大地 走出一条建设中国特色世界一流大学新路 ［EB/OL］.（2022 – 04 – 25）［2024 – 06 – 08］. https：//www. gov. cn/xinwen/2022 – 04/25/content_5687105. htm）

主要参考文献

［1］НИКОЛВСКАЯ А А，РАДЗИХОВСКИЙ ЛА，顾正民．苏联年龄与教育心理学发展的七十年［J］．心理学动态，1988（1）：17-22．

［2］艾利康宁．儿童心理发展分期问题［J］心理学问题，1971，10（4）：6-20．

［3］安德森·布卢姆．教育目标分类学［M］．蒋小平，等，译．北京：外语教学与研究出版社，2009．

［4］奥苏贝尔．教育心理学：认知观点［M］．佘星南，宋钧，译．北京：人民教育出版社，1994．

［5］班杜拉．社会学习理论［M］．陈欣银，译．北京：中国人民出版社，1963．

［6］北京教育学院心理系．教师实用心理［M］．北京：开明出版社，2000．

［7］彼得罗夫斯基．年龄与教育心理学［M］．北京：北京师范大学教育系心理学教研室（内部印刷），1980．

［8］卞毓方．管窥李政道［J］．读者，2010（22）：18．

［9］蔡岳建，谭小宏，阮昆良．教师人格研究：回顾与展望［J］．西南师范大学学报（人文社会科学版），2006（6）：15-18．

［10］岑国桢．教育心理学［M］．北京：中国人民大学出版社，2006．

［11］查包洛塞兹，马尔科娃．学前教育学原理［M］．李子卓，等，译．北京：人民教育出版社，1984．

［12］陈琦，刘儒德．当代教育心理学：2版［M］．北京：北京师范大学出版社，2007．

［13］陈琦，刘儒德．当代教育心理学［M］．北京：北京师范大学出版社，1997．

［14］陈琦，刘儒德．教育心理学［M］．北京：高等教育出版社，2005．

［15］陈时见．课堂问题行为的管理策略［J］．基础教育研究，1998（6）：17－20．

［16］陈益，李伟．小学教师人格特征和学生学业成绩的相关研究［J］．南京师范大学学报（社会科学版），2000（4）：76－81．

［17］陈永明，等．二十世纪影响中国心理学发展的十件大事［J］．心理科学，2001（6）：718－720．

［18］辞海编辑委员会．辞海：缩印本［M］．上海：上海辞书出版社，2002．

［19］戴维·H.乔纳森．学习环境的理论基础［M］．郑太年，等，译．上海：华东师范大学出版社，2002．

［20］迪克，等．教学系统化设计［M］．汪琼，译．北京：高等教育出版社，2004．

［21］董奇，申继亮．心理与教育研究法［M］．杭州：浙江教育出版社，2005．

［22］杜威．我们怎样思维·经验与教育［M］．姜文闵，译．北京：人民教育出版社，2005．

［23］冯忠良，等．教育心理学［M］．北京：人民教育出版社，2000．

［24］冯忠良．学习心理学［M］．北京：教育科学出版社，1981．

［25］高觉敷，叶浩生．西方教育心理学发展史［M］．福州：福建教育出版社，1996．

［26］高文，徐斌艳，吴刚．建构主义教育研究［M］．北京：教育科学出版社，2008．

［27］龚少英．学习迁移研究的历史与发展［J］．内蒙古师范大学学报（哲学社会科学版），2001（4）：47－51．

［28］贡喆，刘昌，沈汪兵．有关创造力测量的一些思考［J］．心理科学进展，2016，24（1）：31．

［29］郭成，阴山燕，张冀．中国近二十年来教师人格研究述评［J］．心理科学，2005（4）：937－940．

［30］郭瞻予．教师心理健康与自我调适［M］．西安：陕西师范大学出版社，2005．

［31］华中师范学院教育系．教育学［M］．北京：人民教育出版社，1982．

［32］黄高庆，申继亮，辛涛．关于教学策略的思考［J］．教育研究，1998（11）：35－45．

[33] 黄秀兰. 试论课堂心理气氛与教学效果 [J]. 应用心理学, 1986 (2): 18 - 20 + 23.

[34] 黄一宁. 实验心理学: 原理、设计与数据处理 [M]. 西安: 陕西人民教育出版社, 1998.

[35] 加梅佐. 年龄与教育心理学 [M]. 戚长福, 等, 译. 北京: 人民教育出版社, 1988.

[36] 加涅. 学习的条件和教学论 [M]. 皮连生, 等, 译. 上海: 华东师范大学出版社, 1999.

[37] 加涅. 学习的条件与教学论 [M]. 皮连生, 等, 译. 上海: 华东师范大学出版社, 1999.

[38] 教育部师范教育司. 教师专业化的理论与实践 [M]. 北京: 人民教育出版社, 2001.

[39] 杰罗姆·布鲁纳. 布鲁纳教育文化观 [M]. 宋文里, 黄小鹏, 译. 北京: 首都师范大学出版社, 2011.

[40] 克鲁克山克. 教学行为指导 [M]. 时绮, 译. 北京: 中国轻工业出版社, 2003.

[41] 李伯黍, 等. 教育心理学 [M]. 上海: 华东师范大学出版社, 1993.

[42] 李红. 教育心理学 [M]. 武汉: 武汉大学出版社, 2007.

[43] 李志鸿, 任旭明, 林琳, 时勘. 教学效能感与教师工作压力及工作倦怠的关系 [J]. 心理科学, 2008 (1): 218 - 221.

[44] 列昂节夫. 人类心理研究中的历史观 [M] //A. H. 列昂节夫. 苏联心理科学: 第一卷. 孙晔, 等, 译. 北京: 科学出版社, 1962.

[45] 列夫·维果茨基. 思维与言语 [M]. 李维, 译. 北京: 北京大学出版社, 2010.

[46] 林崇德. 教育的智慧 [M]. 北京: 开明出版社, 1999.

[47] 刘宝才, 齐国贤. 教学监控与学习监控的培养研究 [J]. 心理发展与教育, 1997 (3): 39 - 45.

[48] 刘伟. 吉尔福特关于创造性才能研究的理论和方法 [J]. 北京师范大学学报 (人文社会科学版), 1999 (5): 41 - 48.

[49] 刘晓明. 职业压力、教学效能感与中小学教师职业倦怠的关系 [J]. 心

理发展与教育，2004（2）：56－61.

［50］刘毅，吴宇驹，邢强. 教师压力影响职业倦怠：教学效能感的调节作用［J］. 心理发展与教育，2009，25（1）：108－113.

［51］卢盛华，马一波，吕莉. 教育心理学［M］. 武汉：华中科技大学出版社，2015.

［52］卢梭. 爱弥儿［M］. 李平沤，译. 北京：人民教育出版社，1985.

［53］鲁宾斯坦. 人与世界（俄文版）［M］. 莫斯科：莫斯科科学出版社，1997.

［54］鲁宾斯坦. 心理学的原则和发展道路［M］. 赵璧如，译. 北京：生活·读书·新知三联书店，1965.

［55］罗伯特·加涅. 学习的条件和教学论［M］. 皮连生，等，译. 北京：华东师范大学出版社，1999.

［56］罗杰斯. 自由学习：第3版［M］. 王烨晖，译. 北京：人民邮电出版社，2015.

［57］罗晓路. 专家——新手型教师教学效能感和教学监控能力研究［J］. 心理科学，2000（6）：741－742.

［58］迈克·彭，等. 中国人的心理［M］. 邹海燕，等，译. 北京：新华出版社，1990.

［59］毛晋平. 教学心理学研究的进展［M］. 长沙：湖南师范大学出版社，2004.

［60］莫雷. 教育心理学［M］. 北京：教育科学出版社，2007.

［61］莫雷. 教育心理学［M］. 广州：广东高等教育出版社，2005.

［62］莫雷. 论学习迁移研究［J］. 华南师范大学学报（社会科学版），1997（6）：50－58＋75－128.

［63］尼科利基卡娅，拉济霍夫斯基，史民德. 苏联年龄与教育心理学的发展道路［J］. 心理发展与教育，1988（2）：38－41.

［64］彭聃龄. 普通心理学：修订版［M］. 北京：北京师范大学出版社，2004.

［65］皮连生. 教育心理学：第三版［M］. 上海：上海教育出版社，2004.

［66］皮连生. 学与教的心理学［M］. 上海：华东师范大学出版社，1997.

［67］皮连生. 智育心理学［M］. 北京：人民教育出版社，1996.

［68］皮亚杰．发生认识论原理［M］．王宪钿，等，译．北京：商务印书馆，1981.

［69］《求是》杂志编辑部．新时代加快建设教育强国的根本遵循［J］．求是，2023（18）：2.

［70］任淑琦，李克军．基于教师发展阶段理论的高校新教师发展探微［J］．河北教育（综合版），2023，61（1）：38－41.

［71］邵瑞珍．教育心理学［M］．上海：上海教育出版社，1997.

［72］申继亮，辛涛．论教师教学的监控能力［J］．北京师范大学学报（社会科学版），1995（1）：67－75.

［73］施良方．学习论——学习心理学的理论与原理［M］．北京：人民教育出版社，1994.

［74］时蓉华．社会心理学词典［M］．成都：四川人民出版社，1988.

［75］史耀芳．二十世纪国内外学习策略研究概述［J］．心理科学，2001（5）：586－590.

［76］斯腾伯格，等．教育心理学［M］．张厚粲，译．北京：中国轻工业出版社，2003.

［77］苏霍姆林斯基．帕夫雷什中学［M］．赵玮，等，译．北京：教育科学出版社，1983.

［78］隋光远．中学生学业成就动机归因训练效果的追踪研究［J］．心理科学，2005（1）：52－55.

［79］汪凤炎，燕良斌，郑红．教育心理学新编［M］．广州：广州暨南大学出版社，2016.

［80］汪凤炎，燕良轼，郑红，等．教育心理学新编［M］．广州：暨南大学出版社，2016：431.

［81］汪凤炎，燕良轼，郑红．教育心理学新编［M］．广州：暨南大学出版社，2019.

［82］汪凤炎，郑红．中国文化心理学：5版［M］．广州：暨南大学出版社，2015.

［83］汪凤炎．中国心理学思想史［M］．上海：上海教育出版社，2008.

［84］汪玲，等．元认知的性质、结构与评定方法［J］．心理学动态，1999（1）：6.

［85］汪玲，方平，郭俊德．刘儒德．元认知的性质、结构与评定方法［J］．心理学动态，1999（1）：6－11.

［86］王海明．道德哲学原理十五讲［M］．北京：北京大学出版社，2008.

［87］王蔚虹．国外教师生涯周期研究述评［J］．集美大学学报（教育科学版），2008（2）：37.

［88］维果茨基．维果茨基教育论著选［M］．余震球，译．北京：人民教育出版社，1994.

［89］维果茨基全集［M］．龚浩然，等，译．合肥：安徽教育出版社，2016.

［90］魏泳安．教师要做为学，为事，为人的大先生［J］．思想政治研究，2022，38（3）：1－3.

［91］沃尔夫冈·苛勒．人猿的智慧［M］．陈如懋，译．杭州：浙江教育出版社，2003.

［92］乌申斯基．人是教育的对象（下）［M］．张佩珍，等，译．北京：人民教育出版社，2007.

［93］吴庆麟．教育心理学——献给教师的书［M］．上海：华东师范大学出版社，2003.

［94］习近平．思政课是落实立德树人根本任务的关键课程［J］．求是，2020（17）：1.

［95］夏征农，陈至立．辞海：第六版彩图本［M］．上海：上海辞书出版社，2009.

［96］夏征农，陈至立．辞海：第六版缩印本［M］．上海：上海辞书出版社，2010.

［97］徐富明，申继亮．教师的职业压力应对策略与教学效能感的关系研究［J］．心理科学，2003（4）：745－746.

［98］雅罗舍夫斯基．心理学史［M］．陆嘉玉，译．上海：上海译文出版社，1997.

［99］杨卫星，等．迁移研究的发展与趋势［J］．心理学动态，2000（1）：46－53.

［100］杨鑫辉．现代大教育观论［J］．江西师范大学学报（哲学社会科学学报），1990（3）：9－15.

[101] 杨秀君, 孔克勤. 抱负水平指导和归因训练对提高学习成功感的影响研究 [J]. 心理科学, 2005 (1): 99 – 103.

[102] 赞科夫. 教学与发展 [M]. 北京: 人民教育出版社, 2008.

[103] 张爱卿, 刘华山, 刘玲玲. "先行组织者" 教学策略在中学历史教学中的实验研究 [J]. 心理发展与教育, 2000 (2): 28 – 32.

[104] 张春兴. 教育心理学——三化取向的理论与实践 [M]. 杭州: 浙江教育出版社, 1998.

[105] 张大均, 等. 教育心理学 [M]. 北京: 人民教育出版社, 2015.

[106] 张大均, 江琦. 教师心理素质与专业性发展 [M]. 北京: 人民教育出版社, 2005.

[107] 张大均. 教育心理学 [M]. 北京: 人民教育出版社, 1999.

[108] 张大均. 教育心理学丛书: 教与学的策略 [M]. 北京: 人民教育出版社, 2003.

[109] 张大均. 师范大学生职业心理素质特点与教育 [M]. 重庆: 西南师范大学出版社, 2002.

[110] 张奇. 学习理论 [M]. 武汉: 湖北教育出版社, 1999.

[111] 章志光. 学生品德形成初探 [M]. 北京: 北京师范大学出版社, 1993.

[112] 中共中国人民大学委员会. 走好建设中国特色世界一流大学新路, 为加快建设教育强国贡献力量 [J]. 求是, 2023 (18): 4.

[113] 朱智贤. 心理学大词典 [M]. 北京: 北京师范大学出版社, 1989.

[114] BANDURA A. Self – efficacy mechanism in human agency [J]. American Psychologist, 1982, 37: 122 – 147.

[115] BANDURA A. Social learning theory [M]. Englewood Cliffs, NJ: Prentice – Hall, 1977.

[116] BANDURA A. Social foundations of thought and action: Social cognitive theory [M]. Engl ewood cliffs, NJ: Prentice – hall, 1986.

[117] BLOOM B S. Taxonomy of educational objectives: the classification of educational goals: Handbook 1: Cognitive domain [M]. D. McKay, 1956.

[118] BLUNDEN A. An interdisciplinary theory of activity [M]. Leiden, Boston: Brill, 2010.

[119] BROWN A L. Domain – specific principles affect learning and transfer in children [J]. COGNITIVE SCI. 1990, 4 (1): 107 – 133.

[120] BRUNER J S. Toward a theory of instruction [M]. Cambridge: Harvard university press, 1966.

[121] CANTER L, CANTER M. Assertive Discipline: A Take – charge Approach for Today's Education [M]. Santa Monica, CA: Lee canter & Associate, 1976.

[122] CARROLL B. A model of school learning [J]. Teacher college Record. 1963, 64 (8): 723 – 733.

[123] COOK H, AUSUBEL D P. Educational Psychology: A Cognitive View [J]. The American Journal of Psychology, 1970, 83 (2): 303.

[124] CORNO L. The metacognitive control components of self – regulated learning [J]. Contemporary education psychology, 1986 (4): 333 – 346.

[125] CORNO L. Teaching and self – regulated learning [J]. Talks to teacher, 1987 (1): 249 – 266.

[126] COVINGTON M V. The self – worth theory of achievement motivation: Findings and simplications [J]. Elementary School Learning, 1984, 85: 5 – 20.

[127] DANSEREAU D F. Learning strategy research [M]. SEGAL In J W, CHIPMAN S F, GLASER R (Eds.), Thinking and learning skills: Relating instruction to research. Hillsdale, NJ: Erlbaum, 1985.

[128] DAVID, R KRATHWOHL, BENJAMIN S, MESIA B B. Taxonomy of Education Objectices [J]. Affective Domain, 1964: 118.

[129] DOLE W. Classroom organization and management [M]. In M WITTROCK. Handbook of research on teaching (3rd. ed, pp, 392 – 431), New York: Macmilan, 1986.

[130] DOYLE W. Classroom organization and management [M]. In M wittrock. Handbook of research on teaching (3rd. ed, pp, 392 – 431), New York: Macmilan, 1986: 392 – 431.

[131] DUFFY G G, ROEHLER L R. Teaching reading skills as strategies [J]. The reading teacher, 1987 (4): 414 – 418.

[132] DUFFY G. Fighting off the alligators: What research in real classroom has to

say about reading instruction [J]. Journal of Reading Behavior, 1982, 14, 357 – 373.

[133] DWECK C S. The role of expectations and attribution in the alleviation of learned helplessness [J]. Journal of Personality and Social Psychology, 1975, 31: 674 – 685.

[134] ECCLES J, MIDGLES C, ADLEE T. Grade – related changes in the school environment: Effects on achievement motivation [M]. In J. Nieholls (Ed.), Advance in motivation and achievement (Vol. 3). Greewich, CT: JAI Press, 1984.

[135] EGGEN P, KAUCHAK D. Educational psychology: Window on classrooms (3rd ed.) [M]. Prentice – hall Inc. 1997.

[136] EPSTEIN Y. Crowding stress and human havior [J]. Journal of social Issues. 1981, 37 (1): 126 – 144.

[137] FRANCIS P ROBINSON. Effective study, 4th ed [M]. New York: Harper and Row, 1970.

[138] GAGNE R. The condition of learning [M]. NEW YORK: Holt, Rinehart & Winston, 1985.

[139] GAL'PERIN YA P. Intellectual Capabilities among Older Preschool Children: On the Problem of Training and Development [M] //HARTUP W W. Review of Child De – veloment Research. Chicago: University of Chicago Press, 1982: 526 – 546.

[140] GAL'PERIN YA P. Study of the Intellectual Development of the Child [J]. Journal of Russian and East European Psychology, 1989, 27 (33): 26 – 44.

[141] GILLIGAN C. In a different voice: Psychological theory and women's development [M]. Cambridge, MA: Harvard University Press, 1982.

[142] GINOTT H. Teacher and Child: A Book for Parents and Teachers [M]. New York: colliers 1972.

[143] GLASSER W. School without Failure [M]. New York: Harper & Row, 1969.

[144] GORDON T. Teacher effectiveness training [M]. David Mckay Co, 1974.

[145] JONES B F, AMIRAN M, KATIMS M. Teaching cognitive strategies and text structures within language arts programs [M] //SEGAL J W, et al. (eds), Thinking and Learning skills, Routledge, 1985, 1: 259 – 297.

［146］ KOHLBERG L. Stage and sequence: The cognitive developmental approach of socialization. In D. A. Goslin (Ed.), Handhook of socialization: Theory and research ［M］. Chicago: Rand McNally, 1969.

［147］ KOLB D A. Achievement motivation training for underachieving high – school boys ［J］. Journal of Personality and Social Psychology, 1965, 2: 783 – 792.

［148］ KOUNIN J. Discipline and group management in classrooms ［M］. Huntington, NY: R. E. Krieger, 1977.

［149］ KRATHWOHL D . Taxonomy of educational objectives ［J］. Affective Domain, 1973.

［150］ LAWRENCE J. Cohen . Playful Parenting ［M］. New York: Random House Inc, 2002.

［151］ MAKINSKAYA R I. EEG study of the functional specialization of the hemispheres in profound hearing disorders ［J］. Zhurnal Vysshei Nervnoi Deyatelnosti Imeni I P Pavlova, 1987: 6.

［152］ MAY A M, HARTSHORNE H. The K Scale as a Measure of the Social Desirability Response Set ［J］. Journal of Consulting Psychology, 1946, 10 (4): 317 – 324.

［153］ MAYER R E. Learning strategies. Learning and strategies ［M］. Academic Press Inc. 1988.

［154］ MCCOMBS B L. Sel – fregulated learning and academic achievement: a phenomenological view ［A］ //B. J. Zimmerman & D. H. Schunk (Eds.) . Sel – fregulated learning and academic achievement: theory, research, and practice. Springe – r Verlag New York Inc. 1989. 51 – 82.

［155］ MCCOMBS B L. Strategies for assessing and enhancing motivation: keys to promoting self – regulated learing and performance ［A］ //H. F. O'Neil, J. M. Drillings (Eds.). M otivation: theory and research. Lawrence Erlbaum Associate, Inc. 1994. 49 – 69.

［156］ MCKEACHIE W J. Teaching and learning in the college classroom: A review of the research literature ［M］. Ann Arbor: University of Michigan, 1990: 69.

［157］ MURRAY H A. Explorations in personality ［M］. New York: Ford University Press, 1938.

［158］ ORMROD J E. Educational Psychology: Developing learns ［M］. Englewood cliffs, NJ: Prentice Hall, 1995.

［159］ OXFORD R, CROOKALL D. Research on language learning strategies: Methods, finding s, and instructional issues ［J］. Modern Language Journal, 1989, 73: 404 – 419.

［160］ O'LEARG K D, WILSOG G T. Principles of Behavior Fherapy ［M］. New Jersey: Prentice-Hall, 1980.

［161］ PALINSCAR A S. Teaching reading as thinking ［J］. Alexandria, VA: Association for supervision and curriculum development, 1986: 20.

［162］ PALINSCAR A, BROWN A. Reciprocal teaching of comprehension – fostering and c omprehension – monitoring activities ［J］. Cognition and instruction, 1984 (2): 117 – 175.

［163］ PHELPS E, KOHLBERG L. Moral development and moral action: A review of the literature ［J］. Psychological Bulletin, 1967, 64 (6): 401 – 431.

［164］ REILLY R R, LEWIZ E L. Educational psychology (1st ed.) ［M］. New York: Macmillan Publishing Co. , Inc. London: Collier Macmillan Publishers, 1983.

［165］ RIDLEY D S, WALTHER B. Creating Responsible learners: The Role of a Positive Classroom Environment ［M］. Washington, DC: American Psychological Association, 1995.

［166］ RIGNEY J W. Learning strategies: A theoretical perspective ［M］ //learning strategies, ed. H F O NEIL, Jr. NEW YORK: Academic press, 1978.

［167］ ROBERT E SLAVIN. Educational Psychology: Theory and Pratice ［M］. Boston: Allym and Bacon, 1991.

［168］ ROBINSON. Francis Pleasant. Effective Study. 4th ed ［M］. New York: Harper & Row, 1970.

［169］ ROSENTHAL R, JACOBSON L. Pygmalion in the classroom: Teacher expectations and pupils' intellectual development ［M］. New York: Holt, Rinehart and winston, 1968.

［170］ SCHUNK D. Self – efficacy perspective on achievement behavior ［J］. Educational Psychologist, 1984, 19: 48 – 58.

［171］SCMUNK D. Self – efficacy and school learning ［J］. Psychology in the School, 1985（22）：208 – 223.

［172］SIMPSON E J. The classification of eduational objectives：Urbana II ［M］. University of Illinois Press, 1972.

［173］SKINNER B F. The Behavior of Oranisms ［M］. New York：D. Apploton and Company, 1938.

［174］STERNBERG R J, LUBART T L. Investing in creativity ［J］. American psychologist, 1996, 51（7）：677 – 688.

［175］STERNBERG R J. Criteria for intellectual skills training ［J］. Educational Research, 1983, 12：6 – 12.

［176］THORNDIKE E L. Animal intelligence：An experimental study of the associative processes in animals ［J］. American Psychologist. 1998, 53（10）：1125 – 1127.

［177］WEINER B. An attributional theory of achievement motivation and emotion ［J］. An Attributional Theory of Achievement Motivation and Emotion, 1985, 92（4）：548 – 573.

［178］WEINSTEIN C, MIGNANO A. Elementary classroom management：Lessons from research and practice ［M］. New York：MC Graw – Hill, 2003.

［179］WEINSTEIN C, MIGNANO A. Elementary classroom management：Lessons from research and practice ［M］. New York：MC Graw – Hill, 1993.

［180］WOOLFORK A E. Educational Psychology ［M］. Boston：Allyn and Bacon, 1993.

［181］YERKS R M, DODSON J D. The Relation of strength of Stimulus to Rapidity of Habit – formation ［J］. Journal of Comparative Neurology and Psychology, 1908, 18（5）：459 – 482.

图书在版编目（CIP）数据

教育心理学／金菊，王京京，范璐璐编著. -- 北京：
经济科学出版社，2024.7
ISBN 978 - 7 - 5218 - 5224 - 0

Ⅰ. ①教… Ⅱ. ①金… ②王… ③范… Ⅲ. ①教育心
理学 - 教材 Ⅳ. ①G44

中国国家版本馆 CIP 数据核字（2023）第189388号

责任编辑：赵 蕾
责任校对：齐 杰
责任印制：范 艳

教育心理学
JIAOYU XINLIXUE
金 菊 王京京 范璐璐 编著
经济科学出版社出版、发行 新华书店经销
社址：北京市海淀区阜成路甲 28 号 邮编：100142
总编部电话：010 - 88191217 发行部电话：010 - 88191522
网址：www. esp. com. cn
电子邮箱：esp@ esp. com. cn
天猫网店：经济科学出版社旗舰店
网址：http：//jjkxcbs. tmall. com
北京季蜂印刷有限公司印装
787 × 1092 16 开 15.25 印张 290000 字
2024 年 7 月第 1 版 2024 年 7 月第 1 次印刷
ISBN 978 - 7 - 5218 - 5224 - 0 定价：68.00 元
（图书出现印装问题，本社负责调换。电话：010 - 88191545）
（版权所有 侵权必究 打击盗版 举报热线：010 - 88191661
QQ：2242791300 营销中心电话：010 - 88191537
电子邮箱：dbts@ esp. com. cn）